Franz Xaver Winterhalter, Elisabeth von Österreich.
Bildnis mit gelöstem Haar. Öl/Leinwand, 1864

Juliane Vogel

Elisabeth von Österreich

Momente aus dem Leben einer Kunstfigur

Mit einem kunstgeschichtlichen Exkurs
von Gabriela Christen

Verlag Neue Kritik

Das Werk erschien erstmals 1992 im Verlag Christian Brandstätter, Wien.
Es wurde für die vorliegende Neuauflage umfassend überarbeitet.

Bildnachweis:
Archiv Dr. Christian Brandstätter, Wien: S. 15, 141, 188 / Archiv Verlag Christian Brandstätter, Wien: S. 44, 51, 133, 136, 159, 162, 165, 166, 177, 183, 189 / Privat-Fotoarchiv Dr. Michael Salvator Habsburg-Lothringen, Persenbeug: S. 48 / Werner Bokelberg, Hamburg: S. 98. 99; / Historisches Museum der Stadt Wien: S. 12, 23, 36; / Institut für Geschichte der Medizin, Universität Wien: S. 108 / Kunsthistorisches Museum, Wien: 2, 170, 171, 174; / Musée Gustave Moreau, Paris: S. 157 / Bildarchiv der Österreichischen Nationalbibliothek, Wien: 17, 26, 30, 65, 70, 85, 95, 120, 123, 151, 154 / Privatbesitz, Wien: S. 105 / Archiv Dr. Mara Reissberger, Wien: S. 127 / Collection Roger-Viollet, Paris: S. 144 /Archiv Annelore Schlösser, Worms: S. 57, 90.

Abbildung Schutzumschlag: »Elisabeth von Österreich« von Anselm Kiefer (1988, säurebehandeltes Blei auf Photo im Stahlrahmen, 170 x 130 cm, Collection Mr. und Mrs. David Pincus, Wynnewood, Pennsylvania).

Die Deutsche Bibliothek - CIP-Einheitsaufnahme
Elisabeth von Österreich : Momente aus dem Leben einer Kunstfigur /
Juliane Vogel. Mit einem kunstgeschichtlichen Exkurs von Gabriela Christen. -
Frankfurt (Main) : Verl. Neue Kritik, 1998
ISBN 3-8015-0319-4

© 1998 by Verlag Neue Kritik KG, Frankfurt
Druck: Druckerei Dan Ljubljana Slowenien
ISBN 3-8015-0319-4

Inhalt

Ansichten einer Kunstfigur 7
Verehrung 20
Reisen 33
Zeremonien 60
Schönheit 88
Trauer 110
Verschwinden 138

Gabriela Christen
Die Bildnisse der Kaiserin Elisabeth 164

Anmerkungen 191
Literatur 204

Herzogin Elisabeth in Bayern, Kaiserin von Österreich
Photographie von Franz Hanfstaengl, 1857

Ansichten einer Kunstfigur

1857 betritt Kaiserin Elisabeth von Österreich das bekannte Münchner Photoatelier Hanfstaengl. Sie sucht einen Künstler auf, der drei Jahre zuvor eine beliebte Lithographie der rosengeschmückten Braut anfertigte und sich mittlerweile eines modernen Mediums der Aufzeichnung bedient. Jene, die er zuvor noch mit eigener Hand zeichnete, setzt er nun dem Blitzgewitter eines indifferenten Apparates aus. Ohne Anschauung der Person wird auch das Angesicht einer Monarchin in einem *coup de foudre* entwendet und auf die metallene Platte gebannt.

Die Souveränität des traditionellen Herrscherbildnisses, die schon durch die lithographische Serienproduktion bedroht war, ist damit ein für allemal in Frage gestellt. Denn während der gemalte Herrscher über die Zeit erhaben war und den symbolischen Leib eines Repräsentanten auf der Leinwand zur Schau stellte, sieht sich der photographierte Herrscher auf seinen empirischen Körper zurückgeworfen.

So zeigt auch die Münchner Aufnahme von 1857 einen Augenblick zarter Empirie. Aus der belichteten Silberplatte tritt das Bildnis eines Kindes hervor, das sich mit keiner ostentativen Gebärde der Öffentlichkeit zuwendet, das den Blick des Betrachters erleidet, ohne ihm zu begegnen. Zum ersten Mal scheint Elisabeth jene Schrecken des Erblicktwerdens zu erfahren, die sie ein Leben lang begleiten werden. Unwillkürlich fühlt sich der Betrachter an die Ängste erinnert, die der Dichter Honoré de Balzac vor den photographischen Apparaten empfand, da er vermutete, daß die menschliche Seele aus einer endlichen Anzahl unsichtbarer Schichten bestehe und er befürchtete, daß mit jedem Lichtbild eine dieser Schichten abgetragen werde.

Daß aus der öffentlichen Person eine private wurde – und sei es nur für den Moment der Belichtung –, ergibt sich auch aus der intimen Portraitsituation. Als sei die leicht und hell gekleidete Monarchin bei der Lektüre unterbrochen worden, wird ihr ein Buch in die Hand gegeben, dessen flüchtiges »Hier habe ich abgebrochen / hier lese ich weiter« sie mit dem Zeigefinger bezeichnet. Franz Hanfstaengl inszeniert einen ephemeren Moment aus dem bürgerlichen Leben, nicht eine Allegorie monarchischer Herrschaft. So ist auch die Dekoration des

Ateliers weniger exklusiv, als man meinen möchte. Die mit einem gerafften Vorhang geschmückte Säule im linken Vordergrund deutet zwar das Innere eines Palastes an, doch steht sie auch jedem anderen Besucher Hanfstaengls zur Verfügung. Wer es sich leisten kann, stellt sich vor den Draperien, vor den gipsernen und hölzernen Repliken jener marmornen Konsolen und Säulen auf, die zur unverzichtbaren Ausstattung traditioneller Fürstenportraits gehörten.[1]

Diese frühe Photographie hält einen letzten und unauslöschlichen Moment der Auslieferung und der Überwältigung fest. Noch einmal tritt Elisabeth, die sich bald darauf zu einer Meisterin der photographischen Pose entwickeln und die neue Technik in den Dienst ihrer Erscheinung stellen wird, den Apparaten schutzlos gegenüber. Nur wenig später wird sie die Herrschaft über ihr Bildnis erobern und ihr Leben der Inszenierung der eigenen Schönheit widmen. Niemand soll ihr mehr ein photographisches Abbild rauben können, das sie nicht selbst gestaltet und dessen Wirkungen sie nicht selbst berechnet hätte.

Nicht von ungefähr greift der Maler Anselm Kiefer in seinem 1989 entstandenen Bleibild *Elisabeth von Österreich* auf ebendiese frühe Münchner Photographie zurück. Seine Bearbeitung gilt einer Portraitaufnahme mit vielen weißen Stellen, gilt einer Elisabeth, die die Kunst des Auftritts noch nicht erlernt hat. Die Kaiserin, welche schon bei Hanfstaengl aus dem Leben zu gleiten schien, ist nun endgültig unter die Geister gegangen. Erscheinen und Verschwinden, Negativ und Positiv, Wiederkehr und Abschied sind ihr eins. Auf das Gesicht fallen stärkere Schatten als zuvor, das weiße Sommerkleid hat sich in sein gespenstisches Negativ verkehrt. Von den weißen Volants, von der Rosette und den auf der Höhe des Geschlechts verknoteten Bändern sind nur noch schattenhafte Andeutungen zu sehen. Die Kulissen des Hanfstaengl-Ateliers, insbesondere aber der über der Säule geraffte Vorhang, werden von einer zweiten bleiernen Faltenmasse verdeckt. Ein schwerer und unförmiger Vorhang hat das elegant geschürzte Stoffdekor des Ateliers Hanfstaengl unter sich begraben. Die gepreßten Fältelungen einer massiven Bleischicht und die Knickfalten der Photographie haben die luftigen Falten des Kleides und der Draperie zum Verschwinden gebracht. Die Bleilage scheint das Bild der Kaiserin nicht freiwillig herzugeben. Keine elegante Geste der Raffung legt das Negativ-Positiv der Kaiserin bloß. Ein geologisch-archäologischer Arbeitsgang ist erforderlich, die Schicht muß abgetragen bzw. beiseite geschoben werden, um den Schatten ihres Lichtbildes sichtbar zu machen. Eine leichte, flüchtige Phantasmagorie wird durch das schwerste aller Metalle niedergehalten, das nicht zufällig als das Element der Melancholiker und ihres Gottes Saturn bekannt ist.

Ein Frauenleben. Biographie und Verklärung

Elisabeth Amalia Eugenia, Herzogin in Bayern, entstammte einer Seitenlinie der Wittelsbacher und wurde am Weihnachtsabend 1837 als drittes Kind von Max, Herzog in Bayern, und Ludovika, Tochter des bayerischen Königs Max I., geboren. Ihrem Vater, der sich weniger in aristokratischen als in unkonventionellen bürgerlichen Kreisen bewegte, verdankte sie eine für adelige Verhältnisse zwanglose Erziehung.

Ihre Mutter hingegen empfand ihre Ehe als gesellschaftlichen Abstieg, da alle ihre Schwestern kaiserliche oder königliche Verbindungen eingegangen waren. So hatte ihre Schwester Sophie den österreichischen Erzherzog Franz Carl geheiratet, der sie mit dem dynastischen Glanz des Wiener Kaiserhofes umgeben und ihr einen weitreichenden politischen Handlungsspielraum eröffnet hatte. Dieser vergrößerte sich noch, als ihr Sohn Franz Joseph nach der Revolution von 1848 den österreichischen Kaiserthron bestieg. So nahm sie es auch in die Hand, dem Kaiser eine Kaiserin an die Seite zu geben. Nach mehreren gescheiterten Heiratsprojekten beschloß sie, ihren Sohn mit Helene, der ältesten Tochter ihrer Schwester Ludovika, zu vermählen. Während einer Sommerfrische in Bad Ischl sollte das Paar zwanglos zusammengeführt werden. Doch schlug der Plan fehl, als sich Franz Joseph in die jüngere Schwester Helenes, die fünfzehnjährige Elisabeth, verliebte und seine Wahl gegenüber der Mutter durchsetzte. Am 24. August 1853 wurde die kaiserliche Verlobung bekanntgegeben.

In der Folge durchlebte die zukünftige Kaiserin von Österreich eine traumatische Brautzeit, in der sie ihre mangelhafte höfische Bildung vervollkommnen sollte. Im Frühjahr 1854 brach sie mit großem Gefolge nach Wien auf, um am 23. April mit Franz Joseph getraut zu werden. Wegen ihrer für kaiserliche Verhältnisse bescheidenen Herkunft, ihrer Jugend und Unerfahrenheit konnte sie sich bei Hof nur schwer behaupten. Von Beginn an litt sie unter der höfischen Hierarchie und den zeremoniellen Vorschriften. Da der Kaiser ständig von seinen Verwaltungstätigkeiten in Anspruch genommen war, da die Schwiegermutter um ihren Einfluß fürchtete und vornehmlich Gehorsam und Disziplin von ihr forderte, vereinsamte sie schnell. Dennoch versuchte sie über einige Jahre hinweg, den Anforderungen des höfisch-dynastischen Lebens zu genügen und der ihr auferlegten Rolle gerecht zu werden. Dem Kaiser brachte sie die obligaten Nachkommen zur Welt: die zwei Prinzessinnen Sophie und Gisela – deren erste in früher Kindheit starb –, und 1858 den erwünschten Thronfolger Rudolf. Als die Mutter des Kaisers die Verantwortung für die Erziehung der Kinder übernahm, begehrte Elisabeth zum erstenmal gegen das schwiegermütterliche Regiment auf. Als sich Ende der fünfziger Jahre auch das Verhältnis zu Franz Joseph drastisch verschlechterte, revoltierte die Kaiserin offen gegen die Zwänge ihrer Rolle. Von 1860 an begab sie sich auf Reisen, wobei ihr zunächst Krankheiten mit schwer auszudeutenden Symptomen zur Rechtfertigung ausgedehnter Auslandsaufenthalte dienten. 1865 sicherte sie sich in einem regelrechten Eheabkommen größtmögliche Unabhängigkeit und freie Wahl des Aufenthaltsortes. In Wien gab sie allenfalls Zwischenspiele, der Rolle der Kaiserin genügte sie nur noch nach Belieben. So engagierte sie sich erfolgreich 1866 in der Frage des österreichisch-ungarischen »Ausgleichs« und unterstützte die Forderung Ungarns nach weitgehender Selbständigkeit gegenüber den übrigen Ländern der Monarchie.[2] Elisabeth und Franz Joseph wurden am 8. Juni 1867 in Budapest zum ungarischen Königspaar gekrönt. Die Geburt der dritten Tochter Marie Valerie bezeugte die vorübergehende Versöhnung des Kaiserpaars.

Ihr Rückzug war dadurch nicht aufzuhalten. In den folgenden Jahrzehnten entwickelte sie abseits der Öffentlichkeit einen exzentrischen Lebensstil. Sie kultivierte Passionen, die für eine Kaiserin mehr als ungewöhnlich waren und ihre ganze Hingabe erforderten. Menschenfurcht und Weltverachtung trieben sie immer weiter in die Einsamkeit. Als sich 1889 ihr Sohn, der Thronfolger Rudolf, in Mayerling das Leben nahm, steigerten sich ihre Fluchtbedürfnisse ein letztes Mal. Nach Jahren ununterbrochener Reisen wurde sie am 10. September 1898 am Ufer des Genfer Sees von dem italienischen Anarchisten Luigi Lucheni mit einer Feile erstochen. Ein zufälliger Tod, da es der Mörder eigentlich auf den Herzog von Orléans abgesehen hatte, ein Tod jedoch, der sie als Märtyrerin in die Legende einschrieb.

Zahlreiche schriftliche Zeugnisse, eine umfangreiche Erinnerungsliteratur, Gemälde, Drucke, Photographien und Statuen bewahren die Erinnerung an die Ermordete. Diese überliefern indessen nicht den Charakter und den Werdegang einer geschichtlichen Persönlichkeit. Von keinen historiographischen Interessen geleitet, huldigen sie einer immer schon Verklärten. Denn bereits zu Lebzeiten, mit ihrer Verheiratung an den Kaiserhof im Jahr 1854, wird Elisabeth in eine höhere Sphäre erhoben. Schon von den ersten Gemälden, den ersten Huldigungsgedichten an wird auf Ähnlichkeit und historiographische Akkuratesse verzichtet. Aus idealischen Verstrickungen ist ihr Bild nicht mehr zu lösen.

Erst die moderne Elisabeth-Literatur hat versucht, hinter die Fassaden des Ideals zu blicken und die »historische Wahrheit« ausfindig zu machen, die in der Fülle der Erzählungen und Bilder verlorengegangen war. So rekonstruiert die Historikerin Brigitte Hamann in ihrer 1982 erschienenen Biographie »Elisabeth. Kaiserin wider Willen« die Realgeschichte der historischen Figur.[3] Minutiös geht sie deren Spuren nach, Lebenslauf und Lebensstil der Kaiserin bettet sie in die komplexen politischen Verhältnisse des 19. Jahrhunderts ein und korrigiert die Verkürzungen und Vereinfachungen, durch die sich die Legende über geschichtliche Kausalitäten hinwegsetzt.

Geht es ihr darum, mit einer Elisabeth-Biographie die Elisabeth-Mythologie zu überprüfen, so soll hier die entgegengesetzte Richtung eingeschlagen werden. Die andere – imaginäre – Seite ihrer Biographie ist aufzusuchen und die systematische Konstruktion eines Ideals anhand jener Schriften und Bilder zu verfolgen, die Elisabeths Gestalt und Leben bearbeiteten, stilisierten und verklärten. Der Prozeß einer unermüdlichen Mythenbildung, die Arbeit der kollektiven Einbildungskraft, die Schichtungen von Fiktion und Historie sind Gegenstand der folgenden Überlegungen. Hingegen werden die beliebten Fragen nach der Wahrheit, nach den verschwiegenen Dramen der kaiserlichen Psyche ohne Antwort bleiben, kein Geheimnis soll ausgeforscht und enthüllt werden. Im Mittelpunkt steht allein die Frage nach der Entstehung und Verbreitung eines Bildes, nach seinen Metamorphosen und Vervielfältigungen, welche die reale Figur immer wieder aufs neue zum Verschwinden bringen. Die Wege der Imagination sind zu verfolgen, die sich stets dort verschlingen, wo das schimmernde Trugbild einer Frau auf der Bühne der Historie erscheint, von der sie doch andererseits verbannt ist.

Weibliche Momente und die Überfülle der Bilder

Die Biographen gliedern Elisabeths Lebenslauf nach idealtypischen Gesichtspunkten. Auch an ihrem Fall erweist sich, daß der Kreislauf des Ewigweiblichen einer anderen Logik der Darstellung unterliegt als die männliche Geschichte der Taten, Gedanken und Ereignisse. Die Wiederkehr der immergleichen Abfolge von Kindheit, Ehe, Mutterschaft, Freude, Leid und Tod ist kein Gegenstand der Geschichtsschreibung. Der Historiker des 19. Jahrhunderts, der dem von »großen Männern« gestalteten »historischen Moment« mit fetischistischem Eifer nachjagt und die Anschaulichkeit von »Augenblicken der mächtigsten Spannung«[4] zu beschwören sucht, bringt kein Interesse für den geregelten Lebenslauf des anderen Geschlechts auf.

Kolossalbüste der Kaiserin Elisabeth. Unausgeführter Entwurf für die Wiener Weltausstellung von 1873. Holzschnitt von Franz Hampel

Denn statt in großen historischen Erzählungen kristallisiert sich der weibliche Moment in anschaulichen Genre- und Festbildern. Will die Frau wahrgenommen werden, muß sie sich ins Bild setzen und die Augenlust des Betrachters erregen. An den Rand des Geschehens gedrängt, der krisenträchtigen Dynamik männlicher Geschichte scheinbar enthoben, bietet sie ihm nicht Spannung, sondern Entspannung. Beruhigtes Szenenspiel, empfindsame und rührende Augenblicke sind ihr bevorzugtes Metier.

So wählen die Biographen Elisabeths die Gattungsbezeichnung »Bilderbogen«.[5] Mit Vorliebe schlagen sie jene heiteren Albumblätter auf, die durch Kolorit und Bildkräftigkeit zu Wiederholungen und immer neuen Ausschmückungen anregen. Die Jugend in Schloß Possenhofen, die Begegnung der Brautleute, die Hochzeit, die Familie liefern ihnen die Grundlage für zahllose geschriebene und gemalte Genrebilder. Schließlich ruft eine Kaiserin mehr als andere Frauen jene »Überfülle der Bilder«[6] hervor, die die Einbildungskraft der Biographen erregen. So widmen sie ihre Schriften von Anfang an der imaginierten, nicht der historischen Kaiserin.[7] Ihr Interesse gilt einem »projizierten weiblichen Idealbild«, einem Phantasieprodukt, das nach Maßgabe kollektiver Vorstellung und nicht historiographischer Sorgfalt gestaltet ist.

Hinzu kommt, daß das Leben einer Kaiserin per se aus phantastischem Stoffe gemacht ist. Protokollgemäß umgeben Festlichkeit und Lichterglanz die Ereignisse ihres Lebens. Für Dekorationen und kostbare Staffage sorgen das höfische Zeremoniell und die Aufwendungen des kaiserlichen Vermögens.[8] Das glänzende Ambiente, das die Kaiserin wirklich bewohnte, die prächtigen Roben, die sie wirklich trug, die Feste, die sie wirklich feierte, weben sie in die eigenen Träume ein. Im Zeichen von Glanz und Luxus amalgamieren sich die historische und die imaginierte Elisabeth, um in beständiger Wechselwirkung ein neues biographisches Produkt zu erzeugen.

Rebellion und Trauer: ein biographischer Engpaß

Die zweite Lebenshälfte Elisabeths stellt besondere diplomatische Anforderungen an ihre Biographen. Nach wenigen Ehejahren entflieht die Kaiserin dem Pflichtenkreis weiblicher Zuständigkeiten, rebelliert gegen die Zumutungen der landesmütterlichen Rolle und läßt Kinder und Gemahl zurück. Indem sie sich aus den Zwangsregelungen des höfischen Lebens befreit, entwickelt sie einen eigenen provokanten Stil der Selbstinszenierung, der weder im Rahmen herrscherlicher Repräsentation noch in dem des familiären Genrebildes tragbar ist.

Ein solcher erklärungsbedürftiger Schritt fordert die Biographen in besonderer Weise heraus. In ihrer Darstellung haben sie den Makel der Pflichtvergessenheit, der das Bild der makellosen Landesmutter einzutrüben droht, zu tilgen und die bemerkenswerten biographischen Varianten zu rechtfertigen, mit denen sich die Kaiserin in Widerspruch zu ihren herrscherlichen und weiblichen Aufgaben setzt. Da Fluchtbedürfnisse und Eigensinn in den geläufigen Textmustern nicht vorgesehen sind, müssen die biographischen Extravaganzen Elisabeths in tragische Notwendigkeiten verwandelt werden. Das Motiv der Trauer greift hier rettend ein. Die vielen Unglücksfälle, die Misere des Hauses Wittelsbach und vor allem der Selbstmord des Kronprinzen liefern die Begründung für eine ansonsten unentschuldbare Eigenmächtigkeit. Trauer allein kann erklären, warum die Kaiserin aus der weiblichen Bahn geworfen wurde, Trauer allein führt sie dorthin zurück. Der übergroße Mutterschmerz um den verlorenen Sohn lassen die Kaiserin als Leidende, nicht als eine Rebellin erscheinen. Ihre widersetzliche Aktivität wird als gesteigerte Form der Passivität wahrgenommen, ihre Rebellion gegen die aufgezwungene Rolle der Kaiserin als eine hohe weibliche Tugend.

Vor allem aber begründet das Motiv der Trauer mit seinen mannigfachen szenischen Möglichkeiten die legendären Züge der geläufigen Elisabeth-Literatur. Die Legende der Kaiserin erzählt nicht von herkömmlichen Wundern, sondern von geduldig ertragenem Leid. Vorbildliche Mutterschaft, eheliche Loyalität, ein in Gott ertragenes Leiden um das von Kriegen und inneren Konflikten bedrohte Reich, die Trauer um den toten Sohn und zuletzt der eigene »Märtyrertod« am Ufer des Genfer Sees bilden die trauerumflorten Stationen einer frommen Erzählung.

Große Szenen

So sehr man bemüht ist, die Kaiserin aus dem Geltungsbereich der Historiographie fernzuhalten, so ist sie dennoch eine Protagonistin der österreichischen Geschichte des 19. Jahrhunderts. Daß Unglück über sie hereinbricht, hat weniger mit göttlichen Prüfungen ihrer Standfe-

Tableau mit den Bildnissen der Kaiserin in verschiedenen Lebensaltern.
Photographie, nach 1890

stigkeit zu tun als mit dem labilen politischen Status auch der scheinbar festgefügten Monarchien und Dynastien des zeitgenössischen Europa. Die Krisen neoabsolutistischer Systeme greifen das überkommene allmächtige Herrscherbild in seinen Grundfesten an. Nunmehr regieren zwischen Allmacht und Ohnmacht schwankende Monarchen, die, obwohl sie »mit einem Wort irreparable Katastrophen«[9] auslösen, eine zum Verschwinden bestimmte Herrschaftsform repräsentieren. Die Niederlagen, die das Habsburgerreich in seinen territorialen Auseinandersetzungen mit Norditalien, in seinen Vormachtkämpfen gegen Preußen hinzunehmen hat, die wachsende Gefahr des Nationalismus im Innern des Vielvölkerstaates sind von der gottverhängten Kategorie des Unglücks allein nicht mehr zu erfassen. Die Katastrophen in den Herrscherhäusern stehen in engem Zusammenhang mit dem Legitimitätsverlust der Monarchien des 19. Jahrhunderts.

Ansichten einer Kunstfigur 15

Eine so weitgehende politische Destabilisierung muß sich bis in die scheinbar privaten Bezirke herrscherlicher Weiblichkeit auswirken. Vor solchem Hintergrund versagt das Schema der Legende. Zeitgemäßere Rollen müssen gefunden werden, um der Regentin in der Zeit politischer Krisen strahlende Sichtbarkeit zu verleihen und jenen grandiosen Abgang vorzubereiten, der die Blicke der Welt noch einmal an ihren Mantelsaum heften soll. Weder im Codex der höfischen Repräsentation noch in den legendären Viten schmerzensreicher Königinnen ist dieser Notstand vorgesehen. Um ihm zu begegnen und die wankende Fürstin in ein wirkungsmächtiges Bild zu setzen, wird das Theater herangezogen. Aus seinem Fundus steigen glanzvolle Frauenrollen, die den königlichen Schmerz in Wort und Gebärde fassen und den gefährdeten Protagonistinnen labiler Monarchien imposante Partien liefern. Maria Stuart dient ihnen ebenso zum Vorbild wie Lady Macbeth, die Jungfrau von Orléans ebenso wie Ophelia.

Allen voran macht insbesondere Elisabeths Schwester Marie Sophie von Neapel von dieser Möglichkeit Gebrauch. In der Stunde des Untergangs ergreift sie die Gelegenheit zur heldischen Geste, zum großen Auftritt vor den Augen Europas. Unvergeßlich die Szene, in der sie debütiert. Als 1860 die Festung von Gaeta, letzte Bastion des stürzenden neapolitanischen Königreiches, von den Truppen Garibaldis belagert wird, übernimmt sie selbst die Verteidigung des Absolutismus. Todesmutig gestaltet sie ihren Abgang, in einer theatralischen Glanzleistung knüpft sie die glamouröse Niederlage der königstreuen Truppen an ihren, nicht an ihres Gatten Namen. In Ausnahmefällen vermag auch die weibliche Heldin einen historischen Augenblick, einen »Moment gedrängtester Spannung« zu produzieren, auch wenn ihre Qualitäten mehr im Bereich der dekorativen Positur als auf dem Gebiet der Kriegswissenschaften liegen dürften. Daß sich eine Frau in der Schlacht gut ausnehmen kann, wissen nicht nur die Regisseure von Schillers *Jungfrau von Orleans*, die die Weiblichkeit einer schwerterklirrenden Heldin, die Reize einer »Jungfrau in Waffen« auf der Bühne ausspielen. Gerade im Theater ist man sich einig, »daß auch eine Frau ein Florett handhaben kann ..., ohne ihre Unwiderstehlichkeit zu verlieren«[10]:

Die Königin verwandelte sich in einen Soldaten. Lange Zeit konnte man manchmal in den Vitrinen der Photographen das Portrait einer jungen Frau mit strengen Zügen betrachten, gestiefelt und gespornt, auf dem Kopf einen Filzhut, die Reitpeitsche in der Hand, den Saum ihres Amazonenrockes über den Arm geschlagen, und in ihrer Haltung an die Heldinnen der Fronde erinnernd. Das war sie, Marie-Sophie, wie sie während der Belagerung von Gaeta die Truppen befehligte, die Menge abkanzelte, dem Feinde trotzte, vom Hafen zu den Wällen hastend – überallhin, wo es Gefahr gab, so daß sie endlich in die Geschichte eintrat und auch dort blieb.[11]

Charlotte Wolter in Friedrich Schillers »Die Jungfrau von Orleans«. Photographie, 1862

Ein theatralisch und historisch bedeutsamer Moment, ein aussichtsloser, doch spektakulärer Kampf auf einem hochgelegenen Schauplatz, ein kleidsames Amazonenkostüm – unter solchen Voraussetzungen öffnet sich auch der Frau das Photoalbum der Geschichte. Allerdings kann auch hier nicht übersehen werden, daß die königliche Feldherrin wiederum als ein Bild und nicht als eine Akteurin erinnert wird. Ihrer amazonischen Kleidung zollt man größere Aufmerksamkeit als ihren Kriegshandlungen.

Stilisierung und Selbststilisierung

Dieses Wechselspiel von Königin und Betrachter ist auch für Elisabeth von entscheidender Bedeutung. Zeigt sich doch, daß auch auf monarchischer Seite eine Bilder- und Rollenpolitik außerhalb des dynastisch-absolutistischen Repräsentationsschemas betrieben wird. Nicht nur von anderen werden der Kaiserin die vielen Masken idealischer Weiblichkeit angelegt. Auch Elisabeth selbst betreibt Idolatrie am eigenen Leibe. Von den Phantasien ihrer Betrachter verfolgt und eingeholt, in steter Wechselwirkung mit ihnen, wird sie sich selbst zur Kunstfigur. Ein aus »fremdem Stoff gewonnenes Verhältnis zu sich selbst«[12] unterhaltend, träumt sie den Traum der Göttin und der Schönheit, phantasiert und raffiniert sie jene Selbstbilder, die andere von ihr entworfen haben. Mit großem Geschick verfeinert und theatralisiert sie die Stereotypen, die ihr zugeschrieben werden. Wissend und nichtwissend zugleich setzt sie den zirkulierenden Elisabeth-Bildern neue poetische Substanzen zu. Spielend und lesend zugleich entwickelt sie aus den Formeln geläufiger Huldigungsrhetorik ihre spektakulären, zumeist durch Lektüren inspirierten Rollenbilder. Auf diesem Weg ersetzt sie die traditionellen Formen der Herrscherrepräsentation durch Kunstgebärden aus Dichtung und Malerei. An die Stelle der dynastischen Inszenierung des Herrscherhauses tritt damit die kunstvolle Selbstinszenierung einer Herrscherin, die aus dem Verpflichtungszusammenhang des Zeremoniells herausgetreten ist.

Besonders bei der Wahl und Ausstattung ihrer extravaganten Aufenthaltsorte tut sich Elisabeth als Bauherrin der eigenen Träume hervor. So eifert sie ihrem Cousin Ludwig II. von Bayern nach, der beim Bau seiner Schlösser ebenfalls in einem mehr literarischen als politischen Delirium befangen war. Die Villa *Achilleion*, die Elisabeth auf Korfu errichten läßt, kann als ein hellenisches Neuschwanstein bezeichnet werden. Mit verschwenderischer Geste erbaut die Kaiserin ihrer Antikensehnsucht ein historisches Traumschloß, das sie als schöne und trauernde Griechin bewohnt.

Als einen weiteren kostspieligen Zufluchtsort erwählt sie sich das kaiserliche Schiff *Miramar*, das ihr eine stilvolle Flucht aufs Meer ermöglicht und gleichzeitig einen idealen Theaterraum zur Verfügung stellt. Die vorn am Bug des Schiffes aufgestellte Kulisse mit Rundzelt, Diwan und Draperien liefert der reisenden Kaiserin einen spektakulären Hintergrund und ruft dem Kenner die Bühnenausstattung des ersten Aktes von Richard Wagners »Tristan und Isolde« ins Gedächtnis.

So sind es vor allem architektonische und theatralische Mittel, große Kulissen und große Szenen, derer sich Elisabeth bei ihrer Selbstinszenierung unter Ausschluß der Öffentlichkeit bedient. Wenn es gilt, das veraltete dynastische Spektakel durch ein wirksameres Schauspiel zu ersetzen, inspiriert und überflügelt sie ihre Amtskolleginnen. Ihre in die Ferne wirkenden Erscheinungskünste prägen sich dem Gedächtnis stärker ein als die Tableaus herrscherlicher Repräsentation.

Umgekehrt kann es nicht ausbleiben, daß die phantastische Extravaganz ihrer Lebensführung eine Fülle phantastischer Spekulationen hervorruft. Zwei Parteien arbeiten an einem dritten Bild, das in seiner phantasmagorischen Unschärfe von keiner historischen Studie einzufangen ist. Anders als die absolutistischen Herrscher, die ihre eigene Hagiographie organisierten, sind die Könige des bürgerlichen Zeitalters nicht mehr die alleinigen Herren über ihre Bilder. Die ikonographische Politik des Herrscherhauses wird nicht mehr von einem mächtigen Zentrum aus gesteuert und für die »symbolische Konstruktion von Autorität« verwendet.[13] Da diese Mitte zerfällt und keine originären symbolischen Formen mehr hervorbringt, strömen zahllose Bilder herein, um den aufgelassenen Bildraum zu füllen. Der Herrscher, der seine Geschichte nicht mehr wirkungsvoll erzählen und repräsentieren kann, muß sich von anderen erzählen lassen. Nur mit Einschränkungen kann er darüber bestimmen, was und in welcher Form über ihn geschrieben, wie er gemalt wird.

Verehrung

Nationale und internationale Hagiographie

Festreden, Festgaben, Huldigungsbroschüren begleiten die Kaiserin ein Leben lang und über ihren Tod hinaus. In der Regel folgen sie dem traditionellen und inzwischen ausgedienten Muster des Herrscherlobs. Als Textzeugnisse eines obrigkeitsstaatlichen Systems sind sie den herkömmlichen Huldigungsformeln und Konventionen verpflichtet, die im Zeitalter des Neoabsolutismus gleichsam ins Leere laufen. Die selbstverständlichen Topoi des Ancien régime sind nun zu untragbaren Klischees geworden. Sie widersprechen dem Menschenbild der bürgerlichen Ära, dem sogar die österreichischen Regenten ähnlich werden sollen. Auch wenn sich die Konventionen des Herrscherlobs im Habsburgerreich weit länger als in Deutschland halten, kann kein Zweifel darüber bestehen, daß die hagiographischen Schriften des 19. Jahrhunderts nicht mehr überzeugen können. Die ästhetischen Mängel solcher Huldigungsliteratur fallen ins Auge und veranschaulichen, daß die literarische Tradition des Herrscherlobs im gleichen Maße heruntergekommen ist wie das Gottesgnadentum des besungenen Herrschers.[1]

Doch auch wo man nicht den Rang, sondern die Seele der Herrscherin rühmen möchte, reifen keine genießbaren literarischen Früchte. Zwar bemüht man sich, das Genre der bürgerlichen Biographie dem Herrscherhaus zu erschließen und die Kaiserin reichlich mit jenen Gefühlen auszustatten, die weniger einer dynastischen Repräsentantin als der bürgerlichen Frau anstehen. Aber da für die Beschreibung ihrer Seele nur die Phrasen gefühlsbewegter Innerlichkeit bereitstehen, scheitert auch dieser Versuch, die Kaiserin zu individualisieren.

Die Gefühle einer Herrscherin unterliegen der gleichen Formelbildung wie die überlebte Tradition der Huldigung. Gemeinplätze besetzen die Stelle der Seele. Die bräutlichen, die ehelichen und die mütterlichen Gefühle der Kaiserin in Freude und Schmerz werden mit den immer gleichen sentimentalen Wendungen bedacht. Der hagiographische Stil des Inlands zeichnet sich außerdem dadurch aus, daß er dem geltenden staats- und zensurbedingten Distanzgebot verpflichtet ist. Klatsch und Indiskretionen wird man hier nur in Ausnahmefällen antreffen.

Nicht von ungefähr entstehen die interessantesten Textzeugnisse nach Elisabeths Tod. Zum einen ist das Ärgernis, das die Lebendige bei aller Verehrung bildete, schlagartig in Vergessenheit geraten und die unbotmäßige Abwesenheit der Flüchtigen durch die glorreiche Abwesenheit der Toten ersetzt worden. Zum anderen schafft erst ihr Tod die idealen Voraussetzungen für eine Verklärung, die über die Formeln allfälliger Festbroschüren kategorisch hinausführt. Nachrufe und Folgeschriften rücken das nunmehr vollendete Leben der Kaiserin in den Blick und erlauben es, den biographischen Schriftzug zu Ende zu lesen. Darüber hinaus fallen angesichts der Toten alle Verbote und Einschränkungen, die die Hagiographen der Lebendigen im Zaum hielten und einem Dekorum verpflichteten, das ihren Interessen zuwiderlief. Im Moment ihrer Ermordung ist Elisabeth, um ein Wort Edgar Allen Poes aufzugreifen, der »dichterischste Gegenstand auf Erden«[2] geworden.

Denn die spektakuläre Gestalt Elisabeths, ihre Schönheit und ihre exzentrische Lebensführung beschäftigt die Phantasie über die Grenzen hinaus. Auch Franzosen, Engländer und Italiener fordern ihren Anteil. Je größer ihre Entfernung zu Österreich, desto größer ihr spekulativer und literarischer Spielraum.[3]

In England erscheinen 1899, ein Jahr nach Elisabeths Tod, zwei umfangreiche romanhafte Nekrologe: *The Martyrdom of an Empress* von Margaret Cunkliffe-Owen und *Elizabeth. Empress of Austria. A Memoir* von A. De Burgh.[4] Ihre Autoren begründen ihre biographische Kompetenz mit einer nicht näher definierten Augenzeugenschaft bzw. einer nicht weiter nachweisbaren Freundschaft mit der Kaiserin, die es ihnen gestattet, ihren Elisabeth-Phantasien ungehemmt nachzugehen. Beide lassen sich zunächst von demselben polemischen religionspolitischen Interesse leiten. Sowohl Margaret Cunkliffe-Owen als auch De Burgh halten der anglikanischen Staatskirche Englands das idealische Bild einer katholischen Fürstin entgegen. Ausgerechnet Elisabeth bauen sie zur Schutzherrin der Katholiken auf, wobei zu vermuten ist, daß die Verfasser mit der irisch-katholischen Unabhängigkeitsbewegung der Jahrhundertwende sympathisieren und mit ihrer Elisabeth-Biographie religionspolitische Interessen verfolgen. Diese

Einvernahme kommt nicht von ungefähr. Schließlich führten Elisabeths Reiturlaube in Irland zu diplomatischen Verstimmungen, da ihre zeitweise Bevorzugung des irischen Trainingsgeländes als Affront gegen England empfunden wurde.[5]

Ansonsten aber verfolgen die beiden so kurz nacheinander publizierten Biographien unterschiedliche Absichten. Während De Burgh die Konflikte zwischen Kaiserin und Kaiserhof weitgehend harmonisiert und das Habsburger Reich als ein matriarchalisches Kulturgefüge beschreibt, schildert Margaret Cunliffe-Owen Elisabeth als unschuldiges Opfer melodramatischer Zerreißproben. In drastischen Szenen führt sie die Hofkamarilla vor, die alles daran setzt, die zarte Kaiserin zu zerbrechen. Cunliffe-Owen, die sich als intime Vertraute in das Geschehen hineinphantasiert, schürt den Haß Elisabeths gegen die höfische Lebensordnung und entwickelt mit ihr einen Fluchtplan. Gemeinsam ziehen sich die beiden Freundinnen in die Einsamkeit schottischer Hochebenen zurück. Erst vor den Kulissen gespenstischer Schloßruinen, in menschenleeren Landschaften von ossianischer Melancholie dürfen die Geplagten aufatmen.

Doch bei allen Unterschieden der »Imagination« decken sich die von den beiden Autoren kolportierten Informationen in einem erstaunlichen Ausmaß. Indem sie besonders die Bizarrerien und Extravaganzen der Lebensführung Elisabeths verbreiten, prägen sie die biographische Literatur der folgenden Jahre. Wortwörtlich oder ausgeschmückt kehren ihre Formulierungen und Anekdoten immer wieder. Sowohl die von der Norwegerin Clara Tschudi verfaßte Lebensbeschreibung *Kaiserin Elisabeth* als auch die Denkschrift des österreichischen Patrioten Leo Smolle[6] tragen die suggestiven englischen Erfindungen weiter.

Überhaupt ist der Fluß der Informationen sehr leicht zu verfolgen. Was einmal in den Gang der allgemeinen biographischen Erzählung eingeschleust ist, sei es eine Phantasie oder ein verirrtes Faktum, wird von nun an immer wieder aufgenommen. Die nachkommenden Autoren bedienen sich aus dem Fundus des Geschriebenen, des Erfundenen, ohne es auch nur einer Prüfung zu unterziehen. Man wird sich daher mit jenen wandernden Erzählungen zu befassen haben, mit den biographischen Obsessionen, von denen die Kolporteure des kaiserlichen Lebens ergriffen werden, mit den verheißungsvollen Themen, an denen sie weiterdichten, mit den Details, die sie voneinander abschreiben, um sie je nach Möglichkeit der eigenen Einbildungskraft auszumalen.

Die weitgestreute Elisabeth-Literatur französischer Sprache macht dagegen eine Sonderentwicklung durch. Schon in den letzten Jahrzehnten ihres Lebens bekundet Frankreich ein besonderes Interesse an ihrer Person. Dieses gilt aber keineswegs der österreichischen Monarchin bzw. der Landesmutter eines Staates, dessen politische Beziehun-

Portrait der Kaiserin aus Schriftzügen, die ihre Lebensdaten aufführen.
Zeichnung von Heinrich Spitzer

gen zur Grande Nation stets problematisch waren. Die Literaten der jungen französischen Republik, die die Staatsform der Monarchie nach der Niederlage von 1871 abgeschafft und deren Protagonisten exiliert hatte, betrachten die todgeweihte Welt der europäischen Vorkriegsmonarchien als ein Spektakel und ihre Protagonisten als die phosphoreszierenden Verfallsprodukte einer zum Untergang verurteilten Regierungsform. Die Aufmerksamkeit wendet sich der österreichischen Kaiserin zu, weil diese den sensationellen Typus der vom Unglück geschlagenen Monarchin verkörpert, den das 19. Jahrhundert immer wieder hervorbringt. Zunächst betrachtet man nicht Elisabeth allein, sondern auch ihre unglücklichen Schwestern Sophie und Marie, man studiert die Gebärden der abgedankten Kaiserin Eugénie von Frankreich, die Contenance der »Kaiserin Friedrich« von Preußen, die Witwenschaft der englischen Königin Victoria etc. mit komparatistischer Neugier. Ernest Tissots *Livre des Reines* (1896) und Charles Faucons *Trois malheureuses Impératrices de notre siècle* (1891) dokumentieren das ebenso emphatische wie voyeuristische Interesse am Typus der gekrönten Trauernden, die aus dem politischen Leben ausgeschieden und in die reinigende Atmosphäre der Trauer eingetaucht ist.[7]

Nach ihrem Tod jedoch beansprucht Elisabeth einen hervorgehobenen Platz unter den »malheureuses Impératrices de notre siècle«. Aus ihren Reihen tritt die Einzigartige hervor. Nicht allein die Poesie ihres gewaltsamen Todes macht ihr Bild zu einer Ikone und ihr Totenantlitz zu einer Leinwand der Projektionen. Die Begeisterung des französischen, aber auch des italienischen Fin de siècle entzündet sich an einem Text, der sich um das Gedächtnis der Kaiserin in einer bis dahin unerhörten Weise bemüht. Nachhaltiges Interesse am Phänomen Elisabeth kommt auf, als die *Tagebuchblätter* des griechischen Vorlesers Constantin Christomanos aus dem Deutschen ins Französische übersetzt werden. Diese 1899 in Wien erschienenen Aufzeichnungen aus der Zeit gemeinsamer Reisen und Lektüren unterscheiden sich von den gängigen Elisabeth-Büchern insofern, als sie nicht das »äußere Leben« der späten Lebensjahre aus gebührender Entfernung erzählen, sondern die intimen philosophischen Gespräche zweier Geistesverwandter wiedergeben. Die *Tagebuchblätter* unterlaufen das übliche Curriculum der Herrscherbiographie, indem sie den Leser in die Abgeschiedenheit weltentrückter Schauplätze entführen und an einer endlosen philosophischen Unterweisung teilnehmen lassen. Ein Meister-Schüler-Verhältnis spiegelt sich auf seinen Seiten. Christomanos übernimmt die Rolle des kaiserlichen Eckermann, der die Weisheiten zu Papier bringt, die ihm eine geneigte Fürstin zuteil werden läßt. Andererseits ist er weit mehr als nur der Chronist und Sekretär ihrer mündlichen Rede. Er stilisiert Elisabeth zur Evangelistin einer pessimistischen, durch Arthur Schopenhauer und Friedrich Nietzsche geprägten Weltanschauung, gleichfalls aber zur Protagonistin der verfeinerten Lebenskunst des europäischen Ästhetizismus. In dem Maße, in dem er die Kaiserin aus ihren monarchischen Funktionen herauslöst, entrückt er sie in die künstliche Welt der Décadence, die die ästhetischen Seiten des Daseins auf Kosten und im Widerspruch zu seinen politischen, ökonomischen und sozialen Seiten kultiviert. Nicht nur, daß er ihr Aussprüche schopenhauerischer Kunstphilosophie in den Mund legt, gleichzeitig würdigt er auch ihre Lebensweise als ein ästhetisches Phänomen. Die Kaiserin der *Tagebuchblätter* ist eine Bewohnerin künstlicher Paradiese und reiht sich unter jene Ästheten ein, deren Leben ganz dem systematischen Studium der einzelnen Sinne gewidmet ist, deren Lebensräume durchgestaltete Kunsträume sind, deren Lebensrhythmen vom Wechsel zwischen Ennui und Ekstase geprägt werden und deren Energien einer artifiziellen und gegenweltlichen Ordnung zufließen.

In diesem Zusammenhang bedürfen die exzentrischen Gewohnheiten der Kaiserin keiner weiteren Begründung. Wie die zeitgenössischen Ästheten grenzt sich Elisabeth durch ein Ensemble von Stilisierungen von den profanen Lebensformen der Zeitgenossen ab. Wie diese bedient auch sie sich einer aphoristisch-theoretischen Redeweise, mit der sie dem betriebsamen Alltag und seiner Sprache entsagt. Hatten die Worte eines Herrschers immer schon lakonisch und sentenziös zu sein, gestalteten sie sich immer schon in Hinblick auf ihre Überlieferung, so büßt auch die in den *Tagebuchblättern* wiedergegebene Rede nichts von ihrer Autorität ein. Auf ihre Weise beansprucht sie eine letztgültige Wahrheit. Allerdings gibt Elisabeth keine offiziellen Verlautbarungen, so wie sie auch keine höfischen Worte und Sätze prägt. Sprechend widmet sie sich ihrer Selbstreflexion, ohne daß die Klarheit ihre Worte durch den Schatten eines emotionalen oder auch nur subjektiven Interesses eingetrübt würde. Ihre Rede bildet einen fortlaufenden ästhetisch-philosophischen Kommentar. Die Krisen, Wendepunkte und Dramen ihres Lebens, zu denen die konventionellen Biographien immer zurückkehren, werden mit Schweigen übergangen.

Portraitcollage Elisabeths und der Souveräninnen
Frankreichs, Englands und Rußlands. Lithographie, um 1860

Christomanos aber ist in Elisabeth jener ersehnten Frau begegnet, die das Werk in ihm freisetzt, als sei ihm endlich zuteil geworden, was einem anderen, geistesverwandten Tagebuchautor des Fin de siècle, dem Schopenhauerianer Frédéric Amiel versagt blieb. Wenn dieser schrieb: »Ich warte immer auf die Frau, auf das Werk, groß genug, meine Seele zu füllen und mir Ziel zu werden«[8], so hat Christomanos in Elisabeth seine Muse gefunden.

Was immer die Kaiserin umgibt, was immer sie sagt, schließt ihm neue Quellen erlesener Sensationen auf. Daß sie nur ihm, dem Auserwählten, dargeboten werden, daß ihm gewährt, was einem ganzen Kaiserreich verweigert wird, daß er überdies die Rede und die Erscheinung der Kaiserin wie ein Stimulantium auf seine Sinne wirken läßt, muß seine Stellung in Österreich gefährden. So erhebt der Kaiserhof gegen die intime Hagiographie der *Tagebuchblätter* Einspruch. Es heißt, daß man dem Autor den noch unveröffentlichten zweiten Teil seiner Erinnerungen abkaufte, um deren Erscheinen zu verhindern, daß man überdies seine berufliche Stellung so sehr untergrub, daß er gezwungen war, nach Griechenland zu gehen.[9]

Um so durchschlagender ist der Erfolg der *Tagebuchblätter* dort, wo man sich mehr für gehobene »Nervenkunst« als für die kompromittierte Ehre eines Herrscherhauses interessiert. Nicht in Österreich, sondern vor allem in Frankreich zahlt sich aus, daß sich Christomanos weniger um die Sympathien eines loyalen und untertänigen Publikums als um eine ästhetisch sensibilisierte Leserschaft bemüht. Da er sein Buch nicht als ein historisches Dokument, sondern als Manifest einer verfeinerten *ars vivendi* wahrgenommen wissen will, wendet er sich an Maurice Barrès, den Dichter und Begründer des *Culte de moi*, der die literarischen und die ideologischen Diskussionen Frankreichs zwischen 1880 und 1920 entscheidend bestimmt. Dieser ist schon deshalb idealer Leser der *Tagebuchblätter*, als auch sein Hauptwerk, die Romantrilogie *Culte de moi*, eine Lebens- und Ichlehre in Gesprächsform, einen »ästhetizistischen Ich-Kult«[10] entwickelt. Auf Kosten der äußeren Handlung entwirft er ein systematisches Erziehungsprogramm für die Sinne, den Verstand und die Nerven. Der Schüler des *Culte de moi*, der einen »erhabenen Egoismus« ausbilden möchte, muß sich in eine strenge Schule begeben. Aus den allseits einströmenden Sinnesreizen hat er jene auszuwählen, die ihn bereichern und seine Empfindungsfähigkeit steigern werden. »Mon âme mécanisée sera toute en ma main, prête à me fournir les plus rares émotions.«[11] Da aber der profane Alltag solche Reize schuldig bleibt, müssen sie aus der Kunst bezogen werden. Das reizhungrige Ich vermag sich nur am Künstlichen, d.h. im Spiegel von Statuen, Legenden, Stimmungen und Bildern zu entwickeln.[12]

So läßt sich Barrès nicht von ungefähr zur Betreuung der französischen Ausgabe des Werkes von Christomanos bewegen. In einem umfangreichen Vorwort suggeriert er einen genauen Zusammenhang zwischen den *Tagebuchblättern* und dem eigenen *Culte de moi*.[13] Christomanos hat ihn dazu ermutigt. Mit dem Instinkt eines Impresario gibt er dem französischen Dichter zu verstehen, daß sich die Kaiserin unter seiner Anleitung zu einer treuen Barrès-Leserin ausgebildet und ihr Leben nach den Devisen der französischen Ich-Lehre eingerichtet habe.

Gleichzeitig erscheint die Kaiserin selbst als eine jener »Statuen und Legenden«, die in dem Schüler des *Culte de moi* »seltene Emotionen« erregen. Wie ein Kunstwerk der Plastik oder Literatur sendet auch sie die Sinnesreize aus, die dem Eingeweihten neue und unerhörte Nuancen der Empfindung erschließen. Auch für Barrès ist Elisabeth ein heiliges Stimulantium:

Erregen wir also an Elisabeth von Österreich unsere Vorstellungskraft, ergreifen wir sie wie eine poetische Speise und eine Hostie der Schönheit. Sie wird sich als ein Zufluchtsort, als der Höhepunkt unserer Träumerei erweisen.[14]

Doch soll es bei dem ersten Aufruhr verfeinerter Sinne nicht bleiben. Wer den »einzigartigen Rhythmus« und das Empfindungsvermögen der Elisabeth von Österreich erfassen möchte, muß zunächst Langmut üben:

Ihr Bild muß sich vor den Augen eines geduldigen Lesers herausbilden. Tropfen um Tropfen, wie ein Parfum, [...] soll sich das kaiserliche Empfindungsvermögen um uns herum ausbreiten...[15]

Die Kaiserin soll zunächst »wie« durch die Nase wahrgenommen werden, d.h. durch jenes Organ, das der Décadent in berauschenden Duftexperimenten zu höchstem Unterscheidungsvermögen heranbildet. Bezeichnenderweise erregt sie nicht die Sehnerven als ein schönes, doch distanziertes Objekt des Gesichtssinnes, sondern die Geruchsnerven, die sich ihr Objekt auf dem Wege einer allmählichen aromatischen Insinuation aneignen.

Doch ist Sorge zu tragen, daß das Sujet der Kaiserin vor den Zudringlichkeiten des literarischen Betriebs und seiner Agenten geschützt, daß sie nicht zu einer bloßen »figure esthétique« erniedrigt wird. Nur dichterische Disziplin könne verhindern, daß die Kaiserin das gleiche posthume Schicksal erleidet wie ihr Cousin Ludwig II. von Bayern, der als »cadavre romantique« am sandigen Ufer des Starnberger Sees ausgestreckt liegt und an jenen Kommentaren verfault, die »in unförmigen und zähflüssigen Scharen an ihm entlang[ziehen]«.[16] So darf sie nicht den »frechen Schreibern« überlassen werden, die die vagen Figuren der kollektiven Einbildungskraft noch ein weiteres Mal verundeutlichen, sondern allein dem Künstler, der sein Material mit ebenso wuchtigen Schlägen bearbeitet wie Pascal, Rousseau, Byron oder Chateaubriand.[17] Die fluktuierenden Umrisse der Kaiserin sind in ein Werk, die »verführerische Beweglichkeit« ihrer Züge in die »Festigkeit der Perfektion«[18] zu überführen. Ihre Leiche darf nicht der Verwesung preisgegeben werden, sie soll ein ewiges Kunstwerk sein.

Weit mehr als Christomanos, den Barrès mit herablassender Ironie als Schwärmer abtut, schreibt Barrès den Selbststilisierungen Elisabeths programmatischen und methodischen Charakter zu. Wenn der Autor der *Tagebuchblätter* der Vielfalt der Nervenreize erliegt, formuliert sein französischer Herausgeber die exakte und systematische Diagnose einer erlesenen und kalkulierten Künstlichkeit. Explizit stellt er die Kaiserin an die Spitze jener Zeitgenossen, die sich aus einem Grundgefühl des Überdrusses und der Verachtung eine eigene Kultur, eine Methode der Weltverneinung erschaffen. Als deren Grundelemente nennt er Melancholie, die Abscheu vor allem Irdischen und die glühende Verehrung des Ideals. Eine unter solche Sterne gestellte Lebenshaltung kann sich in der Kaiserin umso überzeugender verkörpern, als sie von den Kränkungen verschont bleibt, die die materielle Not dem mittellosen Décadent zumutet. Ihr luxuriöses Dasein erspart ihr die stofflichen Traurigkeiten, den Mangel, der sich nicht mehr vergeistigen läßt.

So verdichtet sich Elisabeth erst in Frankreich, wo man keine höfischen Rücksichten nehmen mußte, zur Leitfigur der Décadence. Erst hier kann die Systematik ihres Lebensstils gewürdigt werden. Die französische Sprache scheint weit mehr als die deutsche dazu geeignet, jene elisabethanische Essenz zu destillieren, die im Deutschen nicht zu gewinnen ist. »Es ziemt sich, daß ein Dichter des lateinischen Stammes das Lob dieser wandernden Kaiserin singe, dieser Halbgöttin des Traumes«[19], fordert der italienische Dichter Gabriele D'Annunzio in seinem von Hugo von Hofmannsthal übersetzten Elisabeth-Nachruf, als könne das Phänomen Elisabeth nur in einer vergangenheitsgesättigten Sprache zur Darstellung gebracht werden. Nur die Sprachen des romanischen Raumes scheinen von der farbenprächtigen Agonie ergriffen, die auch die Agonie der alten Regime und ihrer müden Könige ist.

Das war der Todeskampf der alten Sprache, die, nachdem sie von Jahrhundert zu Jahrhundert grünfleckiger geworden war, sich nun auflöste und schließlich den Zersetzungszustand der lateinischen Sprache erreichte, die in den mysteriösen Schriften und rätselhaften Aus-

drücken des heiligen Bonifazius und des heiligen Adhelm ihren Geist aufgegeben hatte[20],

schrieb Joris Karl Huysmans in seinem 1884 erschienenen Roman *A Rebours*, und nicht zufällig interessiert sich Maurice Barrès ausdrücklich für die *vieillesse*, nicht die *jeunesse* der Kaiserin.[21] Das Kunstwerk der Elisabeth von Österreich, in dem sich die Kulturen vieler Epochen verdichten, bedarf zu seiner Darstellung einer gleichartigen Sprache.

Das im französischen Vorwort erhobene Postulat, die ermordete Kaiserin in ein perfektes posthumes Kunstwerk zu überführen und von allen Erdenresten zu reinigen, konnte nicht ohne Folgen für die Elisabeth-Dichtungen des deutschsprachigen Fin de siècle bleiben. Stefan George, Hermann Bahr und Felix Salten verfolgen in ihren Texten ähnliche Motive wie Christomanos und Barrès, auch sie haben kein biographisches, sondern ein ausschließlich ästhetisches Interesse an der Kaiserin.

Dabei stellt sich insbesondere der Nekrolog, den der österreichische Schriftsteller und Literat Hermann Bahr verfaßt, in den Zusammenhang der romanischen Elisabeth-Verehrung, denn auch er hebt die systematischen, nicht die biographischen Züge ihres Lebens hervor, auch er rechnet sie den Künstlern des Ästhetizismus, nicht den Herrschern zu. So sei sie wie die Artisten und Ästheten in London und Paris in »abwehrender Geberde gegen das Leben« verharrt, so habe sie sich »mit tief betäubenden Träumen umgeben« und aus den Worten der Dichter eine hellere, d.h. aber auch eine künstliche Existenz geschaffen.[22]

Doch Hermann Bahr richtet sein Augenmerk nicht nur auf die Künstlerin, sondern auch auf das Kunstwerk Elisabeth. Anders als Christomanos, der vor allem musikalischen Assoziationen nachhängt, anders als Barrès, der die Kaiserin wie ein imaginäres Parfum auf die Geruchsnerven wirken läßt, führt Bahr den Leser durch eine Bildergalerie.[23] Von Gemälde zu Gemälde fortschreitend, sucht er nicht das verlorene Leben zu vergegenwärtigen. Vor seinem mortifizierenden Blick erscheinen selbst die weitverbreiteten Brautbilder Elisabeths als Totenbilder. So bestätigt sich ein weiteres Mal, daß das Fin de siècle sich auch von lebenden Frauen vorzugsweise Totenbilder macht: »Kein Schatten des Lebens liegt auf dem reinen Gesicht, eine leise Melancholie lindert die Strenge der edelsten Züge.«[24] Der Wiener

Literat Felix Salten indessen heftet das Gedächtnis der Kaiserin nicht an die bildende Kunst, sondern an die Poesie. »Jetzt ist uns ihre Existenz fast schon wie etwas Unwirkliches, ihre Gestalt schwebend wie die Gestalten eines Traumes, und auf ihr Schicksal blicken wir kaum noch wie auf ein gelebtes Dasein, sondern wie auf eine Dichtung.«[25]

Elisabeth von Österreich. Retouchierte Photographie, um 1870

Fortan bewohnt Elisabeth die Vorstellungsräume lesender oder kunstliebender Zuschauer. Wer sie wirklich war, kann niemand mehr sagen und will niemand mehr wissen. Die historische Elisabeth ist verabschiedet und durch jenes Licht- und Schattenspiel »imaginierter Weiblichkeit« ersetzt, das Dichter, Maler und Aromatiker gemeinsam inszenieren. Als Kultfigur der europäischen Dekadenz gesellt sie sich den Artisten und Künstlern zu, die sich von allen ökonomischen, politischen und lebensweltlichen Verwicklungen freihalten, die sich inmitten einer Epoche eskalierender Macht- und Marktinteressen in künstliche Enklaven zurückziehen und ihr Leben nach den Vorgaben der Kunstgeschichte einrichten. Ihre politische Repräsentanz wird zu einer ästhetischen. Statt über Macht verfügt sie nur mehr über Formen.

Reisen

Die Brautfahrt

Die schöne Gestalt stand aufrecht im Wagen und schwenkte das Taschentuch dankend und grüßend zurück auf Vaterhaus, Heimath und Vergangenheit; während der grüne Reiseschleier über die thränennassen Augen hinweg in den schönen Morgen hinein, als Flagge der Hoffnung, frei und stolz der Zukunft entgegenwehte. Es war ein ergreifender Augenblick, tief empfunden von beiden Seiten.[1]

Im April 1854 bewegt sich der Brautzug, der die zukünftige Kaiserin von Österreich nach Wien führen wird, durch die Tore der Stadt München. Immer wieder werden sich die Bayern der einprägsamen Bilder dieses festlichen Aufbruchs erinnern: Elisabeth, Herzogin in Bayern, nimmt ergreifenden Abschied von ihren Landsleuten. Statt des überlieferten Prunkzeremoniells, mit dem sich die fürstlichen Bräute vormals verabschiedeten, bietet sich den Zuschauern diesmal ein rührendes Schauspiel. Taschentuch und Schleier sind seine wichtigsten Requisiten. Als Zeichen eines schlichten, herzzerreißenden Adieus, schmücken sie nicht die offizielle Repräsentantin und künftige Kaiserin von Österreich, sondern die weinende Braut. Keine Stadtväter paradieren[2], da sich das Herrscherhaus jede öffentliche Abschiedsfeier verbeten hat. Statt dessen vereint Mitgefühl das Publikum. Weinend vergilt es die Tränen, die Elisabeth auch ihm zuliebe vergießt.

Doch kann sich die zukünftige Kaiserin von Österreich einer glücklichen Fahrt und Ankunft sicher sein. Hinter ihr liegen die patriarchalischen Gewißheiten des Vaterlandes und vor ihr ein Thron. Vergangenheit und Zukunft scheinen durch eine sichere und breite Straße verbunden, auf der sich die schönen Tränen des Abschieds in die noch schöneren der Ankunft verwandeln. Blicken die Münchner ihr trauernd nach, so wird sie von den Wienern freudig erwartet. Schwenkt sie das feuchte Taschentuch gen Heimat zurück, weht der Schleier »frei und stolz der Zukunft entgegen«. Dem aus dem Wagen gereichten Abschiedsgruß der Scheidenden folgt der wiederum mit flatternden

Schärpen gewährte Willkommensgruß am Bug des Dampfers *Franz Joseph*, der die Braut nach Wien befördert:

Am Ufer stand der Hof und die Galadamen, und alles schaute den Strom hinab. Da qualmte über die Weiden der Auen eine Rauchsäule, hinter einer Insel kam ein Schiff hervor, das kreiste in einem großen Bogen wie ein Schwan dem Ufer zu. Auf Deck niemand zu sehen als eine Mädchengestalt, deren Schärpe im Winde flatterte. Das Schiff legte an, und ehe noch ein Brett hinübergeschoben war, sprang der junge Kaiser hinüber und faßte seine Braut in die Arme. Es war sehr hübsch.[3]

Bilder einer Ankunft, der keine Aufbrüche mehr folgen sollen. Die Jungfrauenreise endet im matrimonialen Tableau, im *Hafen* der Ehe. Schärpe und Schleier flattern nun nicht mehr im Fahrtenwind. Als Attribute weiblicher Sittsamkeit schmücken sie die schönere Hälfte des neugefügten Doppelbildnisses: Elisabeth und Franz Joseph.

Gleich nach der Landung wird die Braut in die hierarchischen Ordnungen der Stadt und des Hofes aufgenommen: Gemeinderat, hohe Geistlichkeit, hoher Adel, hohe Militärs nehmen die neue Kaiserin in Empfang und erweisen ihr die Reverenz. Schon eine aus gegebenem Anlaß am Donauufer errichtete Triumphhalle zeigt, daß Erhabenes sich ereignet. Aufs prächtigste ausgestattet, mit »Spiegelwänden, Blumen, Draperien gleich einem Zaubertempel herrlich verziert«[4], erwartet sie die Braut. Die ephemeren Säulen, das hölzerne Dach des Festgerüstes rahmen das erstmals Seite an Seite tretende Paar und heben, wie alle Triumphbögen und Ehrenpforten des 19. Jahrhunderts, den ersehnten bedeutsamen Moment in Zeit und Raum hervor. Die Brautfahrt ist zu Ende, wenn sie im denkwürdigen Augenblick zur Ruhe gekommen und ins schöne Bild der Ankunft überführt ist. Festordnungen, Festarchitekturen, patriotische Chroniken verleihen der Szene das »Gepräge einer tiefen Ergriffenheit des für alle freudigen Moments der Geschichte Österreichs«.[5]

Doch schon die Brautreise ist weit mehr durch ihre Unterbrechungen als durch ihre Bewegung bestimmt. Einerseits fährt der geschmückte Dampfer wie ein gemächlicher Festwagen an den am Ufer versammelten Untertanen vorüber, andererseits werden immer wieder Momente eines aufwendigen Stillstandes inszeniert. Indem das Schiff immer wieder anlegt und Gelegenheit zu großen protokolarischen Empfängen gibt, vollzieht sich die Reise in gemessener Festlichkeit. Im

Zentrum dieser Arrangements steht das lebende Bild der zukünftigen Kaiserin von Österreich. Dieses gilt es, von Ort zu Ort zu transportieren und architektonisch hervorzuheben. Bereits in Linz, am 21. April 1854, wo der Dampfer über Nacht Station macht, hat man dem »bedeutsamen Augenblick« einen Tempel gebaut.

Auf der Landungsbrücke selbst war ein Pavillon errichtet worden, in dem weiszgekleidete Mädchen Spalier bildeten. [...] Lieblich zu schauen war es, wie Prinzessin Elisabeth das Mädchen nach beendeter Ansprache zu sich heranwinkte und dem tief eröthenden Kinde einen Kusz auf die Stirne drückte. Unbeschreiblicher Jubel folgte dieser Episode und wie mit einem Zauberschlage hatte sich Elise die Herzen der Österreicher erobert.[6]

Unter dem Dach des Pavillons geht die banale Episode der Dankesbezeigung in malerische Ewigkeit ein. In den künstlichen Räumen der transitorischen Festarchitektur wird das Geschehen für die offizielle Geschichtsschreibung präpariert. Wie viele ähnliche Anlässe unterliegt auch dieser einer Choreographie, die einen festlichen Verlauf in faßliche Bilder zerlegt und dem unzuverlässigen Gedächtnis des 19. Jahrhunderts nachdrücklich einprägt.

Doch wie schon beim Abschied von München hat die ausgestellte Braut sowohl den Beweis ihres königlichen Rangs als auch ihrer Weiblichkeit zu erbringen. Während der Reise kommen Zeremoniell und Gefühl gleichermaßen zum Zuge. Der reisenden Braut und künftigen Landesmutter gelingen insbesondere jene Momente, in denen sie entgegen den höfischen Regeln die weibliche Natur sprechen läßt. Wenn das Empfangszeremoniell in eine empfindsame Genreszene umschlägt, wenn der vorgeschriebene Ablauf von Huldigung und Dank durch eine spontane Gefühlsaufwallung unterbrochen wird und die konventionellen Zeichen der Repräsentation der scheinbar natürlichen Sprache des Herzens weichen, dann ist ein »bedeutsamer Augenblick« gewonnen. Mit Küssen und Tränen erobert sich Elisabeth die bürgerliche Gesellschaft.

Aus ihren Reihen treten auch die selbsternannten Märchenerzähler vor, die statt mit höfischem Prunk im Volkston von der Kaiserbraut sprechen und der Kälte und Förmlichkeit offizieller Reiseprotokolle entgegenwirken. Sie schweigen vom Heiratshandel zwischen Habsburg und Wittelsbach, von Arrangements familiärer Diplomatie und von prächtigen Triumphzügen, um von der »fremden Königstochter« zu erzählen, die erst durch die kaiserliche Umarmung einem unglückseligen Schicksal entrissen worden sei. Eine echte »Märchenbraut« (»denn das war die Kaiserbraut, wenn es überhaupt ein Grimmsches Märchen gibt«[7]) reist nicht unter Flaggen heran, sie durchquert wie alle verstoßenen und verirrten Sprößlinge unbestimmter Märchengeschlechter eine feindliche Fremde. Erst der rettende Moment der Ankunft vermag sie wirklich zu beglücken. Bergendes Heimatland nimmt sie für immer auf:

Ein Königskind in die Fremde zieht, / Geführt von innerem Drang, / Dem hängt eine Thrän' im Augenlid, / Dem ist so bang, so bang! O Königskind, erbange nicht, / wie fremd auch Flur und Strand! / Wo Dich die Lieb' wie hier umflicht / Da ist Dein Heimatland.[8]

Auf die formale Abwicklung des Empfangs in Wien-Nußdorf hat der »dichterische Geist der sagenbildenden Kraft des Volksgemüthes«[9] keinen Einfluß. Das gute Ende der rührenden Geschichte zu gestalten ist Aufgabe weniger der Volksdichter als der Zeremonienmeister.

Ankunft Elisabeths in Nußdorf bei Wien.
Lithographie von Vinzenz Katzler, 1854

Schaureisen

Endete die erste Reise des »bangen Königskindes« vor dem Hochzeitsaltar, so dienen die Fahrten des jungen Ehepaares der Verbreitung des kaiserlichen Doppelbildnisses und der Erneuerung des dynastischen Zukunftsversprechens. Der Kaiser stellt seinen Landen die neue Landesmutter vor. Auch von diesen frühen Reisen werden Märchen erzählt, die das sprichwörtliche »es war einmal« – »und wenn sie nicht gestorben sind« endlos wiederholen. So soll die Kaiserin ihren Gemahl gefragt haben: »Willst Du mir nicht alle Deine Länder zeigen?« Und lächelnd habe der junge Ehemann erwidert:

»Alle sollst Du sehen, und schon morgen wollen wir den Anfang machen!« – In größter Eile wurden die Reisewagen fertig gestellt und fort gieng es aus der alten Kaiserstadt zur Betrübnis der Wiener [...]. So führte der Monarch seine erhabene Gemahlin nach dem industriereichen Brünn, nach der altehrwürdigen Stadt Prag, nach dem herrlichen Ungarland, dann hinauf zu den Spitzen der ewigen Berge, wo neben dem ewigen Eis der Alpen das liebliche Edelweiß sprießt, und dann nach der blühenden Lombardei.[10]

Doch ein weiteres Mal werden die Märchenerzähler von den Zeremonienmeistern übertrumpft. Der fliegende Teppich, der das Kaiserpaar über die habsburgischen Landschaften und schließlich über Eis und Schnee hinwegzutragen scheint, ist nur eine Reisekutsche, die an jedem Ort innehält. Ein weiteres Mal zeigt sich das »Reisemärchen« von Kaiser und Kaiserin als ein durchgearbeitetes protokollarisches Unternehmen: eben als Reise *Ihrer k.k. Apostolischen Majestäten Franz Joseph und Elisabeth durch Kärnthen im Jahr 1856*. So zumindest lautet der Titel des von der Hofdruckerei verlegten Prachtbandes, der den idealtypischen Verlauf der Kärntenreise des Kaiserpaars im Jahr 1856 in allen Einzelheiten dokumentiert.

Wie Abbildungen und Beschreibungen bezeugen, versteht sich auch Kärnten auf die kunstvolle Inszenierung des »bedeutsamen Augenblicks«. Die Schilderung der Festarchitektur nimmt weit mehr Raum in Anspruch als die der umgebenden Alpenlandschaft. Deutlich tritt das Interesse der Honoratioren hervor, zwischen den ephemeren Säulen der Ehrenpforten das drei Jahre zuvor versäumte Hochzeitsbild des Kaiserpaares einzufangen:

Als Du in Deines Herren Haus gezogen, / Dich jubelnd das beglückte Wien empfing, / Da war's des Kärntner Thores alter Bogen, / Durch den der Zug zum Traualtare ging.[11]

So läßt man die Kaiserin durch echte Kärntner Tore schreiten: »in jedem Thale prangt ein Mal inmitten: das Kaiserpaar ist mild hindurchgeschritten.«[12] Diese »Male« sind vorzugsweise Ehrenpforten, d.h. zu festlichen Gelegenheiten errichtete und sinnreich ausgestaltete Holztore, durch die die Gäste den Ort betreten. Mit den Mitteln leichter Festarchitektur setzen sie eine aus der Antike, der Renaissance und dem Barock stammende Form des Herrscherkultes auch im 19. Jahrhundert fort. Doch erreichen sie längst nicht mehr das ästhetische Niveau, das u.a. mit so illustren Namen wie dem Fischers von Erlach verbunden war: Die Ehrenpforten der Kärntenreise sind nurmehr dürftige Rekapitulationen der Festgerüste vergangener Epochen. Dienten diese einst zum Zeichen des »Sacrum Imperium«, des Heiligen Römischen Reiches, und gaben sie genaue ikonographische Auskunft über den Anlaß der Ehrung und die geschichtliche Stellung des gefeierten Herrschers,[13] so stellen die vom Kärntner Reisebuch verzeichneten Pforten nurmehr triviale Bildrätsel dar. An die Stelle der komplexen Allegorik des Barock sind die trivialen Sinnbilder aus dem Industriezeitalter getreten. Industriell gefertigte Produkte wie Nägel, Sicheln, Sensen setzen sich zu Doppeladlern und anderen Elementen habsburgischer Heraldik zusammen. Die Kärntner Stahlindustrie hat ein Tor aus Eisenbahnschienen errichtet und die technische Grundlage zeitgenössischer Mobilität und Beschleunigung wider ihre eigentliche Bestimmung verwendet. Im Zusammenhang festlicher Repräsentation dienen die Gleise als Bilderrahmen. Anstatt zu befördern, halten sie fest.

Ermüdet die eintönige Reihe der Pforten, so zeigt auch der übrige Verlauf der Kärntenreise wenig dramaturgische Veränderung. Die Chronik spiegelt die Gleichförmigkeit der Empfänge und Verabschiedungen in gebotener Monotonie. Jeder Ort, der den Kaiser aufnimmt, verlangt nach derselben schriftlichen Vergütung: Ehrenpforten, Begrüßungsworte, die Vorstellung der Honoratioren, die Fragen des Kaisers, die Antworten der Stadtväter, weißgekleidete Mädchen, Blumensträuße und Huldigungsreime wollen immer wieder aufs neue beschrieben sein und erzwingen die euphorische Darstellung des immer Gleichen.

Franz Joseph und Elisabeth absolvieren jedoch nicht nur geschmückte Städte, sondern auch die gerühmte »Reisenatur« der Alpen, den spektakulären Höhepunkt unter den habsburgischen Landschaften. Wenn sich das Paar durch »stilles Alpenland mit grünen Triften und dunklen Forsten, mit blauen Seen und hellglänzenden Gletschern«[14] begibt, durchquert es ein ganz und gar aus österreichischen Wahrzeichen zusammengesetztes Gelände. Im Rahmen der Herrscherreise präsentieren sich die Berge als ein »heraldisch geformtes Abstraktum«[15] vaterländischer Natur. Vor dem Auge des Lesers errichtet der Hofchronist des Kärntner Reisebuches ein trittfestes Salongebirge, um den hohen Besuchern den Boden zu bereiten: Sicher kann der Herrscher wandeln, wo die Triften grün sind und die Seen blau, wo sich die Natur in eine Alpenkulisse des Burgtheaters verwandelt hat. Noch näher rückt sie, wenn sie mit einem »stolzen Epos« und der Gletscher mit einem »Zauberpalast« verglichen wird.[16] Höchstes Gefallen erregt »Gottes Natur« dann, wenn sie den illuminierten Vergnügungsstätten der Großstädte am nächsten kommt.

Denn nichts Unerwartetes, nichts Fremdes soll der Kaiser auf seiner Reise sehen. Umständliche Vorkehrungen werden getroffen, bevor das Kaiserpaar in die Landschaft schaut. Jeder seiner Blicke wird in Bahnen gelenkt. Das »hohe Glück unmittelbaren Anblicks« steht am Ende eines strengen Auswahlverfahrens, welches jede Unmittelbarkeit zu verhindern weiß. So wird das kaiserliche Blickfeld schon dadurch eingeschränkt, daß dem »unmittelbaren Anblick« ebensolche Pavillons errichtet werden wie schon dem »bedeutsamen Augenblick«. Gerade auf den »Höhen« beugen sinnig ausgeschmückte Holzgerüste, etwa eine »Gloriet aus Fichtenbäumen«, dem freien Schweifen der Blicke vor. Ein hölzernes Schönbrunn in Kärnten bezeichnet und umgrenzt im vorhinein den Ort, an dem die Kaiserin »Wohlgefallen über die schöne, romantische Gebirgsgegend« äußern wird.[17]

So ist kein Schritt ins Unbeschriebene, Ungeplante auf dieser Reise denkbar. Wo immer das Paar sich einfindet, ist ein Empfangskomitee versammelt – sowohl in den Dörfern als auch auf »jungfräulichen« Bergeshöhen und unwegsamen Gletschern. Als der Kaiser den Großglockner bezwingt, unter Zurücklassung der zarten Gattin, erwarten ihn die vorausgeeilten Patrioten mit Pauken und Trompeten. Einsame Gipfelfreuden sind ihm nicht vergönnt; überflüssig zu erwähnen, daß auch der Chronist schon da ist. – »So weilen wir in stiller Andacht sinnend am grünen Gestade des Gletscherstromes und erwarten die Ankunft der kaiserlichen Alpenfahrer, die heute heraufsteigen wollen, um die Wunder der Gletscherwelt zu schauen ... «[18] Was als Abenteuer im Ewigen Eise angekündigt wird, endet im Halbrund eines Männergesangvereins.

Kaisernatur ist jedoch mehr als kolorierte Pappkulisse der Alpenwelt, sie zeigt ihre Reize auch in den Städten. Dort erweist sie sich deutlicher als vor den Mauern als künstlicher, allein zu Ehren der Monarchen geschaffener Lustort. So etwa verwandeln sich Klagenfurter Freitreppen in eine von farbigen Lichtern erhellte Allee von Zitronen- und Orangenbäumen, der Wappensaal des Rathauses in einen Blumenhain, die Spitalgasse in einen anmutigen Waldweg. Die urbane Huldigungsnatur überzieht die vertrauten architektonischen Konturen mit dem üppigen Plüsch exotischer Gewächse:

Hier in der einen Ecke breitete sich ein stattliches Wäldchen blühender Oleander aus und reichte bis an einen kleinen Hain dunkler Cypressen, dort baute sich an der Wand eine zierliche Pyramide exotischer Blüthen auf und breitete sich ein reizendes Blumenparterre aus, vom üppigen Graswuchs umsäumt und von dem glänzenden Laubdache ansehnlicher Camelien überschattet.[19]

Baulichkeiten schmiegen sich unters Blumenjoch und vermitteln jenen beängstigenden Eindruck von Überfülle und abgedämpfter Intimität, der für die Interieurs der Zeit charakteristisch ist und die bedrückende Atmosphäre zeitgenössischer Wohnungsausstattungen heraufbeschwört. Das schönste Kleid der Stadt wird aus Blüten, Gras und Büschen gewoben und umschließt den Kaiser und sein Weib mit schwerem Faltenwurf. Kein Stadtvater erspart dem reisenden Paar die Vorstellung, daß es nun zu Hause ist.

Einige Monate später werden Franz Joseph und Elisabeth in Triest mit ähnlichem Aufwand empfangen. Zur Feier ihres Besuchs in Norditalien wird auch hier die alltägliche Stadt von einer zweiten, aus Dekorationen errichteten Phantomstadt verstellt. Potemkinsche Fassaden bringen wie in Klagenfurt die vertraute Kontur von Häusern und Straßen zum Verschwinden. Bevorzugterweise dienen sie der phantasmagorischen Vergegenwärtigung des Machtzentrums Wien. Das Theater von Triest schmückt sich mit drei Transparenten, die die Wiener Votivkirche, das Wiener Arsenal und die »Kaiserburg« vor-

Erinnerungsblatt an die Österreich-Reise des Kaiserpaares.
Kreidelithographie, 1856

stellen. Aber auch die beliebten Illuminationen – die festlichen Lichtbilder, die eine moderne Beleuchtungstechnik auf den schwarzen Hintergrund der Nacht projiziert – führen statt eigener Bauwerke leuchtende Wiener Neubauten vor: Besonders macht hier eine Villa auf sich aufmerksam, die sich »durch die Beleuchtung zu einem Abbild der Wiener Votivkirche zu gestalten wußte, deren schöne Formen wie ein Zauberbild in den Nachthimmel hineinragten.«[20] Dem Herrscherpaar präsentieren sich somit auch unterwegs die vertrauten Ansichten der Hauptstadt. Die begrenzte und zweckgebundene Mobilität des Monarchen und seiner Frau bleibt immer auf das politische, lokale und dynastische Zentrum Wien bezogen, auf die unbewegliche Mitte des Kaiserreiches, die die Stabilität der Monarchie auch in unsicheren Zeiten zu sichern scheint. Illuminationen, Transparente und Fassadenschmuck verkünden die habsburgische *Mythologie des Überall* auch in entlegenen Gegenden. Sie gewährleisten die Präsenz der kaiserlichen Ordnungsmacht für alle Teile des Territoriums, die sich als eine phantasmagorische Schicht aus Licht, Glanz und Schatten bzw. aus den transitorischen Materialien der Festkultur über die Umrisse der besuchten Städte und Länder legt und ihr wirkliches Gesicht zum Verschwinden bringt.

In Triest täuschen die Festlichkeiten des Kaiserempfangs aber auch über die politischen Krisen hinweg und erweisen sich als eine wirksame Form der Verdrängung angesichts der Nationalitätenkonflikte im österreichischen Staatenagglomerat. Denn auch wenn der österreichische Kaiser in dem von Separationskonflikten zerrissenen Norditalien mit keinen politischen Sympathien rechnen kann und ihn dort eine gegen die österreichische Vorherrschaft aufbegehrende Bevölkerung erwartet, wird das aufwendige Festprogramm gegen alle Widerstände erfolgreich durchgehalten.

In Mailand zahlten die Behörden sogar den Landbewohnern Geld, damit sie in die Stadt kamen und dem Kaiserpaar Spalier standen. Der lombardische Adel blieb eisig. Bei den kaiserlichen Empfängen erschien nur etwa ein Fünftel der Eingeladenen. In der Festvorstellung der »Skala« saßen statt der Aristokraten deren Dienstboten in den Logen.[21]

Die österreichischen Militärbehörden haben die Empfänge so gut organisiert, daß die Reiseberichterstatter ausschließlich von gelungenen Festlichkeiten berichten können. In ermüdender Ausführlichkeit beschreiben sie die venezianischen Festilluminationen, ohne die anfängliche Boykottierung des Kaiserpaares durch den Adel und die städtische Bevölkerung auch nur anzudeuten. Den Herrscher zeigen sie im glanzvollen Als-Ob seiner Macht.

Der Festaufwand täuscht zudem darüber hinweg, daß die Herrscherreise des 19. Jahrhunderts keine spektakuläre Unternehmung mehr ist. Die technische Revolution auf dem Gebiet der Fortbewegung hat den Repräsentationswert der traditionellen Herrschertournee ein für allemal in Frage gestellt. Da es kein Privileg mehr ist zu reisen und die fortgeschrittene Eisenbahntechnik ganze Bevölkerungsschichten mobilisiert, muß der Ereigniswert auch einer kaiserlichen Reise erst begründet werden. In »unserer wanderlustigen Zeit«, heißt es in der *Leipziger Illustrirten Zeitung*, könne eine Herrscherreise nicht mehr ohne weiteres die öffentliche Aufmerksamkeit beanspruchen.[22] Daß der italienischen Exkursion des österreichischen Kaiserpaares dennoch ein vielteiliger Bericht gewidmet wird, rechtfertigt sich erst aus dem großen festlichen Gepränge, aus den spektakulären Empfangstableaus, die diese Reise von anderen unterscheidet.

Umgekehrt wiederum liefern diese Feste späte Bilder eines langsamen und feierlichen Reisens und stellen sich jener Bilderflucht entgegen, die durch die beschleunigten Geschwindigkeiten des modernen Verkehrs ausgelöst wird. Denn wenn die Reisebilder vorüberfliegen, wenn die alten Zeitmarken des Verkehrs: Poststationen und Pferdewechsel, ungültig, wenn die Kutschenfahrten durch Eisenbahnfahrten abgelöst werden, verändert sich die Erfahrung des Reisens und die Selbstwahrnehmung des Reisenden von Grund auf. Die schnelle Fahrt verläuft jenseits aller Bilder, der Reisende rauscht vorüber, ohne gesehen zu werden, er fährt und fährt, ohne zu sehen. Diese ikonoklastischen Auswirkungen moderner Fortbewegung werden durch das Zeremoniell und seine künstlichen Verzögerungen aufgehoben. Die Kärnten- und Italienreise dient ausschließlich dazu, die Sichtbarkeit des absolutistischen Herrschers zu gewährleisten, der sich in persona jener »enthemmten Mobilität« verweigert, die »der Alb jedes Staates«[23] ist.

Die Flucht

Daß Elisabeth als reisende Kaiserin in die Geschichte des 19. Jahrhunderts eingehen wird, liegt nicht allein in den Triumphzügen der fünfziger Jahre begründet. In Kärnten, in Triest ist sie vor allem ein Versprechen auf den Fortbestand der Monarchie, ist sie die schöne Begleiterin des Kaisers, die sich, wenn nicht das Damenprogramm und die anfallenden Wohltätigkeitsbesuche ihre Anwesenheit fordern, an der Seite des Gemahls durch die Welt bewegt. Die Illustrationen in der *Leipziger Illustrirten* zeigen sie in biedermeierlicher Idealgestalt mit herzförmigem Gesichtchen und keusch zurückgenommenen Haarflechten neben dem Kaiser. Ihr Bildnis hat sich noch nicht selbständig gemacht.

Erst die dringliche Erholungsreise Elisabeths nach Madeira im Jahr 1860, der eine zweite, ebenso dringliche nach Korfu folgt, leitet ihr von nun an regelmäßiges Verschwinden aus Wien ein. Bricht sie auf, so nicht, um als »Rose von Bayerland« die Pflichten der Repräsentation in den weiten Gegenden des Reiches wahrzunehmen. Die Reisen Elisabeths sind keine »Reisemärchen« mehr. Vom Prinzen läßt sie sich

»Wohin, träumerische Frau, wandertest Du rastlos?!?«
»Weg von der Lüge!«
Von Peter Altenberg beschriftete Photographie einer
Elisabeth-Statuette von Franz Zelezny

keine Länder mehr zeigen. Sie bleibt nicht, wie noch in Kärnten, zurück, wenn alpine Gipfel bestiegen werden. Sie läßt sich nicht mehr mit der Sänfte über abschüssige oder schlüpfrige Wegstrecken tragen. Mit Schiffen und Zügen überholt sie alle, die über ihre kaiserlichen Wege wachen.

Die Gründe für die notorische Abwesenheit Elisabeths von Wien sind oft genannt worden. Brigitte Hamann hat sie in ihrer Biographie dargelegt. Eine Vielzahl von Faktoren wirken zusammen, daß keine gemeinsamen Prachtreisen mehr unternommen werden. An zentraler Stelle aber steht der wachsende Widerstand der Kaiserin gegen höfisches Reglement und höfische Repräsentation, denen zu entrinnen sie sich in merkwürdige Krankheiten mit komplizierten und rätselhaften Symptomen flüchtet. Ärztliche Atteste begründen nicht immer glaubwürdig den erneuten Aufbruch Elisabeths. Das nach schweren Zerwürfnissen mit dem Kaiser geschlossene Eheabkommen sichert ihr sodann die freie Wahl des Aufenthaltsortes, und der Selbstmord ihres Sohnes, des Kronprinzen Rudolf, leitet eine letzte und gesteigerte Phase der Ruhelosigkeit ein, die erst mit ihrem Tod am Genfer See endet.

Doch nicht die psychologischen Gründe dieser notorischen Ruhelosigkeit sollen hier interessieren, auch nicht jene Ereignisse und Vorfälle, die die Kaiserin aus Wien vertreiben und auf eine Reise ohne Ende schicken. Vielmehr ist es die Transformation der traditionellen Herrscherreise, die Entwicklung eines revolutionären Reisestils bzw. die Prägung und Produktion neuer Reisebilder, durch die Elisabeth in die Geschichte der Mobilität eingeht.

Dienten die ehelichen Schaureisen der fünfziger Jahre vor allem der Stabilisierung der Monarchie, transportierten sie das Herrscherbild unter prächtigen Zeremonien von Stadt zu Stadt, entzieht sich die reisende Kaiserin von nun an den Blicken. Die großen festlichen Tableaus müssen ohne sie auskommen. Die leere Stelle, der fehlende Glanz dort, wo zuvor ein Gesicht zu sehen war, zeigt nur allzu deutlich, daß die Reisen der Kaiserin in unauflöslichem Widerspruch zu den Forderungen der kaiserlichen Repräsentation treten.

Die Öffentlichkeit allerdings musste allgemach des Anblicks der Kaiserin viel entbehren, und gar oft entrang sich, wenn Wien stolze Feste feierte, der Ruf den Lippen des Bürgers: »Dass doch die Kaiserin dabei wäre, das wäre des Glanzes Krone gewesen«.[24]

Werden die häufigen Absenzen der Kaiserin von der vernachlässigten Öffentlichkeit nicht widerspruchslos hingenommen, meldet sich vor allem die Presse kritisch, wenn nicht boshaft zu Wort, um das Vorenthaltene einzufordern, so machen die Hagiographen das Schicksal und das Leiden für die kaiserliche Reiselust verantwortlich. Den Affront wissen sie zu mildern und zu entschuldigen. Den politisch stets umstrittenen Drang in die Ferne führen sie zunächst auf die Machenschaften der höfischen Kamarilla zurück, später erklären sie den Reisetrieb Elisabeths mit der Trauer um den toten Sohn. Der Selbstmord des Kronprinzen Rudolf im Jahr 1889 liefert gültige Gründe für die Abwesenheit der Landesmutter: Schmerz erst habe ihr die Ruhe genommen und sie mit der Aura untröstlicher Einsamkeit umgeben. In vielen Beschreibungen wird daher das Motiv der Rastlosigkeit mit dem der Trostlosigkeit verknüpft. Clara Tschudis Elisabeth-Biographie zum Beispiel diagnostiziert das Reisefieber der Kaiserin nicht nur als eine Form von Trauer und Melancholie, sie konstatiert auch eine zunehmende Beschleunigung des Reisetempos:

Öfter als jemals flüchtete sie vom Hofe hinweg [...]. Das Volk sah sie nicht mehr, die Aristokratie fast ebensowenig. Wenn sie in Wien auftauchte, bewohnte sie ihre alten Gemächer [...] nicht mehr. Es beherrschte sie die Erinnerung an jenen Tag, wo sie dem Kaiser die Nachricht [vom Tod Rudolfs] hatte überbringen müssen, die ihm kein anderer zu überbringen gewagt hatte. [...] Selbst ihr Lieblingsschloß in Lainz konnte sie jetzt kaum noch einige Wochen festhalten. Nach Ungarn kam sie auch seltener als früher, und sie blieb niemals länger als einen Monat dort. Die Rosen welkten in ihrem Gartensaale auf Gödöllö, und über ihre Reitbahnen war längst Gras gewachsen.

Auch früher hatte die Reiselust sie beherrscht. Jetzt ward diese zu einem Fieber, das sie unablässig von Ort zu Ort trieb. Sie flatterte wie ein friedloser Vogel in der Welt umher, der keine Ruhe finden konnte. Von Zeit zu Zeit besuchte ihr Gemahl sie auf diesen ununterbrochenen Reisen; und dann schien sie für einen Augenblick aufzuleben. Aber kaum war er wieder fort, so fiel sie in noch düsterere Schwermut [...]; wo sie sich zeigte, erschien sie als ein Bild des Kummers.[25]

Auf der Landkarte werden nicht mehr Reiseziele, sondern nur noch flüchtige Stationen verzeichnet. Keine Gegend, die um ihrer selbst willen angesteuert würde. Nur eine summarische Darstellung kann der Unzahl der auf den Reisen berührten Orte gerecht werden und nur ein geraffter Überblick der durchhasteten Jahre einen Eindruck ihres Tempos vermitteln. Waren die frühen Fahrten stets auf das Machtzentrum Wien bezogen gewesen, so begibt sich die Kaiserin nun auf Bahnen, deren Verlauf im vorhinein nicht zu bestimmen ist und deren Streckenbild keine Mitte mehr aufweist.

Immerzu sah man sie von den düsteren historischen Schlössern der Habsburger zu jenen Häusern irren, die ihre flüchtige Phantasie sie errichten hieß. Von Schönbrunn, dem österreichischen Versailles, vom Lainzer Jagdhaus, das sie in tiefer Waldeinsamkeit erbaut und »Wald-

ruhe« getauft hatte, fuhr sie nach Miramar an den Ufern der Adria, in jenen Marmorpalast, der durch den Kaiser Maximilian zu so traurigem Ruhm gelangt war; nach Gödöllö, aus dem sie ein kleines Trianon gemacht hatte; [...] ins Schloß von Sassetot-le-Mauconduit in der Gegend von Caux [...] zum Cap Martin, wo sie mit der Kaiserin Eugénie zusammentraf; nach Strephill Castle in Irland; ins Achilleion auf Corfu. Ungarn, Holland, Schweiz, Schottland, die Schilfgürtel des Nil sowie die Nebel der Insel Man sahen sie vorüberfahren. Sie liebte Spaziergänge, liebte es, in Paris sich zu verlieren. Ihre Jacht Miramar führte sie von Ufer zu Ufer. – Ist es zu glauben, daß man sie im letzten Jahr ihres Lebens, d.h. vom Januar bis April 1898 in Biarritz, in Paris, in San Remo, in Kissingen, in Dresden, im Lainzer Schloß, in den Bädern des hessischen Mannheim und schließlich am Genfer Quai erblicken konnte?[26]

Ausgehend von den Schlössern, die die Fixpunkte eines monarchisch strukturierten Territoriums bilden, geht Ernest Tissot in langen Satzgebilden den immer unübersichtlicher und immer unberechenbarer werdenden Wegen einer Kaiserin nach, die keine Ziele mehr kennt. Doch auch Elisabeth selbst äußert sich programmatisch über ihre Reisesucht. Wie sie ihrem Reisebegleiter Constantin Christomanos zu verstehen gibt, erscheinen ihr Länder und Städte allein unter dem Blickwinkel des Zurückgelassenwerdens:

Das Leben auf dem Schiff ist viel schöner als jedes Ufer. Die Reiseziele sind nur deswegen begehrenswert, weil die Reise dazwischenliegt. Wenn ich irgendwo angekommen wäre und wüßte, daß ich nie mehr mich davon entfernen könnte, würde mir der Aufenthalt selbst in einem Paradies zur Hölle. Der Gedanke, einen Ort bald verlassen zu müssen, rührt mich und läßt mich ihn lieben. Und so begrabe ich jedesmal einen Traum, der zu rasch vergeht, um nach einem neuen zu seufzen.[27]

Dieser neue Reisestil entwickelt sich vor dem Hintergrund jener Mobilisierungstendenzen, die, indem sie alle lokalen Gewißheiten, alle Ansässigkeit und auch alle politischen Imponderabilien in Frage stellt, traditionelle Herrschaftsform und ortsgebundene Lebensform bedrohen. Die Kaiserin läßt sich von der Mobilität erfassen, die die Statik der zentralistischen Habsburgermonarchie gefährdet. Während sich Kaiser Franz Joseph I. über lange Zeit hinweg weigert, auf seinen Reisen die Eisenbahn zu benutzen, da der Herrscher eines Reiches von riesi-

An Bord der »Miramar«, im Hintergrund mit Sonnenschirm möglicherweise Kaiserin Elisabeth. Photographie von Erzherzog Franz Salvator, 1894

gen Ausmaßen die raumauflösenden Wirkungen der Geschwindigkeit fürchtet, läßt sich seine Frau von modernsten Verkehrsmitteln aus dem Gesichtskreis der Untertanen entführen. Als Reisende in kaiserlichen Extrazügen und Extradampfern bestimmt sie ihr eigenes Tempo und ihre eigene Route, ohne der Öffentlichkeit ihre Ankunftszeiten bekanntzugeben. Mit ihren unzähligen Fahrten nimmt sie an der allgemeinen »Orgie des Aufbruchs«[28] teil.

Dabei reist sie keineswegs, um Neugierde oder Abenteuerlust zu befriedigen. Eine geradezu bestürzende Modernität beweist sie vor allem darin, daß sie allein auf eine absolute und im Grunde unendliche Fortbewegung bedacht ist. Sei es, daß sie mit dem Dampfer *Miramar* monotone und durch keine Wechselwinde mehr bedrohte Wasserwege zurücklegt, sei es, daß sie sich auf schnurgeraden Eisenbahnstrecken jenen vollkommen abstrakten Reiseraum erobert, den Wolfgang Schivelbusch und andere als einen spezifisch modernen beschrieben haben. Nach eigener Auskunft führt sie auf dem Schiff und in rasenden Eilzügen »ein ideales, chemisch reines, kristallisiertes Leben, ohne Wunsch und ohne Zeitempfindung«[29]. »Sie sagte mir, sie möchte fahren, fahren, fahren, und die Welt sei zu eng und zu klein«[30], berichtet die rumänische Königin Carmen Sylva, und nicht von ungefähr nimmt Elisabeth in der raumverschlingenden Formulierung »fahren, fahren, fahren« einen Buchtitel des Geschwindigkeitstheoretikers Paul Virilio vorweg. Die Leere des bereisten Raums und der immerwährende Gleichtakt der Motoren versetzen sie in eine Trance, in der letztlich alle Reiseziele und Reisebilder ausgelöscht werden. Am Ende verschwindet die Kaiserin selbst im Inkognito gesteigerter Geschwindigkeiten.

Nach dem Tod des Kronprinzen zieht der Dampfer *Miramar* in unberechenbarem Zickzackkurs über die Meere, ohne Spuren »auf den blauen Weiten [zu] hinterlassen«[31]. Franz Joseph erfährt erst aus der Zeitung, wo seine Frau an Land geht, seine Telegramme treffen stets zu spät ein, während jene Elisabeths aus längst verlassenen Orten kommen.

Die Geschichte Elisabeths von Österreich bleibt aber auch dann, wenn diese aus den offiziellen Bildern verschwindet und sich das Inkognito der Reisenden zulegt, eine Bildgeschichte. Mag ihr auch die Flucht in einen eigenschaftslosen Raum bzw. in eine leere Zeit gelingen – die Bedürfnisse nach der Sichtbarkeit der Herrscherin lassen sich nicht zum Schweigen bringen. So entwickelt die Öffentlichkeit Strategien und Phantasien, um ein Reisebild Elisabeths zu erhaschen bzw. zu entwerfen.

Zum einen wird die Kaiserin immer wieder von ihrem Publikum eingefangen. An Bahnhöfen und Schiffsanlegestellen finden sich die Honoratioren beliebiger Städte ein, um der Flüchtigen das verweigerte Bildnis abzutrotzen. Doch wann und wo immer man der Kaiserin einen prächtigen Empfang bereiten möchte, fügt sie den Zuschauern die immer gleiche Enttäuschung zu. Kein Begrüßungstableau, das sie mit ihrer Anwesenheit beehren würde, keine Triumphhalle, in der sie freiwillig erschiene. Statt dessen kultiviert sie die raffiniertesten Variationen der Ausflucht. Der Bahnhof, der prädestinierte Ort der Ankunft und des vorübergehenden Stillstands, wird zur Stätte komplizierter und ironischer Vexierspiele mit der Repräsentation. Denn unklar bleibt bis zuletzt, ob die Kaiserin den Zug verlassen wird. Unklar bleibt außerdem, ob sie es ist, die den Zug verlassen hat. Vielleicht ist es nur die nicht zufällig dem Burgtheater abgeworbene Friseurin der Kaiserin, die auf dem Bahnsteig die Gebärden einer Herrscherin vollführt:

Frau F., die Friseurin der Kaiserin schritt in würdevollster Haltung den Perron auf und nieder, so nach besten Kräften die Kaiserin agierend.[32]

In der Regel aber müssen sich die am Bahnhof versammelten Zuschauer mit dem Anblick des Hofwaggons begnügen. Sogar die Eröffnung der *Kaiserin Elisabeth-Westbahn* am Wiener Westbahnhof geht ohne die Mitwirkung der Namenspatronin über die Bühne. Statt als offizielle Repräsentantin an den Feierlichkeiten teilzunehmen, fährt sie auf der neuen Strecke davon. In der Normandie, wo sie einen Badeurlaub verbringt, brüskiert die Kaiserin all jene, die sie im monarchischen Glanz der Insignien, mit Krone und schöner Robe – »de velour ou de satin«[33] – zu erblicken hoffen. Den am Bahnhof Wartenden erscheint sie als »rapide vision« – eine Wendung von vielsagender Doppeldeutigkeit, da sie sowohl die Schnelligkeit der Reisebewegung als auch das Fahrzeug selber bezeichnet.

Dies ist nicht das einzige Beispiel für die Gleichsetzung der Kaiserin mit ihrem Fahrzeug. In seinem offiziellen Bericht der Griechenlandreise von 1888 wartet Graf Khevenhüller mit folgender Anekdote auf:

Elisabeth ging an Land, um sich ihrer Gewohnheit gemäß allein zu ergehen. Als die Bevölkerung Sie nun so beflügelten Schrittes dahinschweben sah, verglich man Höchstdieselbe mit einer »dahinwandelnden Siegesgöttin«. Andere weniger poetische – nannten Sie nun »Eisenbahn« ob ihrer raschen Gangart. Aber dieser Vergleich enthält nichts Banales, da sie nach Ansicht dieser Leute schon etwas besonders »Hohes« ist.[34]

Die Darstellungsprobleme, die die tempobegeisterte Monarchin aufwarf, erfahren hier ihre Zuspitzung. Denn wird die Kaiserin als Eisenbahn wahrgenommen, so auf Kosten ihrer spektakulären Frauengestalt. Mit ihrem Vergleich verstoßen die Griechen gegen die Regeln zeitgenössischer Allegorik, die die neuesten technischen Errungenschaften in holden weiblichen Leibern personifiziert und die Dampfkraft moderner Maschinen im gesitteten Reigen weiblicher Allegorien darstellt.[35] Besser als der Hofbeamte erfassen sie, daß die Zeiten der lieblichen Siegesgöttinnen vorüber sind und die Zeiten der Maschinen beginnen, daß die reisende Herrscherin viel eher durch die Unsichtbarkeit schneller Reiseformen als durch die Sichtbarkeit der Repräsentation definiert ist. Verständlicherweise aber will sich Graf Khevenhüller

Gustave Doré, Illustration zu »The Rime of the Ancient Mariner« von S.T. Coleridge, Holzschnitt, 1875

mit der modernen Auflösung des kaiserlichen Bildes nicht abfinden und der beschleunigten Monarchin die Menschenähnlichkeit zurückerstatten, die ihr auf allegorischen Abwegen verlorenging. Als Anwalt der Repräsentation wehrt er den Maschinen.

Zuletzt gerät aber auch die Kaiserin selbst in den Zwiespalt zwischen Sichtbarkeit und Geschwindigkeit, zwischen Flügelwesen und Eisenbahn. Zumindest in den Reisegedichten aus dem *Poetischen Tagebuch* schreibt sie sich romantische Reiserollen auf den Leib – sei es, daß sie sich als friedlose Nordseemöwe, sei es, daß sie sich als eine moderne Titania in Heineschen Reimen vorstellt. Anstatt den endlosen Schienenstrecken bzw. der Monotonie des *Fahren, fahren, fahren* poetische Gerechtigkeit widerfahren zu lassen, nimmt sie Zuflucht zu den Flugkünsten von Shakespeares Elfenkönigin aus dem *Sommernachtstraum*.

Die fliegende Holländerin

An Bord der Miramar ergeben sich indessen weit spektakulärere Möglichkeiten als in der Eisenbahn. Der ganze abendländische Fundus wird geplündert, um die extravaganten Gewohnheiten der Schiffsreisenden ins Bild zu setzen. Planvoll inszeniert sich die Kaiserin als eine jener ruhelosen Gestalten aus Religion, Mythologie, Literatur und Geschichte, deren »unendliche Fahrten«[36] die Phantasie des 19. Jahrhunderts immer aufs neue erregen. Anderen und sich selbst erscheint sie als ein moderner *Ahasver*, als *Columbus* oder *Odysseus*. Die melodramatischen Bilder der notorisch Entwurzelten, der Suchenden und Flüchtenden, spiegeln die traumatische Mobilität der Moderne wider.

So versagt ihr jede Hoffnung auf Heimkehr, wer sie zum *gekrönten Ahasver* erklärt und ihr »beständiges, rastloses Umherschweifen durch alle Gaue des Kontinents«[37] mit den Wanderschaften des von Christus zu dauernder Ruhelosigkeit Verdammten vergleicht. Und auch Elisabeth selbst nimmt den weithin zirkulierenden Mythos vom *Ewigen Juden* für sich in Anspruch: »Durch die ganze Welt will ich ziehen, Ahasver soll ein Stubenhocker gegen mich sein.«[38]

Doch nichts hindert sie daran, im selben Atemzug den *Fliegenden Holländer* von Richard Wagner anzurufen: »Ich will zu Schiff die Meere durchkreuzen, ein weiblicher ›Fliegender Holländer‹, bis ich einmal versunken und verschwunden sein werde.«[39] Denn wie der Titelheld von Wagners gleichnamiger Oper befährt auch sie die Weltmeere auf der Suche nach Erlösung; wie er lebt sie als eine Tote unter den Lebenden, und gleich ihm wählt sie ihren Platz auf der Kommandobrücke des Schiffs, die sie »derart abschließen läßt, daß vom Schiffe gar nichts und nur das Meer sichtbar bleibt.«[40]

Auf ihren Schiffsreisen durchkreuzt Elisabeth aber auch die poetischen Gewässer der *Odyssee*. Nachdem Richard Wagner das Bühnenbild bereitgestellt hat, läßt sich die Kaiserin durch das Epos Homers zu einer weiteren spektakulären Reiseszene inspirieren. »Siehe, dann binde man dich an Händen und Füßen im Schiffe, / Aufrecht stehend am Maste, mit festumschlungenen Seilen«,[41] lautet die der Odyssee entlehnte Regieanweisung: Wie Odysseus den Sirenen, will Elisabeth den Wogen widerstehen. Während tosender Stürme läßt sie sich an den Schiffsmast der Miramar fesseln. »Ich thue dies wie Odysseus, weil mich die Wellen locken«[42], gesteht sie Constantin Christomanos. Gebunden wolle sie »das gewaltige Schauspiel des Meeres im Sturme [...] genießen«[43], heißt es bei Clara Tschudi.

So steht sie mit wechselnden Gesichtern und wechselnder Gebärde am Bug der Miramar: ein leibhaftiges, in großer Attitüde erstarrtes Zitat aus Geschichte, Literatur und Oper. Die weithin kursierenden Reisemythen ihrer Epoche versorgen sie mit stilistischen Anregungen, denen sie mit nahezu enzyklopädischer Gründlichkeit, aber auch mit einigem Eklektizismus nachgeht. Die Mythen und Sagen der rastlosen Weltumsegler werden nämlich nur in Bruchstücken in den kapriziösen Reisestil der Kaiserin eingearbeitet. Ohne direkte Bezüge zum Leben der Kaiserin motivieren und umspielen sie die eine bühnenwirksame Pose der den Stürmen ausgesetzten Seefahrerin, den erhabenen Anblick ekstatischer Einsamkeit, den die am Bug der Miramar postierte Kaiserin bietet. Ob als weiblicher Ahasver oder als weiblicher Holländer – stets erscheint sie als eine Galionsfigur, deren Blick sich auf die immer gleiche Wasserwüste richtet, deren Umrisse sich vor dem leeren Horizont des Meeres abzeichnen. Nur Stürme werfen sich ihr entgegen. Ganz und gar scheint sie jene Technik wirkungsvoller Plazierung verinnerlicht zu haben, die die populäre Kunst des 19. Jahrhunderts bevorzugt und erfolgreich einsetzt, wenn sie ihre Helden zur Geltung bringen will. Wie so oft in dieser Zeit gelingt die Herstellung einer »starken Silhouette« dadurch, »daß man sie vor einen leeren, gleichförmigen Hintergrund stellt, wozu Meer oder Himmel am ehesten geeignet sind, wie auch Böcklins ›Abenteurer‹, Feuerbachs ›Iphigenie‹ demonstrieren.«[44]

Bei der Formung dieser ebenso erhabenen wie dekorativen Pose sind literarische, bildnerische und theatralische Künste beteiligt. Denn wo die menschliche Gestalt hoch in den Himmel ragt, wirkt auch das enthusiastisch-heroische Menschenbild des englischen *Grand Style* nach, der in kühnen Dreiviertelansichten bedeutende Persönlichkeiten im Kampf mit entfesselten Naturgewalten darstellte und hervorragende Charaktere vor dem dramatischen Horizont des Schreckens, der Leere und der Finsternis postierte.[45] Von daher ist Elisabeth nicht nur vor geschriebenen, sondern auch vor gemalten Horizonten aufgestellt.

Doch nicht als tatkräftige Titanin hält die Kaiserin ihre Stellung an Deck, nicht männliches Heldentum postiert sie auf der Kommandobrücke der Miramar: Eine grandiose Dulderin nimmt den Platz ein, der vordem von den Repräsentanten der *Vita activa* besetzt wurde. Ein

Szenario der Tat hat sich in ein Szenario des Leidens verwandelt. In diesem Sinn sieht auch der Kapitän der Miramar, Almstein, in der Kaiserin eine Allegorie der Standhaftigkeit und der Dauer.

Während der Donner in allen Abstufungen seines mächtigen Organs grollte, scharfe Blitze in rascher Folge ringsumher zuckten und wüthende Bora über uns sauste, stand die Gräfin von Hohenembs [Pseudonym der Kaiserin] in den Anblick dieses grandiosen Schauspieles tief versunken und achtete nicht des Hagels und des in schweren Strömen niederprasselnden, völlig tropischen Regens. Wenn das grelle Licht eines Wetterstrahles die edle Gestalt der hohen Frau beleuchtete, sprach Muth und Bewunderung aus ihren schönen Gesichtszügen; ein erhebendes Bild majestätischer Standhaftigkeit und Ausdauer.[46]

Bei der dilettantischen Ausgestaltung der Szene orientiert sich der Kapitän nicht an den eigenen Erfahrungen und Wahrnehmungen auf See, sondern an den Wetterkünsten des Burgtheaters bzw. der Hofoper. Artifiziell ist das Licht der Blitze, deren kalkulierter Einfall die duldende Kaiserin plastisch herausarbeiten. Sturm und Donnergrollen werden in formelhaften Wendungen beschrieben und beschwören statt der tobenden Naturgewalten den Lärm eines großen Orchesters herauf. Almsteins Bericht von der Orientreise der Kaiserin berichtet ausdrücklich von solchen Wettern, die »im großen Register der Wettermaschine« vorgesehen, und nur von Landschaften, die der Bühne abgeschaut sind. Aber auch die Küsten des Mittelmeeres erscheinen ihm als »Kulissen« bzw. »Theaterdekorationen«[47].

Nur eine einzige Kunst aber kann alle bei der Herstellung des grandiosen kaiserlichen Szenarios beschäftigten Künste zusammenfassen. Alles deutet darauf hin, daß die reisende Kaiserin zum Mittelpunkt einer imaginären Oper stilisiert wird, eines Gesamtkunstwerks, das im Verein von Musik, Text, Bild und theatralischer Gebärde das wirkungsvolle Kompositum aus Frau und Meer erschafft. Die Oper nämlich stellt ihre Helden mit Vorliebe in die grandiose Einsamkeit der Bühne und lehrt sie die lyrisch-pathetische Kunst der tragischen Positur.

Vorbilder und Nachahmer

Die dem Winde trotzende Galionsfigur ist allerdings keine Erfindung der österreichischen Kaiserin und ihrer Biographen, sondern eine gängige ikonographische Formel, der sich die Monarchinnen des 19. Jahrhunderts ganz allgemein verpflichten. Schon bei ihrer Hochzeit wird Elisabeth auf sie eingeschworen: 1854 veröffentlicht der k.u.k. Biograph Constant von Wurzbach einen gereimten Fürstinnen-Spiegel, der die sechzehnjährige Kaiserbraut mit den ehrwürdigen Lebensläufen aller königlichen oder heiligen Elisabethen vertraut machen soll. Unter den »denkwürdigen Fürstinnen«, die den Namen Elisabeth tragen, befindet sich auch die trauernde Mutter Conradins, des in Rom enthaupteten letzten Staufers. Vom Dichter ebenfalls auf ein Schiff versetzt, führt sie bereits der jungen Kaiserin das ausgearbeitete Szenario der segelnden Schmerzensmutter vor Augen:

Und dort das schwarze Schiff, selbst seine Taue / Und Masten schrecken Dich mit Trauerfarben, / Wen trägt's auf seinem Borde durch die Wogen? / Wer ist's, dem alle Erdenfreuden starben? / Dem lichtlos ward das Firmament, das blaue? / Wen hat das Glück, sonst Mächtigen gewogen, / Um seine Schuld betrogen?[48]

Die Antwort lautet, wie in jeder anderen Strophe auch, Elisabeth. Als die Katastrophen eintreffen und Elisabeths Sohn Rudolf in Mayerling durch eigene Hand stirbt, ist der theatralische Raum längst ausgestaltet, in dem königliche Mütter die Meere befahren, ist die Pose der trauernden Herrscherin längst ausgeformt, welche die Einbildungskraft der Untertanen immer wieder neu beschäftigt.

So kann es nicht überraschen, daß auch die Amtskolleginnen Elisabeths den Reiz dieser Attitüde erkennen und einsetzen. In dem Bestreben, ein attraktives Reisebild zu bieten, trifft sich die österreichische Kaiserin mit der französischen Kaiserin Eugénie. Ein Vergleich zeigt indessen, wie unterschiedlich ein und dieselbe Pose zu gebrauchen ist.

Als 1864 der Suezkanal festlich eröffnet werden soll, lädt das Staatsoberhaupt Ägyptens die bedeutenden Monarchen und Politiker in den Orient. Die Einweihungsfeiern von Kairo und Suez zählen zu den prachtvollsten gesellschaftlichen Ereignissen des 19. Jahrhunderts. Die Potentaten der Welt repräsentieren in geschlossener Formation und lassen sich vom Gastgeber ein luxuriöses Tausend-und-eine-Nacht bieten. Den österreichischen Kaiser findet man hier ebenso wie die französische Kaiserin Eugénie. Elisabeth indessen fehlt mit voller Absicht. Zwar läßt sie sich, wie der Briefwechsel mit Franz Joseph zeigt, genau vom europäisch-orientalischen Spektakel berichten, doch verweigert sie sich jedem offiziellen Auftritt, der ihr die gehaßten Pflichten der Repräsentation auferlegen würde.

Kaiserin Eugénie hingegen genießt gerade diese Seite des Reisens und findet in jeder Situation die passende Pose. Schon auf der Schiffsreise nach Konstantinopel und Kairo beginnt sie mit ihrer Vorstellung. Auch in der Einsamkeit des Meeres möchte sie gesehen werden und sich mit wahrhaft kaiserlichen Gebärden hervortun. Da sie auf dem Schiff mit keinem großen Publikum rechnen kann, wendet sich Eugénie an ihre Hofdamen. Sie zu beeindrucken, erwählt sie die windumtobte Kommandobrücke zu ihrem Aufenthaltsort und setzt sich nach dem Vorbild Elisabeths dem Wetter und den Stürmen aus. Kurzfristig spielt auch sie die Ruhelose. Nach Berichten einer Hofdame rühmt sie sich ihres »Seemannsherzens«, ihrer »âme voyageuse«, als wollte auch sie es den Ahasvern und den Fliegenden Holländern nachtun.[49] Daß sie dabei die für ihre theatralischen Reiseformen berühmte Elisabeth von Österreich nachahmt, ist nur folgerichtig, garantiert diese doch die Noblesse der gewählten Attitüde.

Doch nur während der Fahrt über das Mittelmeer bleibt sie dieser Rolle treu. Sobald sie sich der ersten Station, Konstantinopel, nähert, vertauscht Eugénie den windigen Platz auf Deck mit dem um vieles prächtigeren, den das türkische Empfangszeremoniell für sie bereithält. Lichtumflutet gleitet sie die »süßen Wasser« des Bosporus entlang, und fern sind alle Stürme, in denen sich ihr Wagemut an Bord bewähren sollte:

[...] Die Kaiserin saß auf einem erhöhten Sessel und trug ein weißes Kleid [...] und auf dem Haupt ein wunderbares Diamantdiadem; ihre Arme, ihr Hals troff von Juwelen und ein langer Tüllschleier hüllte sie von oben bis unten ein. Hinreißend schön, schön wie die göttliche Nacht [...]; Wir sahen sie wie eine Erscheinung über die versilberte Flut gleiten [...], kaum hatte sie ihren Arm ausgestreckt, um ans Ufer zu springen, wandte sie sich um und gab ihren Ruderern ein liebenswürdiges Zeichen des Abschieds.[50]

Mit Leichtigkeit verwandelt sie die hochdramatische Reiseoper in ein orientalisches Märchen. Die Seemannsseele der französischen Kai-

Ernst Kuter, Heinrich Heine-Zyklus.
Bildpostkarte, um 1900

serin verraucht, sobald der Spielplan der Repräsentation nicht mehr den »Fliegenden Holländer«, sondern einen Triumphzug verlangt, sobald das Publikum nicht mehr die Sturmumtobte, sondern den »éclat«, die »expérience féerique«, die »Königin der Nacht« zu sehen wünscht. Hingebungsvoll spielt Eugénie auch die neue Rolle, nie würde sie die Gelegenheit eines solchen Empfangs ungenutzt vorübergehen lassen. *En passant* nur agiert sie in der melodramatischen Pose der Ruhelosen.

Während die maritimen Attitüden von Eugénie theatralisch nicht wirklich durchgearbeitet sind, werden sie von der österreichischen Kaiserin weit geistvoller interpretiert. Insbesondere die *Tagebuchblätter* von Constantin Christomanos geben darüber Auskunft, wie raffiniert und elegant sich Elisabeth die stereotypen Rollenbilder aneignet und sie zugleich weiter treibt.

Reisen

Auch auf der Miramar wird die große Reisepose nicht an die Wellen vergeudet. Fernab des großen Publikums versichert sich die Akteurin sehender und schreibender Zeugen, die das Gesehene überliefern und übersteigern. Vor allem zwischen Elisabeth und ihrem griechischen Vorleser entspinnt sich ein raffiniertes Wechselspiel, gemeinsam inszenieren sie das grandiose Schauspiel der Sturmumtobten.

Wieder steht die Kaiserin am Bug. In der Hand hält sie Heinrich Heines *Nordseelieder* – doch nicht nur, um den Vergleich mit den blassen und meersüchtigen Königinnen herauszufordern, denen die Gedichte des von ihr verehrten Dichters gelten, sondern auch um die literarische Herkunft ihrer Leidenspose ins Spiel zu bringen. Sie verkörpert Heines »schöne, kranke Frau« und inszeniert sich zugleich als seine Leserin: Lektüre und Positur, Buch und Gebärde fallen in eins, bedingen einander und gehen wechselweise auseinander hervor. Doch bedarf es eines Zuschauers, Constantin Christomanos, um die Komplexität dieser Szene zu erfassen, eines Zuschauers, der als Spieler an dem Schauspiel, als Leser an der Lektüre beteiligt wird. Denn alsbald übergibt die stumme Hauptdarstellerin dem Schaudernden das Textbuch. Sie bittet ihn, die zweite Strophe von Heines Gedicht »Der Sturm« im Freien vorzutragen.

Die zweite Strophe aus dem »Sturm« machte mich erschauern, denn alles war auf sie gemünzt. »O Meer! / Mutter der Schönheit, der schaumentstieg'nen! / Schon flattert, leichenwitternd, / Die weiße, gespenstische Möwe / Und wetzt an dem Mastbaum den Schnabel ... « Und weiter: »Fern an schottischer Felsenküste ... / Steht eine schöne, kranke Frau. / Zartdurchsichtig und marmorblaß ... / Und der Wind durchwühlt ihre langen Locken / Und trägt ihr dunkles Lied / Über das weite, stürmende Meer.« Ich erhob meine Blicke furchtsam zu den ihren und sah wie sie ernst und traurig über die schwere See schweiften...[51]

Ihm allein ist geboten, die große Szene der »schönen, kranken Frau« mit den dichterischen Worten Heines sowohl zu untermalen als auch zu beschreiben, und nur er wird der erschütternden Verwandtschaft von Text und Bild inne. Hin- und hergerissen zwischen Geschriebenem und Erschautem, erlebt er die Geburt der großen Pose aus dem Geist der Literatur.

Solche Reisebilder sprechen nicht mehr eine untertänige Zuschauerschaft an, nicht die Honoratioren und die weißgekleideten Mädchen, die am Eingang der Stadt ihre Huldigungsgedichte vortragen. Vielmehr wenden sie sich an einen Leser, der der Reisenden mit dem inneren und nicht mit dem äußeren Auge folgt, der sie weniger als ein dynastisches als ein ästhetisches Phänomen betrachtet, der sie auf eine imaginäre Bühne versetzt und vor jenen tragischen Dekorationen postiert, in denen seine »Lieblingsträume kunstvoll ausgedrückt und tragisch vereinigt«[52] sind. Dieser steht nicht Spalier, um den Herrscher leibhaftig zu sehen. Von vornherein rechnet er mit der Abwesenheit dessen, was seine Einbildungskraft erregt. Ein phantastisches Fernbild tritt die Nachfolge der zeremoniellen Tableaus eines überalterten Regimes an. Als eine dramatische Skulptur, Bewegung ins Feierliche steigernd[53], bleibt sie im Visier des »lecteur imaginatif«[54] auch dann, wenn sie längst hinter dem Horizont verschwunden ist.

Ansonsten aber erscheint die Kaiserin als eine Konstellation von ständig wandernden Reisezielen. Ihre wie ein Nervensystem verzweigte Reiseroute beschränkt sich auf den alten abendländischen Raum: auf ägäische Gewässer, Kleinasien, Nordafrika, Europa. Kultur- und Ausgrabungsstätten gehören zum festen Bestand ihrer wie immer unbeständigen Reisepläne. Besuche in Troja und Olympia vergegenwärtigen noch einmal die verblassende antike Topographie. Nicht der ganze Globus steht ihr offen, und nicht ohne Grund verbietet der Kaiser der Kaiserin, nach Amerika zu fahren. Denn nur in der alten Welt, der *terra cognita*, kann das Reisen eine »hyperculturelle Praxis« sein: »aufgeladen mit visionären, symbolischen, mythischen [...] Überhöhungen«[55], die den Reisestil Elisabeths bestimmen.

Die zerfallende österreichische Monarchie war vielleicht dort am eindringlichsten repräsentiert, wo die Grenzen der alten Welt rhapsodisch befahren wurden. Die *terra cognita* des alten Europa wird von einem trauernden Geist umkreist. Gerade im gespenstischen Reisekurs einer entkräfteten Symbolfigur, der Kaiserin von Österreich, offenbart sich die Gebrechlichkeit einer einstmals großflächigen territorialen, politischen und kulturellen Struktur.

Zeremonien

Mariatheresianische Konkurrenz

Die verschwenderische Weiblichkeit einer wahren Landesmutter soll sich durch Zeremoniell nicht einschränken und von höfischen Schranken nicht aufhalten lassen. Mütterlichkeit ist ihre erste Pflicht, das »große Herz« ihre wertvollste Gabe.[1] Von daher darf viel eher Maria Theresia als Elisabeth den wahren Kaiserinnentitel für sich beanspruchen. Als der Dramatiker Franz von Schönthans 1903 ein Drama mit dem Titel »Die Kaiserin« zur Aufführung bringt, darf er Verständnis dafür erwarten, daß nicht die kurz zuvor ermordete Elisabeth, sondern ihre volksnahe Vorgängerin in aller Glorie auf die Bühne gebracht wird. Nicht als eine durch gestrenge Ordnungen isolierte Machtinstitution, sondern als Quelle mütterlichen Gefühls tritt Maria Theresia ihren posthumen Untertanen entgegen. Die verehrte Herrscherin wird in der Fülle des Schenkens und Gebens gezeigt. Keine Fessel kann sie zwingen. Höfische Formen sind im sonnigen Schönbrunn Franz von Schönthans nicht mehr tragbar, und die pedantische Oberstenhofzeremonienmeisterin, die auf die Einhaltung überlieferter Huldigungsvorschriften drängt, erntet nur Gelächter, als sie folgende Aufstellung einer Gratulationskortege von ihrem Fächer abliest:

Hier steht Ihre Majestät die Kaiserin; – drei Schritte links, seit= und vorwärts, Seine Exzellenz und Oberstenhofmeister Graf Khevenhüller, entouriert von sämtlichen Herren und Damen vom persönlichen Dienst; – ebenda, staffelförmig zurückweichend, schließen sich an: die ausländischen Fürstlichkeiten, die Botschafter und Gesandten der fremden Mächte, nach Anciennität gruppiert [...]. (Den Fächer mit Aplomb zusammenklappend)[2]

Vergeblich versucht die mit der Rolle der komischen Alten betraute Zeremonienmeisterin die spontane Begegnung zwischen Herrscherin und Volk, Herrscherin und Adel zu verhindern. Mit liebenswürdiger Souveränität setzt sich von Schönthans Maria Theresia über alle Rangordnungen hinweg:

*aber so hat nichts mich niedergezwungen, auf die Kniee, wie diese fürstliche Frau, die da im hellen Sonnenlicht, unter tausend Augen, keusch und stolz ihre Brust hinhält und ein Bettelkind säugt.*³

Von der Kaiserin Elisabeth sind solche Zuwendungen nicht zu erwarten. Zwar widersetzt auch sie sich dem geltenden höfischen Reglement, doch tut sie es nicht aus überbordender Mütterlichkeit. Undenkbar, daß sie die distanzierenden Zeremonien des Hofes mit großen Tableaus der Volksnähe vertauschte. Die öffentliche Milchspende bleibt aus und der landesmütterliche Busen unsichtbar. Auf der Flucht vor den Ansprüchen der Etikette zieht sich Elisabeth in unerreichbare Fernen zurück, die sie dem Volk nicht minder als dem Hof entfremden. Während sich die souveräne Maria Theresia stets als Herrin des Zeremoniells erweist – auch in der Freiheit, es zu verwerfen –, so die flüchtige Elisabeth als dessen Opfer.

Ihre Biographen erheben denn auch alle zeremonialkritische Anklage. Das Leiden der Kaiserin am höfischen Reglement bildet das Leitmotiv ihrer zumeist von bürgerlichen Gesichtspunkten bestimmten Werke. Durchwegs nehmen sie die Individualität ihrer Protagonistin gegenüber den Forderungen der »Obersthofzeremonienmeister« in Schutz. Elisabeths Lebenstragödie lassen sie mit ihrem Eintritt in die Welt des Wiener Hofes beginnen. Nach einem immer wiederkehrenden Erzählmuster beendet die Heirat mit Franz Joseph die natürliche bayerische Kindheitsidylle am Starnberger See, um der Braut eine von Repression bestimmte, überalterte Existenzform aufzuzwingen. Die Hochzeit bildet den Drehpunkt zwischen zwei unvereinbaren Seinsweisen. Sie kündigt nicht Glanz und Glück, sondern eine lebenslange, lebensfeindliche Gefangenschaft an. In stets verallgemeinernden, stets vorgestanzten Phrasen wiederholen die Biographen jene Gemeinplätze der Hofkritik, die seit Ende des 18. Jahrhunderts das höfische zugunsten eines »natürlichen« bzw. bürgerlichen Lebensstils und seiner idealischen Gefühle verwerfen.

Schloß Possenhofen, über dem der liberale Geist des Vaters, Herzog Maximilians in Bayern, schwebt, wird dabei stets als lichtdurchflutete Gegenwelt der Hofburg geschildert. Anders als in Wien sind die bayerischen Umgangsformen von natürlicher Herzlichkeit geprägt. Freie Fürstenkinder tummeln sich in den Wäldern, im Gebirge, auf dem Wasser. Statt in düsteren Räumen die Schulbank zu drücken, klettert

»Liese von Possenhofen [...] auf ungebahnten Bergpfaden herum« und fühlt »den Wind durch das Haar sausen« – ein Freiluftkind, »das sich körperlich auf herrlichste Weise entwickelte, und in dessen empfängliche Seele Gottes mächtige Natur die ersten tiefen Eindrücke grub.«[4] Zitherspiel, freies und wohltätiges Umherschweifen zwischen den Bauernhütten: als »Frühlingsvision«[5] verbreitet Elisabeth jungfräuliche Frische. Ein ganzer Sagenkreis bildet sich um ihren Wagemut. Bald sieht man sie

im Boot, die schlanke Gestalt über die Ruder gebückt, gleich einer Undine in den Wellen spielend, bald wie eine Walküre an der Seite ihres Vaters durch das Dunkel der Wälder schreitend: sie kennt kein Hindernis und besteigt die wildesten Pferde.[6]

Wie so oft verraten die zum Vergleich herangezogenen Bilder, nach welch künstlichen Plänen Elisabeths Kindheitsnatur errichtet ist. Denn wieder hat die Oper leuchtende Phantasmagorien der Naturverbundenheit bereitgestellt. Ausgerechnet Undine aus Lortzings Wasseroper und Walküre aus Richard Wagners gleichnamigem Musikdrama, jene Kunstgeschöpfe, die ihr Leben dem Feuer- und Wasserzauber großstädtischer Bühnenmaschinen verdanken, sollen die Natürlichkeit kaiserlicher Freiluftszenen gewährleisten. Die Hochzeitsglocken läuten das Ende der Freiheit und der Kindheit ein. In Zukunft erscheinen der jungen Kaiserin die »großen Prachtsäle der Paläste [...] erdrückend und klein, wenn sie sie mit Gottes Himmel [vergleicht].«[7]

Protokoll und Biographie

Im Zwiespalt zwischen freiem, natürlichem Leben und höfischem Reglement deutet sich an, daß die Herrscherpersönlichkeiten des 19. Jahrhunderts nicht mehr allein mit höfischen, sondern auch mit bürgerlichen Maßstäben gemessen werden. Das Leben der Könige wird in widersprüchlichen Perspektiven wahrgenommen. In den zeitgenössischen Biographien, aber auch in anderen Gattungen der Herrscherdarstellung überlagern sich verschiedene historische Schichten.

Besonders am Beispiel des *Hochzeitsfestes*[8] zeigt sich, daß mindestens zwei unvereinbare Ordnungen des Erzählens um die Braut konkurrieren. Die Dokumentationen herrscherlichen Festgepränges unterliegen anderen Gestaltungsprinzipien als jene Erzählungen, die eine

Lebensgeschichte zu entwerfen suchen. Dem Bericht, der der Abwicklung der protokollarischen Vorgänge gerecht wird, steht zum einen die Biographie gegenüber, welche die Seele eines unverwechselbaren Individuums und nicht die Formen zu beschreiben sucht, stehen zum anderen die Genres des Märchens bzw. des Melodrams gegenüber, die es erlauben, das Frauenleben als ein geschichts- und entwicklungsloses außerhalb der modernen Zeit zu stellen.

In diesem Widerspiel repräsentieren die Zeremonialberichte das ältere, traditionsreichere Genre. Vom feiernden Fürsten zum eigenen Ruhm in Auftrag gegeben, bemessen sie die Größe des Landesherrn an der Größe des Festaufwandes. Diesen und nicht etwa die persönlichen Qualitäten des Fürsten gilt es, den Lesern im In- und Ausland vorzuführen. Die akribischen Protokolle, die in monotonen Aufzählungen die Abfolgen triumphaler Festzüge und die Raffinessen erfindungsreicher Festtafeln festhalten, erweitern das Prinzip herrscherlicher Repräsentation mit dem Mittel der Schrift. Sie dienen als »sinnfällige, präzise Ranganzeiger« und demonstrieren weniger die flüchtigen »visuellen und musikalischen Schmuckelemente« des Ereignisses als die differenzierte räumliche Anordnung des Hofstaates um seinen Mittelpunkt, den Herrscher.[9] Dieser löst sich seinerseits niemals aus dem choreographischen Netzwerk, das ihn umgibt und seine Raumposition wie seine Bewegungen bestimmt. Als Zentrum geregelter Huldigungsbezeigungen, als »Protagonist eines Weltschauspiels der Macht«[10] entbehrt er aller persönlichen Züge. Wenn er die ihm angewiesene Rolle im »Theatrum Ceremoniale«[11] spielt, versagen die biographischen Kategorien bürgerlicher Geschichtsschreibung.

Die Herrscherbiographie des 19. Jahrhunderts hingegen will anderes zu Papier bringen als ein Protokoll. Sie geht von der offenbarten bzw. unterdrückten Bürgerlichkeit des Monarchen aus und verteidigt ihn gegen ein Zeremoniell, das den Bewegungsspielraum seiner Seele durch überlieferte Vorschriften einschränkt. In eigener Sache muß sich der Biograph gegen jene gesellschaftlichen und sprachlichen Ordnungen wenden, die den Regenten als Repräsentanten begreifen und in ein System überpersönlicher Verhaltensweisen einspannen. Sein Text kommt ohne die Seele und ihre bürgerlichen Trauerspiele nicht aus.

Nicht von ungefähr jedoch vertieft sich der Zwiespalt zwischen protokollarischer und biographischer Form am Ende jener Epoche, die die ideologischen und politischen Fundamente des Hofzeremoniells endgültig zerstört und die Privatperson des Herrschers in einen unauflösbaren Widerspruch zu seiner öffentlichen Rolle verwickelt. Elisabeth entzieht sich nicht einem intakten absolutistischen Apparat, der durch das Gottesgnadentum des Fürsten beglaubigt war.[12] Sie widersetzt sich vielmehr jenen anachronistischen Hofordnungen, die nach der Französischen Revolution, nach den Reformbestrebungen Josefs II., nach der Machtergreifung Napoleons aller historischen Rechtfertigung entbehren. Ihr Widerstand richtet sich gegen das überständige Zeremoniell des Neoabsolutismus, der an der Stelle der verlorenen Ordnung einen nur mehr repressiven Apparat installierte. Mit der Wiedereinführung der strengen Etikette am Wiener Hof nach 1848 wird daher eine verjährte Rhetorik von den Toten erweckt.

Zwar ist, als Elisabeth nach Wien kommt, die Revolution von 1848 niedergeschlagen, zwar scheinen bei ihrer Ankunft jene staatstragenden Institutionen des Hofes und der Kirche rehabilitiert, die sich von alters her öffentlich zur Schau stellen, doch sind traumatische Zeiten der Formvergessenheit vorangegangen.[13] Die bürgerlichen Revolutionen im In- und Ausland haben die ohnehin geschwächte Repräsentation absolutistischer Regime um ihre Glaubwürdigkeit gebracht und die ehemals selbstverständlichen und selbstgewissen Herrschaftsgesten in reaktionäre Formeln verwandelt. Die Repressionen, denen sich die junge Kaiserin bei Hof ausgesetzt sieht, resultieren nicht mehr aus dem traditionellen Zeremoniell, sondern aus seiner gewaltsamen – und unzeitgemäßen – Wiederherstellung.

Zudem hat sich Mitte des 19. Jahrhunderts der politische Charakter verflüchtigt, den bis ins 18. Jahrhundert hinein noch die intimsten Verrichtungen des Fürsten annehmen konnten.[14] Was einstmals den Glanz des Sonnenkönigs ausmachte: die Öffentlichkeit des fürstlichen Levers, des Aufstehens, Ankleidens, Auskleidens, Zubettgehens, ist längst fragwürdig, wenn nicht peinlich geworden. Immer weniger möchte der Hof von der Leiblichkeit seines königlichen Mittelpunktes sehen, immer weniger möchte dieser von sich zeigen. Ein soziales Gefüge verliert seine Festigkeit, das ehemals durch größtmögliche Nähe zum Fürsten reguliert und zusammengehalten wurde[15] und das die höfische Hierarchie in jeder seiner Bewegungen sinnfällig machte. Das engmaschige Netz der Zeremonien, das der souveräne Monarch über Raum und Zeit warf, lockert sich, ohne ganz zu zerreißen. Zwar werden weiterhin Rangordnungen demonstriert und Reihenfolgen be-

Zeremonie der Fußwaschung am Gründonnerstag in der Wiener Hofburg. Lithographie von Vinzenz Katzler, 1870

achtet, doch fehlt ein souveräner Mittelpunkt, der diese noch glanzvoll zusammenhalten könnte.

Die Unsicherheit bei der Durchgestaltung des kaiserlichen Intimlebens läßt sich gerade an Franz Josephs und Elisabeths ersten Ehejahren ablesen. Einerseits sieht man in der Hochzeitsnacht des jungen Kaiserpaares von der traditionellen feierlichen Bettlegeszene ab und verzichtet so darauf, das Brautpaar unter feierlichen Sermonen bei versammeltem Hofstaat zu Bett zu bringen. Andererseits kann aber die schwangere Elisabeth keineswegs auf eine Einschränkung der überlieferten Rituale rechnen. Im Unterschied zum »Beylager« werden die »anderen Umstände« nicht als Privatangelegenheit, sondern als Politikum behandelt. Im Rückgriff auf eine tradierte Zeremonial-Regelung, der zufolge »der Beginn von Schwangerschaften der ›Hoch=Fürstlichen Gemahlinnen‹ sofort ›allenthalben public gemacht, und gemeldet [wird], wie sie von Monath zu Monath in ihrer Schwangerschaft avancieren«[16], werden die Tore des Laxenburger Schlosses laut Verordnung geöffnet. Ganz nahe können die Bürger an den kaiserlichen Bauch herantreten und sich von seiner Rundung überzeugen. Von nun an dünkt sie sich »als ein Affe am Werkel«[17], der die herrscherlichen

Gesten des Zeigens als etwas Fremdes, etwas Angelerntes, als ein lächerliches Kunststück empfindet: Ein Jahrmarkt mechanischer Spielwerke und nicht mehr das »Weltschauspiel der Macht« wirbt hier um Zuschauer.

Fee und Vogel oder Martern aller Arten

So sehen auch die Biographen hinter den Masken der Repräsentation ein freies, fühlendes Frauenherz verschmachten. In ihren Texten erscheinen Etikette und Zeremoniell als ein gespenstischer Popanz, der das zarte blaublütige Opfer zum ungeliebten Rollenspiel zwingt. Um den Widerwillen der Kaiserin gegen die »bloße Dekoration« des Hoflebens zu veranschaulichen[18], bedienen sie sich mit Vorliebe der Bilder der Fee und des Vogels, die sich als Geschöpfe einer märchenhaften Kindheitsnatur, als Inbegriffe eines Lebens in Wahrheit und Freiheit, in die gleisnerischen Käfige des Hofes verirrt haben:

Der Freiluftvogel aus den bayrischen Alpen jedoch fand die österreichischen Hofformen lächerlich und kleinlich. Sie vermochte in dieser schwülen Luft, wo sie jeden Augenblick des Tages ihre Schwingen beschnitten fühlte, nicht frei zu atmen.[19]

Die Königin von Rumänien, Carmen Sylva, schlägt sentimentale Märchentöne an, um Elisabeths Leiden am Zeremoniell zu schildern:

Da wollten die Menschen ein Feenkind einpanzern, in die Qual der Etikette und der steifen, toten Formen, aber Feenkind läßt sich nicht einsperren, bändigen und knechten, Feenkind hat heimliche Flügel.[20]

Die Bilder von Vogel und Feenkind geben Aufschluß darüber, in welcher Weise zeremonielle Verordnungen im bürgerlichen Zeitalter phantasiert werden: nicht als eine überpersönliche höfische Choreographie, die die hierarchischen Beziehungen zwischen Kaiserin und Hofstaat, zwischen Volk und Regentin zu vorgeschriebenen Formationen ordnet, sondern als *physische Repression*. Die bürgerliche Zeremonialkritik des 19. Jahrhunderts begreift die aufwendigen höfischen Umgangsformen, die dem kaiserlichen Alltag ihr Gepräge geben, als Verletzung des zarten weiblichen Körpers, der einer satanischen Maschinerie überantwortet und einem mittelalterlichen Martyrium übergeben wird. Den Biographen, die sich bei ihren Schilderungen eher von sadistischen Phantasien als von historischen Kenntnissen leiten lassen, erscheint denn der Hof als eine Folterkammer.

Nicht von ungefähr treten ihre Schilderungen an dieser Stelle in ihre rührseligste Phase. Hin-und hergerissen zwischen dem Muster des zeitgenössischen Melodrams und einem sentimentalisierten Märchenton erzählen sie das Schicksal einer lieblichen Fremdlingin, die der Gewalt, den Intrigen und den Repressionen einer ebenso sklerotischen wie delegitimierten Gesellschaft überantwortet wird. Die Ranküne böswilliger Hofschranzen umspinnen das arglose Naturkind, wobei vor allem der Kaisermutter, Erzherzogin Sophie, die Rolle der bösen und intriganten Alten zugewiesen wird, die alles daran setzt, die schöne Unschuld zu vernichten. Dabei wird die schmerzhafte Initiation des Naturkindes in die höfische Ordnung in einen Akt der Opferung umgedeutet. Bei der Denunzierung des Zeremoniells beschwören die Biographen archaische Bilder herauf, die im zivilisierten Kontext des 19. Jahrhunderts vorzeitliche Rituale und blutige Handlungen[21] erinnern. Wenn die Schöne aus der Fremde in die feindliche Welt des schwiegermütterlichen Hofes eintritt, wird ihr die Rolle des Opfers und Sündenbocks übertragen, an dem sich die Aggressionen eines vorsintflutlichen, und daher bedrohten sozialen Systems entladen. Die Metapher der beschnittenen Flügel, das Bild der geknechteten Fee, suggerieren einen höfisch sublimierten Opferungsakt.[22] Daß die Etikette das Blut der Unschuld fordert, bezeugen schon jene melodramatischen Phantasien, die das Martyrium bereits bei den Juwelen beginnen lassen:

Und wie zart und hinfällig und engelsgleich sah sie nicht an ihrem Hochzeitstag aus, trotz der gewichtigen höfischen Robe und den schweren Juwelen, die in ihr zartes Fleisch schnitten! Doch war sie damals glücklich; noch hatten sie nicht alle Freude aus ihrem Herz gepreßt.[23]

Freudig läßt sich das bräutlich geschmückte Opferlamm, dem der Schmuck wie ein Dornenkranz ins Fleisch schneidet, an den Altar führen.

Die Etikette der Parvenue

Die sadistischen Seiten der Etikette erfuhr auch Lola Montez, die Geliebte Ludwigs I., deren königlich-bayerisches Intermezzo in die Zeit von Elisabeths Kindheit fällt. Der Kommentator und Herausgeber ihrer Memoiren, August Papon, bringt in diesem Zusammenhang nicht nur die Schmerzen einer blutigen Unterwerfung, sondern auch die Vorteile der höfischen Lebensform für das weibliche Geschlecht zur Sprache. Das »Marterbett der Etikette« dient der Disziplinierung »haltloser« Frauen. Zeremonien bilden das rettende Gestänge, das einem schwankenden Geschöpf vom Schlage einer Lola Montez eine wenn auch gehaßte Existenz zu sichern vermag. Genüßlich hebt er die Meriten höfischer Exerzitien hervor:

Ein solches Weib wirft sich auf das Marterbett der Etikette, die dann mit tausend Spitzen, Hacken und Widerhacken sich einhäckelt, schmerzhaft oft, in das Wesen einer solchen Frau, aber sie doch fest und über dem Untergang hält. Nur ein Gewaltstreich kann ein solches Wesen losreißen von der Etikette, das Losgerissene aber verblutet sicher an den tausend und aber tausend kleinen Wunden, die ihr Spitzen, Hacken und Widerhacken verursachen.[24]

In diesem Text bluten dieselben phantastischen Wunden wie in der Hofburg. Wie schon in Wien definieren sich Nutzen und Schaden der Etikette allein über den weiblichen Körper. Sie wird als eine Foltertechnik vorgestellt, deren kleine spitze Werkzeuge aus den diakritischen Zeichen eines zeremoniellen Alphabets geschmiedet zu sein scheinen, als eine Praxis aus der höfischen Strafkolonie, die den Körper ihres Opfers anstatt mit Federn mit winzigen Federmessern beschriftet.

Doch statt des noblen Opferlamms Elisabeth leidet hier die exzentrische Aufsteigerin. An Lola Montez zeigt sich, in welcher Weise sich gerade die Künstlerin mit der zweifelhaften Herkunft und dem zweifelhaften Beruf der angestammten Ausdrucksformen der Könige bemächtigt. Ihr Intermezzo am bayerischen Hof, währenddessen sie sich als »Sklavin der Etikette« inszeniert, ist alles andere als eine staatsdienstliche Demonstration. Zeremonien, die nicht mehr die Grandezza des geschwächten Staatsträgers vor Augen führen, sondern in den Dienst der luxuriösen Selbstinszenierung herkunftsloser Weiblichkeit genommen werden, können keine politische Verbindlichkeit und keine politische Repräsentanz mehr beanspruchen. Wo das Kontinuum gestischen Hofgepränges zerfällt, wo sich das zeremonielle Gefüge in dekorative Einzelteile aufgelöst hat, ohne noch in eine integrale staatliche Organisation eingebettet zu sein, provoziert es ebenso eklektische wie exzentrische Interpretationen. Aus seinen Bruchstücken bildet Lola Montez die Posen nicht mehr höfischer, sondern weiblicher Repräsentation. Die »Diva« entdeckt die königliche Gebärde als ein Ornament, das auch sie zu kleiden und zu zieren, das ihr trotz fehlenden Stammbaums den Anschein von »Hoheit« zu geben vermag.

So ist nur folgerichtig, daß die wirklichen Königinnen des 19. Jahrhunderts – jene, die wie Lola Montez nicht durch Adel, sondern durch grandiosen Habitus überzeugen, weniger bei Hof als auf den Bühnen zu finden sind. Die Künste der Burgschauspielerinnen und nicht die Auftritte der Kaiserin Elisabeth vermitteln dem Wiener Publikum die entbehrten Ansichten nobler Weiblichkeit, erlesener Posen und großer Leidenschaften. So läßt etwa die berühmte Schauspielerin Charlotte Wolter in der Rolle der römischen Kaiserin Messalina jenen titanischen Typus der Herrscherin wieder erstehen, den das 19. Jahrhundert schmerzlich entbehrt. Hier endlich bekommt das Publikum das Theater zu sehen, das die Herrscher selbst ihm vorenthalten:

Welche Kraft Frau Wolter besitzt, uns königliche Art, Herrschbegier und Herrscherkraft vor Sinn und Seele zu fahren [...] – durch intensive Festigkeit des Lautes, durch einen dämonisch starren Blick, durch ein Emporheben des stolzen Hauptes, durch eine kurze Bewegung des Armes, durch eine rasche Wendung der kleinen Hand versinnlicht sie blitzartig das unwiderstehliche Gebieten, das Aufleuchten der unbeugsamen Willenskraft.[25]

Herrscherlichkeit sieht man dort am überzeugendsten repräsentiert, wo sogenannte Renaissancegebärden zu kühnen Bewegungsfolgen verbunden werden, wo cäsarische Körperspannung eine intensive Theatralität erzeugt. Umgekehrt inspirieren diese ins Theater abgewanderten Herrschaftsposen die Etikette jener neuen und geschichtslosen Höfe, die sich auf keinen traditionellen Verhaltenskodex stützen können. Die französische Kaiserin Eugénie, die den Hof ihres emporgekommenen Gatten Napoleon III. auf der Basis eigener höfischer Phantasien ausgestaltet, nimmt sich die Königinnen des Theaters zum Vorbild, wenn sie sich in Szene setzt und ihrem Hof eine eigene, erfundene Etikette diktiert. Süffisante Zeitzeugen berichten folgendes von ihren Audienzen:

> *Ihre Majestät saß in halbliegender Stellung in einem tiefen niedrigen Sessel. Ihre Füße ruhten auf einem Schemel, so daß ihre Füße sehr hochgehoben waren [...] [sie] spielte mit geradezu kindischer Wichtigkeit die »offizielle Persönlichkeit«[...] Man muß sie z.B. einige ihrer Lieblingsworte aussprechen gehört haben wie: die Stufen des Thrones, die Rechte der Krone – Fürsten von Geblüth.*[26]

Das Gegenzeremoniell

Elisabeth hingegen meidet die theatralische Positur in der Öffentlichkeit. Widerwillig nur läßt sie sich herbei, wenn festliche Anlässe – etwa die Eröffnung der Weltausstellung 1873, die Enthüllung des Maria Theresia-Denkmals oder die eigene Silberne Hochzeit – ihre Anwesenheit dringlich verlangen. Doch genügt sie weder den höfischen, noch den theatralischen Anforderungen ihrer Rolle. Daß sie sich ihnen verweigert, trägt ihr den posthumen Ruhm wahrer und unverstellter Menschlichkeit ein.

Hans Makart, Charlotte Wolter als Messalina in Adolf Wilbrandts »Arria und Messalina«. Öl auf Leinwand, 1875

Mit ihren wunderbaren Märchenaugen, die aussahen wie Edelsteine, wie das Meer, sah sie mir so gerade ins Gesicht, daß ich nicht imstande gewesen wäre, der Wahrheit auch nur das leiseste Mäntelchen der Konvention umzuhängen.[27]

Gilt sie manchen gar als eine »Priesterin der Natur« oder als eine »Bürgerin des Herzens«, so führt eine genauere Betrachtung ihres Lebensstils zum entgegengesetzten Ergebnis. Denn keinesfalls nimmt sie sich die Freiheiten eines natürlichen Lebensstils, da es wiederum Zeremonien sind – wenn auch andere als die des Hofes, andere auch als die theatralisch-hysterischen Darbietungen einer Lola Montez oder einer Eugénie –, die das Leben der Kaiserin beherrschen.

Wenn Elisabeth aus der höfischen Ordnung ausbricht, so nicht, um endlich »heimliche Flügel« zu schwingen, sondern um sich einem Regime zu unterwerfen, das die Wiener Etikette an Härte weit übertrifft. Beim Marschieren, beim Hungern, beim Turnen, beim Frisieren ist sie sich selbst eine erbarmungslosere Zeremonien- und Zuchtmeisterin als je eine Hofbeamtin der Form. Zum einen greift Elisabeth auf ältere und strengere Zeremonialordnungen zurück, die die leibliche Gegenwart des Herrschers symbolisch überhöhen, vor allem aber entwickelt sie eigene zeremonielle Varianten der Körperbeherrschung und mit Vorliebe solche, die den kaiserlichen Körper in beispielloser Weise reglementieren. Gewaltsame Abhärtungen, Hungerkuren, Wanderungen setzen dem fürstlichen Leib stärker zu als eine späte monarchische Hofordnung, die den Körper und die Kunst symbolkräftiger Bewegung längst vergessen hat, sie legen ihm Pflichten auf, die eine tagtägliche und minutiöse Disziplin verlangen und den Mythos vom Naturkind als einen nachgetragenen bürgerlichen Mythos entlarven.

Das Gehen

Auf den postrevolutionären Gemälden präsentieren sich die Herrscher zumeist in durchaus ausdrucksloser Positur: nachlässig sitzend oder stehend, ohne daß sie ihren zunehmend verbürgerlichten Körper zur disziplinierten und durchgearbeiteten Herrscherpose modellieren würden. In nichts erinnern die monarchischen Portraits des 19. Jahrhunderts an die fürstliche Kunst des Portaments, der souveränen und graziösen Körperhaltung, mit deren Hilfe den absolutistischen Regenten des Ancien régime »die leuchtende Entfaltung im Raum« gelang. Längst hat der monarchische Körper seine Ausdruckskraft eingebüßt, weder werden seine Bewegungen, noch seine leibliche *presenza* durch das Zeremoniell berücksichtigt, und schon längst ist jene höfische Tanzkunst in Vergessenheit geraten, deren Pflege einstmals zum Prestige des aristokratischen Leibes gehörte. Der Tanz war im 17. Jahrhundert das wichtigste Mittel höfischer Selbstdarstellung.[28] Durch den Tanzmeister, der für die Durchbildung, die stilisierten Bewegungen und Haltungen des herrscherlichen Körpers zuständig war, wurde der absolutistische Herrscher zum zentralen Zeichen monarchischer Repräsentation geformt. Im Umkreis des Hofes waren keine natürlichen oder auch nur nachlässigen Bewegungen tragbar. So galt es, mit der Ausbildung »konvenabler Haltungen« den »rohen Anblicken« vorzubeugen, die das höfische Auge beleidigten[29], dem Odium des »lächerlichen Gangs« mit vieler Übung abzuhelfen und sich durch kunstvollkünstliches Gehen von den ungezwungenen Bewegungsformen der niederen Klassen abzusetzen. Den Damen empfahl man,

beim Gehen die Fußspitze zuerst an[zu]heben, und zwar so, daß das Knie gestreckt wurde, also mit nach oben gedrücktem Spann, »*weil beim Erheben das Knie sich streckt und durch dieses Strecken der Körper in eine zierliche und gerade Haltung kommt«.*[30]

Die Schrittpassagen, die die Geraden und Diagonalen der höfischen Bühne ausmaßen, setzten sich aus solchen und ähnlichen »mouvements« der Beine zusammen. Doch auch der Oberkörper wollte beim gemessenen und messenden Schreiten mit einbezogen sein. Mit vorgewölbter Brust sollte »die Natur der Schwere«[31] überwunden, durch Anhebung des Gravitationspunktes über seine natürliche Lage der Eindruck der Leichtigkeit und Schwebe erzeugt werden. Eine durch höchste Kraftanspannung erreichte und allen anatomischen Voraussetzungen zuwiderlaufende Grazie prägte die Contenance wie die Präsenz des Herrschers bei Hof. War er zum einen das sichtbare Kraftfeld exakt dosierter und diszipliniert bewegter Körperkräfte, hatte er sich zum anderen in einer nach oben hin stilisierten »aeriosen« Körperhaltung aus den Bindungen der Schwerkraft zu lösen.

Die höfischen Balletts und Exercises sind aber längst vergessen, als Elisabeth das Gehen erlernt. Das Kernstück der absolutistischen Choreographie der Repräsentation, die auf der lehr- oder lernbaren Kunst des königlichen Schreitens gründete, ist inzwischen von den Höfen verschwunden und in die Ballettsäle der Opernhäuser abgewandert. Den Herrschern des 19. Jahrhunderts stehen die Tanzmeister des 16. und 17. Jahrhunderts nicht mehr zur Verfügung. Dennoch wird der Traum von der wahrhaft königlichen Bewegung auch vom bürgerlichen Jahrhundert geträumt. In einer Zeit der Usurpatoren und der restaurierten bzw. neugegründeten Höfe gilt der vornehme Gang als das untrügliche Signum wahrer Herrscherwürde. Er beglaubigt die Noblesse eines Regenten bzw. eines Aristokraten und gibt unmißverständlich zu erkennen, wie es um den Stammbaum des Gehenden bestellt ist.

So konnte auch Napoleon zu seinem tiefen Verdrusse nicht fürstenmäßig und »legitim« gehen, bei Gelegenheiten, wo man es eigentlich verstehen muß, wie bei großen Krönungs-Prozessionen und ähnlichem: auch da war er immer nur der Anführer einer Kolonne – stolz und hastig zugleich und sich dessen sehr bewußt.[32]

Vergebens bemüht sich der Feldherr und Usurpator Napoleon, die vergessene Fertigkeit majestätischen Gehens zu erwerben. Als Soldatenkaiser modernen Typs kann er Körperkraft und militärische Disziplin in höfisches Mouvement und in choreographierte Schrittpassagen nicht mehr übersetzen. Sein Metier ist die Kraft und nicht die Form, die große Heeresbewegung und nicht der höfische Kabinettskrieg, dessen Formationen als kriegerische Varianten des Hofzeremoniells verstanden wurden.

Wie sehr gerade der Emporkömmling durch seinen Gang denunziert wurde, schrieb auch Honoré de Balzac in seiner *Théorie de la Demarche*:

Mögen sie aber im Bett, zu Tisch, in der Kammer, im Bulletin des Lois, in den Tuilerien, auf ihren Familienporträts auch als Pairs von Frankreich erscheinen, so ist es ihnen unmöglich diesen Schein zu bewahren, sobald sie über den Boulevard promenieren. Hier werden diese Herren wieder zu den Spießbürgern, die sie waren.[33]

Elisabeth indessen scheint den abgerissenen Faden der fürstlichen Bewegungskunst wieder aufzunehmen. Auf Geheiß des Vaters werden sie und ihre Schwestern von einem Tanzmeister in der Kunst des graziösen Gangs unterrichtet. Justament das Naturkind wird in eine höfische Lehre genommen. Doch zeigt sich auch hier, daß das höfische Zeitalter längst vorüber ist:

> »*Man muß auch gehen lernen*«, *sagte er [der Vater] uns immer wieder und hielt uns einen berühmten Lehrmeister dafür. Aber unser Lehrer, fügte sie heiter hinzu, schärfte uns jedesmal ein:* »*Man muß bei jedem Schritt, den man tut, von dem früheren sich ausruhen können, sowenig wie möglich sich über die Erde schleifen.*« *Nur ein Beispiel sollten wir uns vor Augen halten: Die Schmetterlinge. Meine Schwester Alençon und die Königin von Neapel sind berühmt wegen ihres Ganges in Paris. Aber wir gehen nicht, wie Königinnen gehen sollen. Die Bourbonen, die fast nie zu Fuße ausgegangen sind, haben eine eigene Gangart bekommen – wie stolze Gänse. Sie gehen wie wahre Könige ...*[34]

Der Tanzmeister des 19. Jahrhunderts lehrt nicht mehr die Kunst der höfischen Bewegung, sondern die freie der Schmetterlinge, nicht mehr den künstlichen Schritt des Zeremoniells, sondern jene natürliche Grazie, die aus den abgezirkelten Formationen des höfischen Balletts verbannt war. Ihren Bewunderern erscheint die Kaiserin als ein ätherisches, in freien Metren dahinschreitendes, schwereloses Geschöpf. Sie besingen die »*Sylphidengestalt*«, das schwebende, nur von einem Lufthauch bewegte körperlose Wesen[35], als sei Natur, was sie doch wiederum nur von der Bühne her kennen können. In ihren Schilderungen wird die Kaiserin zur Ballerina, zu einer Virtuosin des *Haute Danse*, die sich mit der tänzerischen Imitation von Flügelwesen durch den Vorstellungsraum des romantischen Handlungsballettes bewegt. Nicht zufällig hießen die Erfolgsproduktionen der berühmten Ballerina Maria Taglioni *La Papillon* bzw. *La Sylphide*, und nicht von ungefähr entwickelte und kultivierte diese einen Tanzstil, der auf dem Wege härtester körperlicher Disziplin, mit Hilfe verbesserter Sprungtechnik und neu entwickelter Spitzenschuhe, den Eindruck des Fliegens und Schwebens erwecken sollte.[36] Die geflügelten Luftgeister der Opernhäuser verkörperten Schwerelosigkeit, Körperlosigkeit, Flüchtigkeit und Durchsichtigkeit.[37]

Andererseits erscheint die österreichische Kaiserin als eine *femme fragile* des Jugendstils, die pflanzenartige Bewegungen vollführt und beim Gehen in das organische Auf und Nieder windbewegter Blumen, Ranken und Sträucher verfällt. Hingehaucht, biegsam und flüchtig bewegt sie auch hier ihre »an fester Struktur so arme Körperlichkeit«:[38]

Wie ein langstieliger Iriskelch, der im Winde pendelt, schreitet sie über den Erdboden, und ihre Schritte sind nur eine fortgesetzte, immer neu ansetzende Ruhepause.[39]

So bringt die ätherische Bewegung den Körper zum Verschwinden. Ironischerweise aber kehren im Jugendstilbild der anmutig schwankenden Narzisse wie im Bild der Sylphide alte höfische Bewegungsbestimmungen wieder. Das sogenannte *Ondeggiando*, die wellengleiche Pendelbewegung bzw. das leichte Federn auf den Fußspitzen gehörte zum Habitus des frühneuzeitlichen Herrschers[40], die Pause zwischen zwei Schritten, das wechselweise Ausruhen während des Schreitens nicht minder. Und wenn die Bewunderer nicht müde werden, den schwebenden Gang Elisabeths zu bewundern, so wirken auch hier im Geheimen höfische Ideale nach, rechnete sich doch auch der schreitende Herrscher des Ancien régime den Lüften zu und stilisierte sich doch auch er »der Erdanziehung entgegen«.[41]

Am Ende ruft der »geschmeidige Göttinnenschritt«, der »rhythmisch schwebende Gang«[42] der Kaiserin das Schreiten antiker Heroinen »von Geblüth« ins Gedächtnis. In diesem Sinn beschreibt D'Annunzio den Augenblick des Attentats:

Aber sie richtete sich wieder auf und trug ihren Tod dreimal dreißig Schritte weit, wie, einen Wasserkrug tragend, mit erhabenem Schreiten die Königinnen dahingehen, die auf den Flanken uralter Sarkophage gemeißelt sind.[43]

So wird der antike Gang der Kaiserin einer doppelten Mortifikation unterzogen. Das erhabene Schaubild ihres Schreitens zeigt sich erst im Augenblick des Todes. Die tödlich Getroffene, der nur noch wenige Schritte bis zur letzten Erstarrung zu gehen bleiben, verschwindet zuletzt in jenem antiken Marmorbild, aus dem sie einst hervorgegangen zu sein scheint. Denn längst hat die Kunstgeschichte für die endgültige Stillstellung der kaiserlichen Schritte gesorgt. Am Ende ist sie Grabbild und Kunstwerk zugleich.

Bei alledem ist die kaiserliche Kunst des Gehens nicht ein Mittel, bei Hof zu glänzen, sondern das Mittel, ihn zu meiden und die Freiheit außerhalb der Mauern zu suchen. Von sylphidischem Schweben und marmorner Kunstpose kann auf Elisabeths Spaziergängen keine Rede sein. Der Tanzmeister aus Possenhofen ist nicht nur der Mentor ihrer

Anmut, sondern auch, und mehr noch, ein »Marschierlehrer«[44], der seine Schülerin zu erstaunlichen Geschwindigkeiten befähigt. Der »geschmeidige Göttinnenschritt« der Kaiserin bewährt sich vor allem auf der Landstraße

> *durch stundenlange tägliche Wanderungen in überaus schnellem Tempo bis zur Erschöpfung der sie begleitenden Hofdamen, in Wind und Wetter, über Berge und Wiesen in den schönsten Gegenden Österreichs, Bayerns und Ungarns.*[45]

Das Gehen bildet den sicherlich zeitraubendsten Teil ihrer Gegenetikette. Das rigorose Streckenpensum der Kaiserin erfüllt nämlich eine der wichtigsten Forderungen jeder Zeremonialordnung: Es schafft – räumliche – Distanzen. Nicht abstandbildende Rangordnungen und Reihenfolgen, sondern Laufkilometer legen sich zwischen die Kaiserin und den Hofstaat, zwischen Kaiserin und Volk. Während die hierarchischen Abstände bei Hof in roten Teppichellen gemessen werden, trennt sie nun ein endloser »Streckenteppich« von ihren Untergebenen. Auf ihren Wegen setzt Elisabeth der traditionellen Schwere des »Etikettenleibes« (Virilio) die Geschwindigkeit, die beschleunigte Leichtigkeit strapaziöser Gangarten entgegen. Wer schnell ist und nur von weitem zu sehen, will der herrscherlichen Tugend der »Presenza« nicht genügen und nur eine »Wirkung in die Ferne« sein.[46]

Daß den Wanderschaften der Kaiserin ein wenn auch pervertierter höfischer Charakter eignet, zeigt sich überdies an der schwierigen Frage ihrer Begleitung. Denn ohne Hofdamen darf auch Elisabeth nicht losmarschieren. Die Zusammenstellung ihres Gefolges erfolgt allerdings nach anderen Gesichtspunkten als bei Hof üblich. Die Auswahl der Damen wird nicht mehr allein nach Rang und Namen, sondern nach sportlichen Gesichtspunkten getroffen. Die Anwärterinnen haben neben einem gültigen Stammbaum vor allem gesunde Füße und eine »ausgezeichnete körperliche und seelische Konstitution«[47] mitzubringen. Umgekehrt muß auch die touristische Befähigung der Hofdamen höfischer Überprüfung standhalten. Die Kandidatinnen, die die nötigen Voraussetzungen erfüllen, werden nicht durch einen »Marschierlehrer«, sondern durch den Obersthofmeister in ihre Aufgabe eingewiesen.

Das Essen
Mehr noch als das Gehen ist das Essen von hohem zeremonialen Belang. Besonders die Tafeln der absolutistischen Höfe des 17. und 18. Jahrhunderts liefern mit der geregelten Reihenfolge der Verrichtungen, mit der Rangfolge des bei Tisch servierenden Adels sinnfällige Ansichten der höfischen Ordnung. Nach Recht und Vorrecht wird festgelegt, wer den Fürsten zur Tafel geleitet, wer den Sessel rückt, wer den Hut und die Handschuhe nimmt, wer die Wasserschüssel reicht, wer die Speisen heranträgt, wer sie auf den Tisch setzt. Auch noch die Galadiners des francisco-josephinischen Hofes zeichnen sich durch »geschliffene Etikette« aus. Eine Vielfalt von Drucksorten – »Einladungen, Menuvorschlägen, Sitzordnungen, Führlisten, persönliche Dinerkarten, Menukarten«[48] – sorgt für die minutiöse Durchgestaltung der kulinarischen Repräsentation, und wie bei jedem anderen Tagesordnungpunkt der Etikette wird auch der Vorgang des Essens streng befristet. Für eine zwölfgängige Mahlzeit werden 45 Minuten anberaumt, so daß der zeremonielle Zeitplan nur durch ein hastiges Verschlingen der aufgetischten Köstlichkeiten eingehalten werden kann. Andererseits wird auch ein noch voller Teller abserviert, wenn der Kaiser den seinen geleert hat.

Welche Genüsse an der Hoftafel zu erwarten waren, ist dem Menu jenes kaiserlichen Galadiners zu entnehmen, das anläßlich des Besuchs des russischen Zarenpaars gegeben und durch die ebenso seltene wie flüchtige Gegenwart der Kaiserin ausgezeichnet wurde: »Hühnercrèmesuppe und Chablis, Vorspeise und Rheinwein, Fisch und Bordeaux, Rindslenden- und Lammrückenbraten, Rebhuhnfilets, Truthahnschnitzel, Sorbet, Fasan, Spargel, dann Kompott, hiezu Sherry und Madeira, Mehlspeise.«[49] Es vermittelt eine Vorstellung von der Fülle und der Völle, denen ein höfischer Esser gewachsen sein muß, vermittelt in der großartigen Abfolge von Schaugerichten einen sinnlichen Eindruck eines Zeitalter, das auch als Epoche der Inkorporationen beschrieben worden ist.[50] – Elisabeth widersetzt sich denn auch ein Leben lang dem Aufmarsch der Speisen, dem Gemenge der Ingredienzen und dem Auftrieb der in mehr als einem Sinn gewichtigen Gäste. Ihr Erscheinen an der kaiserlichen Tafel schränkt sie zunehmend ein. Gleichzeitig entwirft sie eine eigene Etikette des Essens, in der sie die zeremonielle Nahrungsaufnahme der Hoftafel durch eine streng reglementierte Diät ersetzt. Wie auch sonst eröffnet ihr der

Rückzug aus dem Hofzeremoniell nur die Freiheit zum selbstauferlegten Zwang.

An dieser Stelle soll vermieden werden, von der kaiserlichen Magersucht in psychologischen Begriffen zu sprechen. Elisabeths Hungerkuren interessieren hier allein als eine spiegelverkehrte Variante des höfischen Reglements, als eine Spielart unter all jenen Disziplinierungsstrategien, die sich auf bzw. gegen den Körper einer Monarchin des 19. Jahrhunderts richten.

Am Zeitplan des Essens und der Beschaffenheit der bevorzugten Speisen erweist sich, nach welchen Regeln die Kaiserin ißt und hungert. Denn auch wenn sich Elisabeth an der großen Tafel nicht sehen läßt, gliedert sich ihr kulinarischer Tagesablauf nach einer eigenen und extravaganten *ordo artificialis*.

Zum einen kultiviert sie eine Abneigung gegen alles Gekochte und alles Vermischte. Nur reine Speisen werden von ihr eingenommen, die im Widerstand gegen die promiskuitiven Geschmacksideale der Hofküche ausgewählt werden, und nur rohe Speisen finden ihre Gnade, deren Geschmack durch Erhitzung nicht verfremdet ist. Gewöhnlich müssen aber auch diese erst präpariert werden, bevor sie den kaiserlichen Ansprüchen genügen. Wenn sie nicht ohnehin flüssig sind, werden sie aus dem festen in einen flüssigen bzw. fast-flüssigen Zustand überführt. Lieber als Substanzen genießt die Kaiserin Essenzen. Da sie mit dem prototypischen Décadent Des Esseintes aus Joris-Karl Huysmans *A rebours* die Ansicht teilt, daß es »in der heutigen Zeit keine gesunde Substanz mehr« gebe[51], sucht sie Zuflucht zu destillierten und ausgepreßten Säften, die die Eigenschaften der Festnahrung in gelöster, konzentrierter und immaterialisierter Form enthalten. Sie trinkt den ausgepreßten Saft rohen Fleisches und spricht dem eigens für sie zubereiteten Veilcheneis in besonderer Weise zu. Elisabeths Vorliebe für Extrakte und Essenzen kennzeichnet auch sie als Décadente, die in einer Welt der künstlichen Trennungen, der künstlichen Ordnungen, einer Welt, die auf den Trümmern der natürlichen Welt bzw. aus deren mortifizierten Elementen errichtet wird. In dem Maße, in dem sich Elisabeths eigener Leib immer mehr entstofflicht, muß sie auch den Leib ihrer Nahrung vernichten.

Wein, Fleischsaft, Sorbet, Eis, sowie Früchte und Fleischbrühe erfüllen die Voraussetzungen für eine reine Nahrung. Ihre besondere Sorge gilt aber auch der reinen weißen und ungekochten Milch. Diese veranlaßt sie zur Errichtung von verläßlichen Meiereien, die sie von ihren Reisen aus mit prächtigen Kühen versorgt. Unterwegs indessen kann der kaiserliche Milchgenuß merkwürdige Situationen heraufbeschwören. Folgender Bericht schildert die Kollisionen, zu denen es zwischen kaiserlicher Repräsentation und kulinarischer Gegenetikette kommt:

Nach der Besichtigung der Trümmer von Nikopolos servirten in einem improvisirten Zelte türkische Funkzionäre Ihrer Majestät eine Schale Milch, welche indessen Höchstdieselbe, da sie gekocht war; dankend ablehnte. Auf unsere Frage, ob denn nicht ungekochte Milch vorhanden wäre, überbrachte man davon einen geringen Rest in einer Cognac-Flasche, dem aber – ob seines prononcirten Cognac-Geschmackes – das gleiche Schicksal wiederfuhr wie der erstservierten gekochten Milch. Die Verdutzung aller dieser hohen Funkzionäre, daß diese sorgsam vorbereitete Überraschung ein so klägliches Fiasko gefunden, war von unbeschreiblicher Komik. Ihre Majestät geruhte nichtsdestoweniger in huldvollster Weise lächelnd Ihren Dank für die »Erfrischung« auszusprechen.[52]

Zwei Todsünden laden die türkischen »Funkzionäre« auf ihr Haupt. Indem sie zunächst eine gekochte und daraufhin eine mit Cognac vermischte Milch, d. h. ein doppelt verunreinigtes Getränk servieren, das einer auf strenge Trennung und Reinerhaltung bedachten Adeptin der Milch ein Greuel sein muß, scheitern sie an den Vorgaben eines hermetischen Gegenzeremoniells, dessen Regeln vielleicht bei Huysmans, doch nicht in den europäischen Zeremonialbüchern aufgezeichnet sind.

Doch nicht nur in nahrungstechnischer Hinsicht mißglückt die Szene von Nikopolos. Sie muß auch deshalb scheitern, weil die Kaiserin in ein öffentliches Empfangstableau traditionellen Stils hineingestellt wird. Nur in der Abgeschiedenheit kann sie der Milch einen Kult widmen, der die profane Flüssigkeit in einen heiligen geistigen Trank verwandelt. Constantin Christomanos zumindest erhebt die Handlungen der Kaiserin in eine sakrale Sphäre, in der wiederum nur wenige und ausgewählte Zuschauer geduldet werden:

Zumal wenn sie ihre Milch trinkt, deren Zubereitung und Verwahrung sie mit einem fast religiösen Zeremoniell vornehmen läßt, wirft sie den Kopf zurück wie unter einem geistigen Raptus oder infolge der Intensität einer seelischen Berührung...[53]

Askese einerseits, Spiritualisierung der Speisen andererseits verleihen der Fastenden die Aura einer Heiligen, die den Vorgang der Nahrungsaufnahme nur in Form einer orgiastischen Kommunion erträgt. An die Stelle der höfischen Speiseordnung setzt sie den mystischen Augenblick der Speisung, die pseudoreligiöse Ekstase. Christomanos diagnostiziert an Elisabeth nichts geringeres als die »heilige Anorexie« mittelalterlicher Asketinnen, die sich anderer Speisen als der Hostie enthielten.[54] Gleichzeitig aber stellt er sie, ohne es auszusprechen, in einen anderen und nicht minder zeremoniellen Bezug. Wenn die Kaiserin ihren Kopf nach hinten wirft, vollführt sie den *arc de cercle* der hysterischen Patientinnen Jean Martin Charcot aus der Pariser Salpêtrière, der das Kernstück und den Höhepunkt des großen hysterischen Anfalls bildete.

Zudem werden die ephemeren Speisen der Kaiserin, das wenige rohe Fleisch, die Fleischbrühe, die Früchte, der Wein, die Milch zu bestimmten Zeiten – in der Frühe nach ersten, ebenfalls regelmäßigen Spaziergängen, am Abend abseits der Hoftafel – eingenommen. Insbesondere aber dienen hauptsächlich »selbstverordnete Curen« als Mittel der Verweigerung und als Grundlage einer eigenen und willkürlichen Zeiteinteilung. Da sie den Tagesplan in den Dienst einer einzigen Speise stellen, verlangen auch sie unbedingte Unterwerfung von ihrer Novizin. Milch, über Wochen hinweg getrunken, Orangen, über Wochen hinweg verzehrt, erfordern eine ebenso rigide Disziplin wie Sand-, Frischluft- und Kaltwasserkuren.

Asketische Disziplin verlangt dabei nicht nur Gehorsam gegenüber einer vorgeschriebenen Tagesordnung, sondern, wie jeder zeremonielle Akt, auch angemessene Dokumentation. Verlauf und Resultate des kaiserlichen Hungerns werden schriftlich in einem zu diesen Zweck angelegten Buch festgehalten. Gewissenhaft hält es das tagtägliche Gewicht der Kaiserin fest: kalendarisch, in den Ziffern der Daten, und buchhalterisch, in den Ziffern der Pfunde. Doch dient die Zahlenliste dieses Journals nicht nur der Gewichtskontrolle, sie inspiriert auch die kaiserlichen Gedanken. Nach Berichten der Hofdame Sztáray werden die Kolumnen durch Aphorismen ergänzt.

Die eingetragenen Zahlen konnten keine bedeutenden Abweichungen aufweisen, dagegen fanden sich um so mehr Randbemerkungen. Ich glaube, dieses Wagejournal bewahrt viele ihrer Gedanken, weil sie zu diesem durch viele Jahre benützten Buche unbedingtes Vertrauen hatte.[55]

Auch hier, beim täglichen Wiegen, fördert die Disziplin des Hungerns die tiefen Gedanken zutage, den »geistigen Raptus«, die mystische Transgression. Elisabeth, die dem Fleische und der Speise absagt und in heilige Tiefen eintaucht, wählt den asketischen Weg zur Selbsterkenntnis. Der Leibesschwund ermöglicht ihr den »idealischen« Geistesflug und eröffnet ihr das Reich des »Höheren« und des »hehren Gedankens«. Auf diese Weise wiederholt sich die alte mönchische Dialektik von Entsagung und Wissen, von Fasten und Vision im anorektischen Wahn. Die kaiserliche Hungerkünstlerin reiht sich unter die Schamanen Asiens und die Mystikerinnen des Mittelalters.

Sosehr sie von ihren Fastenkuren ins Gebet und ins Gesetz genommen wird, von der höfischen Tafelordnung kommt sie dennoch nicht los. Aus den Briefen des Kaisers an Elisabeth geht hervor, daß erlesene Speisekarten zu den bevorzugten Lesestoffen der Kaiserin gehören. Sie läßt sie sich vorlesen und im Falle ihrer Denkwürdigkeit an Franz Joseph senden[56], so daß sie auch hier, wo man sie irdischer Bedürfnisse zu überführen glaubt, das *profanum* bloßer Nahrungsaufnahme transzendiert. Der leiblichen Einverleibung zieht sie die geistige vor, und die erlesene Abfolge der Speisegänge genießt sie wie eine Liturgie.

In der Regel verzichten die Biographen weiblichen Lebens ungern auf Szenarios des Essens. In irgendeiner Weise müssen sie auch das fastende Weib dem Ort seiner Bestimmung, dem Reich des Eßbaren, wieder zuführen. Sie beordern die Kaiserin an die Galatafel zurück, wo sie nicht als Essende, so doch als Dekorateurin Furore macht. Den üppigen Zeitvertreib des Tafelns ersetzt sie durch die Kunst des bezaubernden Tischarrangements. Das »kostbarste Porzellan, das prachtvollste Gold und Silberservice«[57] ziert die Tische, wenn die Kaiserin zarte Hand anlegt und für »großzügigen Raum zwischen den Gedecken«, für »weiche schattige Abstände« sorgt. Doch siegt auch hier die raffinierte Décadente über die Hausfrau:

Ihr in exquisiter Weise verfeinerter Geschmack hinderte sie daran, auch die delikateste Speise zu würdigen, wenn sie nicht in ausgesuchtester Weise serviert war, und alles was unbezahlbares Porzellan, einzigartiges Kristall und Mousseline tun konnten, eine Mahlzeit zu vergeistigen, wurde in Wien getan.[58]

Das Haar

Die ersten Stunden des Tages gehören indessen dem Haar. Seiner Wartung dient ein weiteres Zeremoniell. Sorgfältig pflegt sie jenes natürliche Attribut, dem über seine große Schönheit hinaus auch symbolische Qualitäten anhaften: das Haar der Kaiserin ist berühmt nicht nur wegen seiner kastanienbraunen Fülle und seiner Länge, es ersetzt ihr auch die Krone. – »Majestät tragen das Haar wie eine Krone anstatt der Krone«[59], sagt Christomanos stellvertretend für alle, die in ihrer Frisur die wahre Insignie verehren. So beginnt jeder Tag mit einem neuen Krönungsritus, in dem die Friseuse Feifalik das kaiserliche Haar zum Diadem formt.

Die »Haarkrone« ist das Erkennungszeichen einer Repräsentantin, die das traditionelle, rechtschaffende Zeichen monarchischer Macht mit einem Zeichen natürlicher Schönheit vertauscht hat. »Gott hatte es [das Haar] ihr wie ein natürliches Diadem auf die Stirne gelegt, und sie trug es erhobenen Hauptes, wie ein seltenes stolzes Tier, das sich seiner Schönheit freut.«[60] So begeistert die aus Flechten gebildete Haarkrone den Betrachter um vieles mehr als die für die Ewigkeit geschmiedete, rechtschaffende Kaiserkrone, die, in der Schatzkammer verschlossen, in keinem Krönungsritus ihre Würdigung erfuhr. Die alten Zeichen der Herrscherwürde verblassen gegenüber der natürlichen Mitgift Elisabeths.[61]

Der herrscherliche Ornat des 19. Jahrhunderts ist aber schon vorher durch seine berufenen Träger entwertet worden. Anders ist nicht zu erklären, daß er im Lauf des Jahrhunderts immer öfter durch Theaterkronen und Theaterroben ersetzt wird, daß sich die zeitgenössische Heraldik der Monarchien von den verspielten, eklektischen und traditionslosen Königsrequisiten des Theaters anregen läßt. So erstaunt es nicht, daß Franz I. seinen Krönungsmantel in den Kostümwerkstätten des Burgtheaters in Auftrag gab und sich eine leichte Replik der habsburgischen Haus- und Kaiserkrone anfertigen ließ, ein sogenanntes »substitutorisches« Diadem, wie es auch im Kostümfundus der Hofbühnen zu finden gewesen wäre.[62] Auch Elisabeths Friseuse Feifalik wird vom Burgtheater übernommen, um die Kaiserin für eine imaginäre Bühne zu frisieren.

Wie immer wird die Öffentlichkeit von diesem täglichen Krönungsakt ausgeschlossen. Sie vollzieht sich im kaiserlichen Frisiersalon hinter dem Vorhang. Wieder einmal ist nur ihr einsamer Betrachter Constantin Christomanos zugegen, der denn auch den eindrucksvollsten Zeremonialakt dieser Stunde vorlegt. Er inszeniert die tägliche Krönung als ein Ritual der Kunst:

Die Kaiserin saß an einem Tisch, der in die Mitte des Raumes gerückt und mit einem weißen Tuch bedeckt war, in einen weißen, mit Spitzen besetzten Frisiermantel gehüllt, mit aufgelösten Haaren, die bis zum Boden reichten und ihre Gestalt vollkommen einwickelten. Nur ein schmaler Teil ihres Gesichtes blickte daraus hervor wie bei jenen verhüllten Madonnen mit den mandelförmigen Antlitzen. [...]

Haare sah ich wie Wellen, den Boden erreichend und sich auf ihn niederlegend und weiterhin fließend: vom Haupt, dessen zarte anmutige Form und reine vollendete Linie sie ungetrübt offenbarten [...].

Hinter dem Sessel der Kaiserin stand die Friseuse in schwarzem Kleide mit langer Schleppe, eine weiße spinnewebene Schürze sich vorgebunden, als Dienende selbst von imposanter Erscheinung, Spuren verblühter Schönheit auf dem Gesicht und Augen voll finsterer Ränke – an eine bekannte vertriebene Königin zweiter Güte im europäischen Osten erinnernd. Mit weißen Händen wühlte sie in den Wellen der Haare, hob sie dann in die Höhe und tastete darüber wie über Samt und Seide, wickelte sie um die Arme wie Bäche, die sie auffangen möchte, weil sie nicht rinnen wollten, sondern fortfliegen [...]. Dann wob sie aus allen diesen Strahlen, die aus erloschenem Gold zu Blitzen dunklen Granatrots aufflammten, neue ruhige Wellen, flocht diese Wellen zu kunstvollen Geflechten, die in zwei schwere Zauberschlangen sich wandelten, hob die Schlangen empor und ringelte sie um das Haupt und band daraus, mit Seidenfäden dieselben durchwirkend, eine herrliche Krone. Dann ergriff sie einen anderen spitzig auslaufenden Kamm aus durchsichtigem Schildkrot mit Silber beschlagen und wellte den Polster von Haaren, der am Hinterhaupt die Krone zu tragen bestimmt war, in jene Linien zurück, welche dem atmenden Meer zu eigen. Dann zog sie die verwaist irrenden Strähnen über die Stirne hinab in die Nähe der Augen, so daß sie wie goldene Fransen vom Kranz der Krone herabhingen und die lichte Stirn wie ein Schleier verhüllten [...]. Dann brachte sie auf einer silbernen Schüssel die toten Haare der Herrin zum Anblick, und die Blicke der Herrin und jene der Dienerin kreuzten sich eine Sekunde – leisen Vorwurf bei der Herrin enthaltend, Schuld und Reue der Dienerin kündend. Dann wurde der weiße Mantel aus Spitzen von den fallenden Schultern gehoben, und die schwarze Kaiserin entstieg gleich einer göttlichen Statue der bergenden Hülle. Die Herrscherin neigte dann den Kopf – die Dienerin versank in den Boden leise flüsternd: »Zu Füßen Euerer Majestät ich mich lege« – und so ward die heilige Handlung vollendet.[63]

Dem Beobachter wird zunächst ein hieratischer Anblick zuteil: Unbeweglich sitzt die Herrin auf dem in der Bildmitte befindlichen Thronsessel, während die schwarze Robe der Friseuse und die weiße Robe der Frisierten einen strengen und feierlichen Gegensatz entwickeln. Als alles getan ist, steigt die stets in Trauer gekleidete Elisabeth als »schwarze Göttin« aus dem Meeresschaum des Spitzenmantels. Der Akt des Frisierens endet mit der Geburt einer morbiden Venus Anadyomene. Eine Göttin der Schönheit taucht aus den Wellen empor, die weniger die Züge der Venus als der Salome trägt. Am Schluß der heiligen Handlung, wenn die toten Haare der »Herrin« auf silberner Schüssel gereicht werden, wird der zeitgenössische Leser an das Haupt des Jochanaan erinnert, das ihm aus den Werken Oscar Wildes, Aubrey Beardsleys, Gustave Flauberts, Stéphane Mallarmés und Richard Strauss' vertraut waren.

Die zeremoniösen Verrichtungen der Frisierstunde sind jedoch andererseits von orgiastischer Anarchie bedroht. Ritus und Chaos greifen ineinander, denn im Zentrum des Vorgangs tut sich eine ebenso schwelgerische wie unheimliche Landschaft auf: Es ist die des Haares selbst. Große Kunstfertigkeit ist vonnöten, um die Abenteuer dieses mythischen Geländes zu bestehen und das proteische Haar zu überlisten, das sich seiner Bändigung durch viele Metamorphosen entzieht. Meere und Ungeheuer sind dabei zu bekämpfen. Aber auch die berühmtesten Geschöpfe der Sünde winden sich auf dem Haupt der Kaiserin: die Zauberschlangen des Paradieses und die tödlichen Locken der Gorgo bringen die andere, die gefährliche Seite Elisabeths, die der Eva und der Medusa zum Vorschein. So sind es die von »wirrer Wollust« gekräuselten Haare der Femme fatale, mit der es die Friseuse aufnimmt.

Einige Jahre später kommt ein anderer Biograph, Jacques de La Faye, auf diese Frisierstunde in den *Tagebuchblättern* zurück. Dabei unterzieht er die Vorlage, deren Intimität ihm für eine Kaiserin nicht angemessen zu sein scheint, einer einschneidenden Redaktion:

Andreas Wildhack, Posthumes Portrait der Kaiserin.
Aquarell, um 1900

Die Pflege dieses Haars, dessen Pracht historisch ist, legte Elisabeth täglich zwei Stunden der Unbeweglichkeit auf. [...] Der junge korfiotische Student war geblendet von dieser unerwarteten Vision und hat uns eine packende Skizze davon geliefert. Man sieht die schöne Kaiserin inmitten eines mit Purpurdamast bespannten Gemaches sitzen; vor ihr, auf einem Tisch, steht ein silberumrahmter Spiegel, in welchem sich ihr Antlitz spiegelt, soviel man davon durch die Haare erblicken kann, die in dichten Massen düstern Goldes bis auf den Teppich hinabfließen und sie wie ein Mantel umhüllen.[64]

Von Christomanos' heiliger Handlung sind kaum mehr Spuren zu finden. Die anarchisch bewegte Welt des Haars weicht einem Bild vollständiger Erstarrung, das Wechselspiel der Gesten, die mythischen Ungeheuer, die sich in den Fluten des Haares tummeln, einer tödlichen Statik. Der spätere Text beschreibt nicht die Zeremonie der mythischen Bändigung, sondern die goldstarrende »Vision« der Kaiserin: ein Herrscherbildnis nach scheinbar altem Stil, das programmatisch an die ikonographische Tradition jener großen Königsdarstellungen anzuknüpfen scheint, die den Regenten im Schmuck der Insignien vor dem mit einem purpurnen Baldachin überhöhten Thronsessel zeigen.

Um diesen Eindruck zu erwecken, entläßt de La Faye die Friseuse und kleidet den Frisiersalon Elisabeths mit Purpurdamast aus. Die rote Tapisserie spielt auf die Draperien an, die den Herrscher auf dem *Portrait d'apparat* umgeben, der Tisch mit dem Silberspiegel ruft das Tabouret ins Gedächtnis, auf dem die Insignien des Reiches gewöhnlich dargeboten werden. De La Faye beschreibt das verborgene Bild der Frisierten wie ein Staatsportrait, das intime Ritual des Kämmens umgibt er mit der herrscherlichen Pracht, die einer öffentlichen Krönung angemessen wäre.

Gleichzeitig aber versetzt auch er die Kaiserin, wie schon D'Annunzio, in eine Zone narzißtischer Mortifikation. Im prachtstarrenden Gemach, inmitten des Glanzes sitzt die bewegungslose Gefangene ihres Spiegelbildes, nicht die Herrscherin, die sich öffentlich zur Schau stellt. Am Ende steht auch hier das Bild einer tödlichen Erstarrung, einer Toten schon zu Lebzeiten.

Die strengen und selbstgesetzten Tagespläne der Kaiserin zeigen somit ein spiegelverkehrtes Bild jener Zwänge, denen sie zu entrinnen hoffte und denen sie auch auf der Flucht und im Widerspruch verhaftet bleibt. Nur »auf der Basis von neu erfundenen und auf einer neuen Legitimität gegründeten Zwängen«[65] kann sie sich ihnen widersetzen. Die höfischen Verhaltensregeln werden durch ritualisierte Selbstverletzungen abgelöst.

Auch von daher erweist sich Elisabeth von Österreich als Zeitgenossin des europäischen Ästhetizismus, der nach dem Zusammenbruch der Lebensordnungen des alten Europa künstlichen Ersatz schafft und neue willkürliche Lebensregeln an die Stelle der alten setzt. Diese neuen Ordnungen tragen vielfach rituelle Züge, sie fordern »Präzision im Künstlichen«[66] von ihren Adepten, um ihnen für ihre Hingabe neue Möglichkeiten des Rausches und der Ekstase zu eröffnen.

Gleichzeitig verfolgt die Kaiserin eine konsequente Strategie der Entstofflichung. Gehend und hungernd führt sie einen lebenslangen

Angriff auf Masse und Fülle bzw. auf die Schwere und die Sichtbarkeit des »Etikettenleibes«. Der Repräsentation entzieht sie ihren Körper, indem sie alle substantielle Nahrung verweigert und die Öffentlichkeit von ihren erfinderischen Zeremonien ausschließt. Diese sind in ihrer ganzen komplexen Organisation als Kunstschöpfungen anzusehen. In der Kreation exzentrischer Rollenbilder und Exerzitien übt Elisabeth dieselbe synkretistische Kunst wie die Hysterikerin des 19. Jahrhunderts aus, die den großen Auftritt als eine spezifisch weibliche Kunstform pflegt und in ihr effektvolles Schauspiel die freischwebenden Mythen, Bilder und Texte der Epoche einarbeitet. Da das Schaffen von Originalwerken als männliche Domäne betrachtet und verteidigt wird, macht sie sich selbst zum Kunstwerk.

Schönheit

Nymphe und Elfe: das bräutliche Kind

Die erstaunliche Entscheidung des jungen Kaisers, im Ischler Frühling von 1853 die Hand seiner älteren Kusine Helene zu übersehen und die der jüngeren Elisabeth zu erbitten, regt schon bald den dichterischen Volksgeist an. Die erste Begegnung des zukünftigen Paars muß in romantischen Farben ausgemalt, die schnelle Wahl begründet und damit unter jenen Stern gestellt werden, der über der Kaiserin nicht erlöschen wird: ihre Schönheit. Sorgfältig setzen Chronisten und Biographen den Moment ihres ersten Erscheinens in Szene. Als der Blick des hohen Bräutigams zum erstenmal auf der künftigen Gemahlin ruht, hält die Erzählung inne und singt das Lob einer Gestalt, deren Reize einzig für ihn, den Kaiser, scheinen. Mit den Augen des Freiers betrachtet Franz Joseph – betrachtet nun auch der Leser – das bräutliche Kind. Schönheit mehr als alles andere prädestiniert es zur Kaiserin. Von Anfang an wird ihr eine größere Beglaubigungskraft als dem Wittelsbacher Stammbaum zugesprochen.

Schon die Possenhofener Kindheit liefert das erste Kapitel einer sich über alle Lebensphasen erstreckenden Schönheitsgeschichte. Die Schilderungen dieser frühen Zeit sprechen allerdings noch nicht von den überwältigenden Reizen, die Elisabeth den Ruhm der »Schönsten ihrer Zeit« eintragen werden. Vor der Hochzeit werden der jugendliche Liebreiz und die mädchenhafte Anmut der zukünftigen Kaiserin hervorgehoben. Elisabeth wird als ein Naturkind präsentiert, ihre Schönheit als ein Werk der Natur, das sich den Blendwerken verfemter höfischer Kosmetik entgegensetzt und dem Bräutigam die zweifelsfreie Unschuld und Keuschheit der Erwählten garantiert. Im Freien und nicht im Zeremoniensaal erblickt der Kaiser das »reine, unschuldige Kind«[1], die »noch unentwickelte Gestalt«[2] seiner zukünftigen Braut, die, wie es scheint, den Zeitpunkt der Geschlechtsreife noch nicht erreicht hat.

*Im dichten Schatten der parkähnlichen Wälder [trifft er] ein Kind, gekleidet in ein kurzes weißes Gewand, mit einer wundervollen Masse welligen, seidigen kastanienbraunen Haars, das um seine schlanke mädchenhafte Gestalt fiel bis hinab zu den winzigen Füßen. Es ließ sich von zwei Jagdhunden umspringen.*³

Die Fragilität, die Füßchen, das Kinderkleid bilden ein ätherisches Diminutiv. Verkleinert, entrückt und allem weltlichen Treiben fremd, eine glänzende, der Schwerkraft entledigte Lufterscheinung, weht die Braut heran, dem Prinzen in die Arme. Das Liebesglück Franz Josephs I. beginnt im Dschinnistan hochwohlgeborener Elfen. Auf dem Spielplan steht ein »imperiales Idyll«.⁴

So vermeiden die Biographen eine Individualisierung ihres Gegenstandes. Konkrete Beschreibungen der bräutlichen Physiognomie finden sich in ihren Texten nicht. Bei der Schilderung der jungfräulichen Reize begnügen sie sich mit wenigen, doch paradiesischen Erkennungszeichen. Stets reichen wenige Striche aus, um sie zu zeichnen und um jene abstrakte Idealität zu suggerieren, die das Weib vor der Erbsünde geschmückt haben soll.⁵ Der ferne Betrachter führt daher nur jene gezählten stereotypen Vorzüge ins Feld, die den gesellschaftlichen Normen der Epoche den Schein des Sinnlichen verleihen⁶: lange Haare, rosige Wangen, zarter Körperbau und reizende Scheu.

Wie so oft überlagern sich auch hier griechische und christliche Ideale, wenn die Kaiserin die Bühne der Biographie betritt: »Sie war eine seltsame Mischung aus Engel und Göttin, griechische Nymphe und christliche Jungfrau in einem.«⁷ Zwei konventionelle Schönheitsbilder aus zwei entgegengesetzten Kunstwelten vereinigen ihre Kräfte, um Elisabeth an den Mann zu bringen. Zum einen erscheint sie in der »untödlichen Schönheit« der Engel (J. Burckhardt), die die geforderte Keuschheit gewährleistet und das Fleisch rosig verklärt. Zum anderen ist sie doch auch griechische Nymphe und womöglich jenen Boudoirs des Rokoko entsprungen, deren antikisierende Nippesfiguren à la Boucher eine allenfalls künstliche Unschuld suggerieren. Die weißen Gewänder der Engel verhüllen die weißen Glieder der Nymphen und werden zu himmlischen Dessous.

Andererseits wirken hier auch die sentimentalischen Ideale der biedermeierlichen Portraitmalerei nach, die weibliche Schönheit mit Vorliebe »auf dem Antlitz schuldloser Menschenkinder« suchte. Die dieser

Zeit entstammenden Portraits und Brautbilder Elisabeths kristallisieren sich um den Schnittpunkt griechischer und christlicher Grazie. Sie zeigen das Widerspiel zweier Schönheitscodes, das der Münchner Hofmaler Franz Anton Nüßlein in einer einflußreichen Bildnistheorie ausformuliert hatte. Derzufolge bilden »Unschuld und Scham« das Gemeinsame der frommen und der heidnischen Jungfrau, die sich ansonsten wie das Bewußtsein zur Naivität verhalten: Die »liebliche« Vertreterin der antiken Welt weiß um ihre Schönheit und strebt bei aller Bescheidenheit zu gefallen. »Holdselig« hingegen ist die ihrer Reize unkundige Christin, die hauptsächlich »himmlische Tätigkeiten« ausübt.[8]

Während der ersten Begegnung der zukünftigen Eheleute hat sich nun die Schönheit der Braut offenbart und die Neigung des kaiserlichen Bräutigams hervorgerufen. Damit ist der erste anthropologische

Sommernachtstraum. Bildpostkarte, um 1900

Zweck der Schönheit, der Anreiz zur Bindung und Fortpflanzung erfüllt. Die Erwachsene muß sich in eine neue Rhetorik der Reize einüben. Folgerichtig verabschiedet sich die Kaiserin, die ein raffiniertes kosmetisches Bewußtsein entwickelt, vom biedermeierlichen Liebreiz ihrer Jugend. Systematisch erarbeitet sie neue Formen der Schönheit. Stil ersetzt die jungfräuliche Natur und verhindert, daß sich die Schöne in eine Matrone verwandelt. Dabei verwirft sie nicht nur das bläßliche Frauenbild des Biedermeiers, sondern auch das üppige ihrer Gegenwart. Vom Geschmack ihrer Zeit entfernt sie sich so sehr, daß sie das Wahrnehmungsvermögen der konventionellen Hagiographen überfordert. In deren Texten herrscht auch weiterhin Beschreibungsnotstand, da die alten Schönheitsregister dem neuartigen Stil Elisabeths in keiner Weise gerecht werden. Obwohl die zirkulierenden Bilder und Photographien inzwischen eine andere und eigenständigere Sprache sprechen, scheint sie auch weiterhin ein Bild der Unschuld und der Reinheit abzugeben, sei es, daß sie mit einer Lilie, einem Schwan, sei es daß sie mit einer Fee oder immer noch einer Elfe verglichen wird, deren scheinendes Weiß weder getrübt, noch durch Schriftzüge durchkreuzt wird.[9] Zumeist täuschen die »geregelten Allgemeinheiten« eines konventionellen Schönheitscodes über die revolutionären Neuerungen hinweg, die die Kaiserin in ein neues Licht setzen:

Ihre Gestalt war hoch und außerordentlich schlank, ihre Hände und Füße klein und wohlgeformt. Ihre kindlichen Gesichtszüge waren regelmäßig und fein. Um ihre Lippen konnte ein herrliches Lächeln spielen, das sich in ihren glücklicheren Tagen gar oft und gern zeigte. Ihre Augen waren dunkelblau und voller Tiefe. Ihre Haut war wie Milch und Blut und brachte in dem Rahmen des dunklen Haares das, wenn sie es auflöste, wie ein dichtes langes Gewand über sie herabfiel, einen Eindruck großartiger Schönheit hervor.[10]

In einer Serie stereotyper Zuschreibungen wird hier allein die Vollkommenheit der Teile beschworen. Eine Addition einzelner Reize tritt an die Stelle eines unbeschreiblichen Ganzen. Im Scheitern bestätigen sie die Einsicht Ernest Tissots, daß sich die Schönheit der Kaiserin nicht analysieren läßt, und daß die Worte eines ganzen Lexikons nicht hinreichen, um die Reflexe auf ihren rubinengeschmückten Haartressen zu beschreiben.[11]

Schönheit als Insignie

Die traditionellen Biographen gehen außerdem darüber hinweg, daß die Schönheit der Kaiserin *heraldische* Aussagekraft entwickelt. Weit mehr als der Haarkrone wird ihr die Würde einer Insignie zuerkannt, die Reichsapfel, Szepter und Krone an Bedeutung übertrifft. Während diese ihr gespenstisches Dasein in der Schatzkammer der Hofburg fristen, werden den natürlichen Vorzügen Elisabeths jene symbolischen Lasten aufgeladen, die die ehrwürdigen Rechtszeichen der Monarchie nicht mehr zu tragen vermögen. Auf seiten der Frau nehmen natürliche Zeichen die Stelle der tradierten und historisch beglaubigten Insignie ein.

Bereits die Geliebte des bayerischen Königs Ludwig I., Lola Montez, hatte mit ihren weiblichen Reizen eine konsequente Machtpolitik betrieben und eine Position beansprucht, die allein den weiblichen »Personen von Geblüth« (so eine Formulierung der französischen Kaiserin Eugénie) vorbehalten war. Die natürliche Insignie der Schönheit ermächtigt auch eine Frau mit zweifelhafter Herkunft:

Schön zu sein! Welche Macht und welches Glück! Nur auftreten zu dürfen, um Aller Blicke, Aller Huldigungen auf sich zu ziehen, Liebe und Begeisterung zu erregen. Zu sehen, wie sich vor der Schönheit Alles neigt, gleichwie man dem Genie eines großen Mannes huldigt. Die Menge durch eine Bewegung schöner Augen zu beherrschen, gleichwie ein überlegener Mann durch das Hinreißende seines Wortes und die Beredtsamkeit seiner Geberden sie beherrscht! [...] Die Schönheit ist ein Diadem, ein Merkmal des Königthums. [...] Die Schönheit ist das Königthum vom wahren »von Gottes Gnaden«. Die Vorsehung schreibt es den Auserwählten, denen sie diese Macht verleiht, auf die Stirn; die reellste und prachtvollste Macht, wenn man sie nur ein wenig anzuwenden versteht. Ein vergängliches Königsthum vielleicht, aber sicherlich weniger vergänglich, als die Throne der Monarchen. Denn sie läßt auf den Stirnen, die sie krönte, beinahe immer Spuren zurück.[12]

Zum einen konnte Lola Montez davon profitieren, daß der bayerische König weibliche Schönheit immer schon als Element herrscherlicher Repräsentation aufgefaßt hatte. Als Besitzer einer Schönheitsgalerie, umgeben von den zumeist von Joseph Stieler gemalten weiblichen Bildnissen, demonstrierte er sein hinfälliges Gottesgnadentum, indem er nicht den Adel, sondern die Schönheiten des Landes zu seinem Ruhm und seiner Ehre um sich versammelte.

Zum andern scheint es, als könnte allein die Schönheit noch jene magische Überredungskunst ausüben, die der Repräsentation absolutistischer Monarchen einst eignete. Das natürliche Privileg der Schönheit bedroht die alten aristokratischen Vorrechte, so wie das moderne Genie eine Ehrfurcht für sich fordert, die zuvor nur der Adelige beanspruchen durfte. Die allein durch ihre Reize geadelte Tänzerin entwickelt einen exaltierten Machtwillen, der den des legitimen Herrschers, Ludwigs I., bei weitem überflügelt. In der wirkungsvollen Darbietung ihrer körperlichen Vorzüge will sie die überlebten Formen durch ein überzeugenderes Schauspiel ersetzen. Statt durch ein traditionelles dynastisches Spektakel soll die Menge »durch eine Bewegung schöner Augen beherrscht werden«. Lola Montez setzt damit den geschwächten monarchischen Systemen die glamouröse, wenn auch durch keinen Stammbaum beglaubigte Evidenz der Schönheit und die Machtgebärden der Schauspielerin entgegen. In ihren Auftritten gelingt ihr jene »leuchtende Entfaltung im Raum«, die »magische Erschaffung einer ansonsten absoluten Ordnung«[13], die dem legitimen Herrscher des 19. Jahrhunderts mit seinen überlebten Ausdrucks- und Repräsentationsformen nicht mehr gelingen kann. In einer Zeit, in der die Veraltungsgeschwindigkeit der Regime und ihrer Ausdrucksformen ständig zunimmt, in dem das überforderte Gedächtnis seinen Aufzeichnungspflichten nicht mehr nachkommen kann und in dem die tradierten Zeichen der Herrschaft ihre Beglaubigungskraft verlieren, ist Schönheit ein vergleichsweise stabiler Repräsentationswert. Von daher die Bemerkung der Montez, in der Monarchie seien die Frauen die absoluten Könige.

Große Auftritte

Lola Montez aber betört das Publikum nicht nur aus unerreichbarer Ferne. Sie betreibt den Schönheitshandel auch im kleinen. Verführt sie einerseits durch den sogenannten großen Auftritt, durch das berauschende Zusammenspiel all ihrer Künste, gewährt sie andererseits Zugang zu den Einzelteilen ihres Leibes. Nicht nur das Ganze hat einen Preis, den zu bezahlen sich die Abkömmlinge reicher und alter Häuser ruinieren, auch die *membra disiecta:* die einzelnen erotischen Regionen warten auf Kundschaft. Glaubt man dem Herausgeber ihrer Memoiren, läßt Lola Montez in Petersburg eine Preisliste aushängen, die statt Schönheit Schönheiten feilbietet. »Ein gewöhnlicher Kuß auf den Mund« kostet 1000 Franken, der auf die Augen 500, auf andere Teile des Gesichts 300, der Handkuß 100 Franken, während für »andere Teile« eine geheime Preisbestimmung gilt.[14] *Molto bene trovato,* denn auf diese Weise kann Lola Montez die Schönheit der Ferne und der Nähe, des Ganzen und des Teils, des Entzugs und der Vulgarität, die käufliche und die geschenkte für ihre Machtpolitik nutzen. Idol und Bonbonnière zugleich, verkauft sie sich en gros und en détail, und befriedigt dabei den glühenden Verehrer ebenso wie den Liebhaber des Partialobjekts.

Doch auch Elisabeth, die so weit nicht gehen würde, hat kein schwermütiges Verhältnis zu den eigenen Vorzügen. Der Kult, den sie mit sich selbst treibt bzw. mit sich treiben läßt, setzt einen durchaus pragmatischen Umgang mit der Schönheit voraus. So beherrscht auch sie die raffinierte Dramaturgie des glanzvollen Auftritts, auch sie legt es auf Überwältigung des Publikums an und kalkuliert die Wirkung ihres Erscheinens. So führt man die Besucher des Achilleions, des griechischen Domizils der Kaiserin auf Korfu, zunächst durch dunkle Gänge, um sie durch das Kommende, den Anblick Elisabeths, desto sicherer zu blenden. Über eine finstere Treppe gelangen sie in die »in Licht gebadete Halle«:

In hoheitsvoller Haltung trat uns die Kaiserin entgegen. Sie hatte ein schwarzes Kleid an und ihre schlanke Gestalt schien im Lichte zu wachsen und zu schweben.[15]

Eine in Pose, Farbe, Ort und Beleuchtung abgestimmte Offenbarung erwartet den Zuschauer. Ein höheres Wesen steigt hernieder und rechtfertigt das Beiwort der *Lichtgestalt,* das den Lieblingen des 19. Jahrhunderts mit Vorliebe zugewiesen wird. Denn die »hehren Gestalten« dieser Epoche bedürfen der Lasur des Lichtes, des flutenden Glanzes, um sich als Verklärte auszuweisen. Im Spiel der Lichter wird der irdische Stoff des kaiserlichen Körpers in schwereloses, himmlisches Gewebe verwandelt. Sein reines Scheinen resultiert aus einer raffinierten Beleuchtungstechnik, die die Wirkungen des Films, die Arbeit des Filmregisseurs sowie die Geburt leuchtender »Stars« vorwegnimmt.

Programmatisch erzielt Elisabeth Selbstverklärung durch Selbstbe-

Elisabeth mit dem Hund »Shadow«.
Photographie von Ludwig Angerer, 1864

leuchtung. Mit beeindruckender Professionalität berechnet sie die Wirkungen des natürlichen wie des künstlichen Lichtes sowohl für sich selbst als auch für die griechischen Statuen, die neben ihr das Achilleion schmücken. Während die Sonne die Skulptur des kaiserlichen Körpers herausarbeitet, heben elektrische Scheinwerfer die schönen Glieder der umstehenden Marmorbilder hervor: Hat der Besucher die Gastgeberin im Blendlicht des Peristyls bewundert, betritt er nun »fast zögernd« die strahlende Helle der Halle, »wo jetzt alles, was Pinsel und Meißel in Bild und Marmor hierhergezaubert, sich im Lichtmeere zu beleben schien.«[16] Licht modelliert die Kaiserin zur Statue und setzt die wirklichen Statuen in scheinbare Bewegung. Heller Glanz, natürliche und künstliche Beleuchtung lassen sie samt ihrem marmornen Hofstaat als eine kalte Phantasmagorie des Weiblichen erscheinen, als ein schönes, doch letztlich abweisendes Lichtspiel ohne Verführungscharakter – im Unterschied zu anderen ähnlichen, doch weit intimeren Illuminationen, die, wie in Grillparzers *Die Jüdin von Toledo* nachzulesen, ganz und gar erotischen Zwecken bzw. der lichttechnischen Steigerung sexueller Wünsche dienen:

Da trittst du ein und eine warme Hand / Ergreift die deine, führt dich durch die Gänge / Die dunkel wie das Grab und endlos gleitend / Den Wunsch erhöhn, bis endlich Ambraduft / Und bleicher Schimmer durch die Ritzen dringend / Bezeichnen, daß erreicht das holde Ziel. / Die Tür geht auf und hell im Kerzenschimmer / Auf dunkeln Samt die Glieder hingegossen, / Den weißen Arm umkreist von Perlenschnüren, / Lehnt weichgesenkten Hauptes die Ersehnte.[17]

Nicht von ungefähr hat Elisabeth das Kerzenlicht durch mediterrane Sonne und elektrische Scheinwerfer ersetzt, nicht von ungefähr appelliert sie in ihren Auftritten allein an den Distanz gebietenden Gesichtssinn, während die Geruchsnerven schweigen. Keine Ambradüfte locken den Betrachter in die Nähe der Kaiserin, allein das unkörperliche Lichtbild erscheint vor seinem Auge. Auch hier darf man getrost dramaturgische Kenntnisse voraussetzen, die den zukünftigen Filmregisseur leiten werden.

Die Schönheitsgalerie

Wer hier jedoch der Macht der »Erscheinung« rettungslos erläge, würde jene systematischen und empirischen Forschungen übersehen, denen sich Elisabeth auf dem Gebiet der Schönheit widmet. Ausdauernd und ohne Konkurrenzängste setzt sie sich über die körperlichen Vorzüge anderer Frauen in Kenntnis. Vergleichende Studien betreibt sie in »vivo« und in »vitro«, den Spielarten weiblicher Schönheit geht sie sowohl im Freien und unterwegs als auch zu Hause als Sammlerin von Photographien nach. Schätzt sie einerseits die persönliche Begegnung mit schönen Frauen auf ihren Reisen, vervollständigt, betrachtet und ordnet sie andererseits die eigene photographische und in Alben angelegte Schönheitsgalerie. Daß sie zustande kommt, hat sie den österreichischen Botschaftern in London, Paris, Petersburg und Konstantinopel zu danken, die im Auftrag des Oberhofmeisteramtes die Portraitaufnahmen ausgezeichneter nationaler Schönheiten beschaffen und an Elisabeth übersenden. Dementsprechend treten türkische, englische, französische und russische Portraits neben die Beispiele aus der unmittelbaren und verwandtschaftlichen Umgebung der

Kaiserin und ergänzen sie durch nationale, atmosphärische und mondäne Varianten.

Im Ganzen gesehen präsentiert die um 1862 angelegte Sammlung eine Fülle mehr oder minder überzeugender »Frauenbilder« in bürgerlichem carte-de-visite-Format[18]: sämtlich kleine Ganzkörperfiguren vor konventionellen Atelierkulissen. Ganz gleich, welchem Stand die Dargestellten zugehören, ob dem europäischen Hochadel, der bürgerlichen Welt oder der Halbwelt, ob sie – wie die ebenfalls versammelten antiken Statuen – der bildenden Kunst, der Gegenwart oder der Vergangenheit zuzuordnen sind, so bequemen sie sich doch alle demselben egalitären Kartenformat. Wird allein das Kriterium der Schönheit angelegt, so fallen die Kriterien des Standes, der Bildgröße und auch der Schicklichkeit. Die eleganten Damen der Londoner Gesellschaft gelten hier ebensoviel wie die freizügig posierenden Zirkusprinzessinnen aus Paris, die halb entschleierten Haremsdamen aus der Türkei ebensoviel wie die Vertreterinnen des europäischen Hochadels.

An die Stelle der Standesunterschiede sind damit stilistische Unterschiede getreten. Diese können als das hervorstechende Ordnungskriterium der Sammlung gelten, wobei sich vor allem die provokante ikonographische Spannung zwischen den französischen und den englischen Portraitphotographien dem Stilwillen der Kaiserin einprägt. Artistik und elegante Repräsentation, trikotbestrumpftes Bein und Krinoline treten in der Folge in eine unerhörte Wechselbeziehung.

Die Londoner Kollektion umgibt ihre Modelle mit den historistischen Interieurs der Epoche. Einschlägige und wiederkehrende Requisiten und Posen bringen die schönen Engländerinnen auf eine ästhetische Formel, die weniger dem modernen Bereich der Photographie als der Portraitmalerei zuzuordnen ist. Anmutig stützen sich die Dargestellten auf reiche Kaminsimse, während ein schräggestellter Spiegel den verborgenen Hinterkopf, eine züchtig gesenkte Stirne sichtbar macht. Eleganz und Demut gehen provokante und dekorative Verbindungen ein: die erfolgreichen Damen der Saison scheinen eines präraffaelitisch stilisierten Mittelalters zu gedenken und die frömmlerische Sinnlichkeit der Figuren Dante Gabrieli Rossettis vor sich her zu tragen. Die stets aufwendige Garderobe der Ladies tritt dabei in einen raffinierten Widerspruch zur introvertierten Geste der Kontemplation. Gleichfalls gehört die Krinoline nicht nur der Welt der Mode an. Mag sie auch die ganze Grandezza der Repräsentation vor dem Betrachter entfalten, so scheint sie doch mit ihren zehn Metern Stoff zeitlose weibliche Tugenden zur Anschauung zu bringen. Als ein Inbild weiblicher Immobilität erzwingt sie Ruhe und Selbstversunkenheit von ihren Trägerinnen. Bei alledem erregt das Gesicht kaum flüchtige Aufmerksamkeit. Den mächtigen Röcken, den gerafften Stoffen entschwebt es als ein heller Fleck – nicht mehr als ein schwach erhellter Mittelpunkt, der gegenüber der ebenso anmutigen wie melancholischen Körperhaltung, dem Kleid, dem Licht, den Atelierrequisiten und dem Mobiliar kaum ins Gewicht fällt.

Die Londoner Photographen greifen damit auf die traditionellen Gesten der Repräsentation zurück und definieren Schönheit im Rahmen eines intimen, gedämpften und kostbaren Interieurs. Die Pariser Sammlung dagegen propagiert den entgegengesetzten Schönheitsbegriff: Die sogenannte Halbwelt tritt zu den Bildern der sogenannten

Englische Lady (Miss Leaven) aus dem Schönheitsalbum der Kaiserin.
Photographie, um 1862

»großen Welt« hinzu. Hier wird man einwenden, daß Elisabeth diese Photographien nicht selber aussuchte, daß sie hier ganz auf die Zulieferungen der österreichischen Botschafter angewiesen war – in diesem Fall auf die Auswahl Pauline Metternichs, der Gemahlin des österreichischen Botschafters in Paris, die, wie es heißt, den Auftrag der von ihr wenig geschätzten Elisabeth mutwillig mißverstand und ihr statt seriöser Portraitphotographien die Sterne der Demimonde zukommen ließ. Doch hat Brigitte Hamann darauf hingewiesen, daß die Kaiserin gerade an ihnen Gefallen fand und zwar deshalb, »weil sie wohltuend von der Norm der gutgekleideten Aristokraten in edler Haltung abwichen«.[19]

Die Tänzerinnen, Akrobatinnen und Hosenschönheiten der französischen Metropole gestatten nämlich die bewundernde Kenntnisnahme einer Zone, deren bloße Möglichkeit von der Krinoline geleugnet wurde:

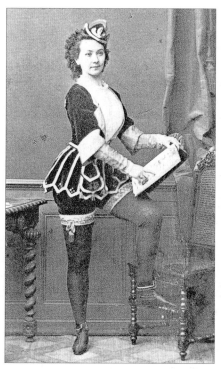

Französische Aktrice (Maria Taglioni) aus dem Schönheitsalbum der Kaiserin.
Photographie, um 1862

des Beins. Gewandt entblößen sie jenen Körperteil, dessen freizügige Darbietung sonst nur den griechischen Statuen erlaubt war. Dabei begnügen sie sich – wie so oft in den billigeren Ateliers – mit weit weniger Staffage als die Damen der besseren Gesellschaft. Provisorische Geländer, Säulen und Konsolen dienen allein als Stütze und halten diejenigen im Gleichgewicht, die mehr mit den Beinen als mit den Armen posieren. Doch ist es gewiß nicht der Reiz der Frivolität, der Elisabeth an den Darstellungen gebeugter Knie, gestreckter oder verschränkter Waden faszinierte, sondern der Reiz der Athletik. Die Kaiserin sieht Sportwelt statt Halbwelt. Nicht, daß hier das sonst verborgene Innenleben der Krinoline enthüllt wurde, mag sie bei ihren Schönheitsstudien gefesselt haben, sondern die Möglichkeit der Bewegung, der Übung und des Beinspiels dort, wo sonst nur die schwer beweglichen Schlachtreihen der Krinoline kriegerische Stellung bezogen.

Die Pariser Photographien bestätigen die Kaiserin in ihrer Auffassung, daß Schönheit das Resultat der Körperbeherrschung und des harten Trainings sei. Ebenso wie die Ringe, Barren und Stangen, die Elisabeth in den kaiserlichen Turnzimmern zur eigenen Ertüchtigung montieren läßt, belegen sie das elementare sportive Interesse, das Elisabeth der Schönheit entgegenbringt und das sie selbst zur Sportlerin macht. Tägliche Gymnastik, Voltigierübungen unter der Leitung der Zirkusreiterin Elise Renz, Reitsport und Wanderleidenschaft korrigieren das alte statische Schönheitsideal, das im bloßen Stehen und Sitzen der Damen sein Auskommen fand und jenen Sehnsüchten den Kampf ansagen, die Schönheit allein um das gepolsterte Nest des Schoßes konstruieren:

Was nun, wenn die Mutter keinen Schoß mehr hat?! Schon versteht man, wohin das zielt: Schoß ist ja nicht nur jene Körpergegend, für die das Wort im engsten Sinne geschaffen ist; sondern dieses bedeutet psychologisch das ganze brütend Mütterliche der Frau, den Busen, das wärmende Fett, die beruhigende und hegende Weichheit, ja es bedeutet nicht mit Unrecht sogar auch den Rock, dessen breite Falten ein geheimnisvolles Nest bilden.[20]

Der Gegensatz von akrobatischer und repräsentativer Eleganz bestimmt aber nicht allein die photographische Schönheitsgalerie, sondern auch die gesamte Erscheinungsweise der Kaiserin. Insbesondere Constantin Christomanos bringt diese Duplizität von Repräsentation und Athletik, von großer Robe und sportlicher Übung in einem großartigen Szenario zur Ansicht. In seiner Beschreibung beginnt das ebenso unbewegliche wie pompöse *portrait d'apparat* der Könige zu turnen. Die statischen Formeln der Herrscherschau mobilisieren sich:

An der offenen Tür zwischen dem Salon und ihrem Boudoir waren Seile, Turn- und Hängeapparate angebracht. Ich traf sie gerade, wie sie sich an den Handringen erhob. Sie trug ein schwarzes Seidenkleid mit langer Schleppe von herrlichen schwarzen Straußfedern umsäumt. Ich hatte sie noch nie so pompös gekleidet gesehen. Auf den Stricken hängend, machte sie einen phantastischen Eindruck wie ein Wesen zwischen Schlange und Vogel. Um sich niederzulassen, mußte sie über ein niedrig aufgespanntes Seil hinwegspringen.[21]

So wird sie von Christomanos als eines jener mysteriösen weiblichen Mischwesen aus Frau und Tier wahrgenommen, als eine jener Chimären, die auf den Bildern und in den Texten der Décadence anzutreffen sind. Zusammengesetzt aus Schlange, Vogel und Weib bereitet sie den Auftritt einer weiteren prominenten Femme fatale vor.[22] In der turnenden Elisabeth kündigt sich die Weibsschlange in der Manege an, der Zirkusauftritt von Wedekinds Lulu, auch wenn das erotische Moment der Verführung, das in dieser und ihresgleichen verkörpert und dämonisiert ist, ein weiteres Mal ausgespart bleibt.

Die Totenmaske: Femme fatale und Lichtgestalt

Elisabeths Bild, das sich ins Gedächtnis der schreibenden Nachwelt, besonders des Fin de siècle, einprägt, läßt von kaiserlichen Reckstangen nichts mehr erahnen. Das harte körperliche Training hat keine Spuren hinterlassen. Auf ihr posthumes Antlitz fällt kein Schatten der Bewegung, »kein Schatten des Lebens«[23]: Die kaiserliche Schönheit, die am Horizont der Jahrhundertwende sichtbar wird, ist eine Totenmaske.

Doch weicht das Leben nicht erst aus ihren Zügen, als diese sich auf dem Genfer Totenbett endgültig verklären. Nicht erst der Mord stellt das allzu bewegte Mienenspiel still: Schon als Mater dolorosa, nach dem Tod des Sohnes im Jahr 1889, erscheint sie als lebende Tote und tote Lebende. Oftmals wiederholen die Biographen die Worte, mit denen sich Elisabeth selbst den Abgeschiedenen zurechnet:

Wer keinen Wunsch hat zu leben, ist in Wirklichkeit nicht mehr am Leben. In jedem Leben kommt der Moment, wo man innerlich stirbt, und es ist nicht notwendig so, daß das beim Tode des Körpers passiert.[24]

Erst in den Bildern des Todes und der Trauer erhält Elisabeths Schönheit ihre endgültige, ihre verbindliche Form, werden die unberechenbaren Spuren des Lebens getilgt. Die idealisierte Totenmaske reißt den Betrachter zur Hymne hin, da der Tod »das Verlangen nach einer Transparenz des Zeichens [erfüllt], in der es keine Ungleichheiten, keine Trübheit, keine Beweglichkeit gibt«.[25] Die Schöne muß um ihr Leben gebracht werden, damit die Hieroglyphe des Rätsels Weib gerinnt und die Ekstasen seiner Deuter einsetzen können:

Nichts kann den Liebreiz des Ausdrucks, der sich auf den Marmorzügen der toten Kaiserin ausbreitete, beschreiben: ein so absoluter, stiller Friede, eine solche Ruhe sind nur den Engeln zu eigen. Obwohl während des Momentes, der ihrem Tod voranging, eine Art erschütternder Leidensblick über ihr Gesicht geglitten war, glättete sich hinterher die Braue, trennten sich ihre Lippen zu einem himmlischen Lächeln, das die Perlenzähne zeigte, und der einzige Schatten, der sich auf ihrem Antlitz bemerkbar machte, war der, den ihr dichter dunkler Wimpernkranz auf ihre samtenen Wangen warf.[26]

So darf der gelöste Ausdruck nicht darüber hinwegtäuschen, daß das Gesicht um den Preis des Lebens seine endgültige Zeichnung erhalten hat. Das Antlitz der Kaiserin verwandelt sich in »eine beliebige, leere, endlose Projektionsfläche«[27], auf der die selbstberufenen Hagiographen die eigenen Erlösungs-, Todes-, und Kunstphantasien ausbreiten. Das »blendende Weiß des himmlischen Friedens« ist die geduldige Leinwand, die geduldige Schreibfläche für die ebenso pastosen wie trivialen Exaltationen der Betrachter.[28] Die Totenblässe der Frau, der Sieg des Weiß über die Farben des Lebens ist der Anfang, die Bedingung ihrer Kunst, ihres Malens und Schreibens. Über die Leiche der Kaiserin ergießen sich von nun an die Worte und Bilder der Dichter und Künstler, ohne daß ihnen ein Widerstand erwachsen würde, Worte und Bilder, die die Totenmaske der Betrachteten beschwören, beschreiben, umkreisen und sich unaufhörlich jener Mortifikation zu versichern, die ihnen erst die Zunge löst.[29]

In diesem Sinne beschreibt Gabriele D'Annunzio den Moment des kaiserlichen Todes als den einer jähen, doch endgültigen Bildwerdung. Wie ein photographischer Auslöser hält der »plötzliche, blitzartige Stoß«[30] der Feile des Mörders Lucheni die endgültigen Züge Elisabeths fest. Im schockhaften Moment eines gewaltsamen Todes enthüllt sich eine Schönheit, die die Lebende zwar in sich trug, die jedoch erst der Tod epiphanisch hervortreten läßt:

Es ziemt sich, sie zu verherrlichen. Vielleicht wäre sie in der Vergeßlichkeit der Menschen untergesunken, wenn durch die Kraft des Stahles nicht ihr purpurnes Bild mit beängstigender Pracht aus dem Schatten hervorgesprungen wäre. Es ziemt sich, die Schönheit ihres Antlitzes zu verherrlichen, den Standbildern des geheimnisvollen Hermes verwandt, mit unbeweglichen Zügen unter dem Prunk herbstlichen Glanzes, der ihr geflochtenes Haar belud, und ihre Blässe, wie eine verhaltene Flamme bedrängt vom Schatten des Blutes, das in den großen Lidern ihrer Augen dunkelte, und das Schweigen ihrer scharfgepreßten Lippen, auf denen das Süße von ausgesogenen Früchten die Herbigkeit der Tränen linderte, und ihre Seele, ihre geheimnisreiche Seele, die im Kern jenes Haupt der Meduse trug, womit die Göttin Pallas ihren goldenen Schild wappnete, so daß er unverletzlich war.[31]

Damit hinterläßt die Ermordete kein Bildnis ewiger Jugend zum ewigen Gedenken, sie verkörpert vielmehr jenen mit Wundern und Gefahren beladenen Frauentypus der Femme fatale, den Typus der dämonischen »Allesverschlingerin«, der eine todesträchtige Unsterblichkeit verliehen ist, die als ein Geschöpf zwischen Leben und Tod durch die Jahrhunderte geistert.[32] Die ermordete Elisabeth wird zu einer der todbringenden Kunstschöpfungen des späten 19. Jahrhunderts. Im Tod aus den habsburgischen Bindungen gelöst, tritt sie in eine neue Bildordnung über, in der die Tugenden einer mütterlichen Königin widerrufen und ein weiteres Mal durch die lebensfeindlichen Eigenschaften einer Chimäre ersetzt werden.

Vor diesem Hintergrund erscheint Elisabeth als ein verheerender Archetyp. Ihr Eigenname, ihre individuellen und unverwechselbaren Züge werden gelöscht. Die Kaiserin von Österreich verliert ihren historischen Ort, um als eine »mythische Größe«[33] ihr Dasein zu fristen: als ein Wesen höherer und überindividueller Ordnung, das einen überwältigenden weiblichen Plural in sich einschließt, indem es, aus unvordenklichen Zeiten stammend, unter ständig wechselnden, doch stets verderbenbringenden Namen immer wieder und unvermutet auftaucht. Nicht von ungefähr vergleicht Hermann Bahr sie in seinem Nachruf mit der Femme fatale par excellence, der Mona Lisa, deren Maske das Fin de siècle wie keine andere fasziniert:[34]

An solche zeitlose Mienen erinnern wir uns aus der Renaissance. Die Mona Lisa ist so, keiner Nation und keinem Alter zugehörend, sondern eine Gestalt, die immer unter den Menschen erscheinen und niemals ihre Art annehmen kann.

Nicht nach der Biographie der Verstorbenen wird angesichts der imaginären Totenmaske der Kaiserin gefragt, sondern nach einer unendlichen Geschichte, die weit über die Begrenzung eines Lebenslaufs hinaus die Erfahrungen aller Geschlechter und Epochen in sich vereint. »All the thoughts and experience of the world have etched and moulded here«, schrieb der Begründer des Mona-Lisa-Kultes der Jahrhundertwende Walter Pater über die Protagonistin von Leonardos Gemälde.[35] So projizieren die Betrachter archaische Phantasien ewiger Wiederholung und Wiederkehr auf die leere und stille Oberfläche der Totenmaske. Im weißen Bild der Frau wird die Geschichte aufgehoben. An ihre Stelle tritt das zeitlose Antlitz des mortifizierten und mortifizierenden Geschlechts des Weiblichen.

In einem, aber wesentlichen Punkt allerdings weicht das posthume Bild Elisabeths von dem der Mona Lisa ab. Sowohl D'Annunzio als auch Hermann Bahr verweigern ihr das berühmte Attribut des sibyllischen Lächelns, »the unfathomable smile«[36], das das Gemälde Leonardo da Vincis so gefährlich machte. In Hinsicht auf die Kaiserin ist allein vom »Schweigen des herben Mundes« die Rede: »auf keinem Bilde lächelt sie. Der stille Mund versucht wohl gütig zu sein, aber er will nicht froh werden«[37], heißt es bei Hermann Bahr. An dem Bildnis der Kaiserin wird damit jenes sinistre erotische Signal getilgt, das Mona Lisa und ihre Nachfolgerinnen den männlichen Betrachtern geben und das jene stereotypen Geschichten von Liebe, Versklavung und Tod in Gang setzt, die das Metier der Femme fatale sind. Um Elisabeth soll noch größere Kälte und tieferes Schweigen herrschen als um Leonardos Figur. Keine Verführung soll von ihr ausgehen.

Wenn bisher von den imaginären Totenmasken der Kaiserin die Rede gewesen ist, so dürfen gerade in diesem Zusammenhang die gegenständlichen nicht vergessen werden, die in gleich zweifacher Ausführung überliefert sind: einmal in dem wohl authentischen Gipsabdruck des Mordopfers, der den Blicken der Nachwelt die faltigen und eingefallenen Gesichtszüge einer Einundsechzigjährigen preisgibt, dann aber auch in einer idealisierten und geglätteten, über alle Zeit und allen Verfall erhabenen Totenmaske, die den Vorstellungen eines D'Annunzio und eines Hermann Bahr entgegenkommt und eine Erinnerung in Schönheit ermöglicht. So kann es nicht verwundern, daß die Maske, der sich die Züge der Toten leibhaftig eingeprägt haben, nicht

Franz von Matsch, Totenmaske der Kaiserin Elisabeth
Öl/Leinwand, um 1918

Schönheit 105

nachgegossen wird, daß das Original verlorengeht und nur noch eine photographische Abbildung Zeugnis vom Altersgesicht der Kaiserin ablegt. Nicht ungestraft hat sie den Vertrag zwischen Schönheit und Tod aufgekündigt. Nun fällt sie, da sie die schöne Erinnerung zu zerstören droht, derselben Verdrängung zum Opfer wie alle Zeichen des kaiserlichen Alterns, zu Lebzeiten wie nach dem Tode. Die idealisierte Version hingegen kursiert nicht nur in mehreren Exemplaren, sie erfährt auch ihre Apotheose in einem späten Gemälde des österreichischen Malers Franz von Matsch, der sie in den Mittelpunkt eines sakralisierenden Bildszenarios, ins Zentrum einer altarähnlichen Anordnung rückt. 1918 läßt er noch einmal das Rätselgesicht mit dem herben Mund, den schwarzverschatteten Augen und den marmorglatten Gesichtszügen erscheinen: als die tragische Maske der Monarchie mit leeren bzw. geschlossenen Augen.

Die Wunde

Die Todesart trug indessen das ihrige dazu bei, um die allmähliche Verfallsgeschichte weiblicher Schönheit mit dramatischer Plötzlichkeit zu beenden. Unvermutet bringt der Mord das bewegliche Ensemble der Züge zum Stillstand und bewahrt das liebliche Bild, indem er es dem Zugriff der zersetzenden Zeit abrupt entzieht. Der Mord besiegt das Alter zugunsten einer tödlichen Poesie. Die Schönheit der Kaiserin triumphiert im roten Stigma der Wunde. Jetzt erst tritt sie – so heißt es bei Gabriele D'Annunzio – »heftig aus dem Schatten«.

Doch fixiert die schnell geführte Feile des Attentäters nicht nur die Schönheit, sie ruft auch Sehnsüchte nach dem Anblick jenes blutigen Chaos wach, das sich im Innern der vollkommenen weiblichen Form der Kaiserin verbirgt. Patriotische Broschüren, die kurz nach der Ermordung Elisabeths erscheinen, bezeugen den dringenden Wunsch der Bürger, auch das Innere des schönen Gebildes, wenn möglich die quellenden Gedärme, kennenzulernen. Im September 1898, dem Todesmonat der Kaiserin, wird keine Gelegenheit ausgelassen, dem Leser die Umstände des Mordes bis ins einzelne zu kolportieren. Während man einerseits der »überirdischen« Schönheit der Kaiserin gedenkt, schwelgt man andererseits in der minutiösen Rekonstruktion der Wunde, so daß das Gedächtnis der vollkommenen Form mit den mörderischen Bildern der Auflösung konkurriert. Wie so oft liegt der

Eros der Anbetung mit dem Eros der Zerstörung im Streit. In den medizinischen Schilderungen der Todesursache, in den Beschreibungen der in die Brust eindringenden Feile Luchenis, entlädt sich jene bilderstürmerische Lust, die die »despotische Vollkommenheit« des schönen weiblichen Bildes stets hervorrufen wird. Folgende Studie stellt einen beachtlichen Versuch dar, ins Innere der Sphinx, der Mona Lisa vorzudringen und an der unberührbaren Ikone der Kaiserin Rache zu üben:

Das Instrument, mit welchem die That begangen wurde, war ein spitziges, dreieckig zugeschliffenes Eisen oder ein Stahlstück. Dasselbe ist bei der vierten Rippe in den Körper eingedrungen; diese Rippe war von der Wucht des Stosses zerbrochen. Die Wunde hatte einen Umfang von 2 1/2 Millimetern. Das Instrument nahm den Weg an der vierten Rippe entlang, durchstach die Lunge und den Herzbeutel und drang ins Herz, die linke Herzkammer durchschneidend. Die Waffe durchquerte das Herz von oben nach unten und trat bei dem unteren Theile der linken Herzkammer wieder aus dem Herzen heraus. Der Verlauf der Wunde reicht bis über diese Herzkammer hinaus, deren untere Wand gleichfalls durchbohrt ist. Durch den Stich trat das Blut in den Herzbeutel ein, wohin es allmählich sickerte; so lange der Herzbeutel nicht so stark mit Blut gefüllt ist, dass dadurch die Thätigkeit des Herzens behindert wird, kann die verwundete Person leben. In dieser Zeit ist die Kaiserin zu Fuss gegangen mit dem durchbohrten Herzen. Der Austritt des Blutes in den Herzbeutel wurde dann immer stärker, bis der Tod in Folge der die Thätigkeit des Herzens lähmenden Blutansammlung im Herzbeutel eintrat. Wenn die Waffe nicht aus der Wunde herausgenommen worden wäre, hätte die Kaiserin noch länger leben können, da durch die in der Wunde steckende Waffe der Blutaustritt verlangsamt wird...[38]

Was sich hier den Anschein protokollarischer Präzision gibt, ist der lustvolle Nachvollzug des Mordes mit den Mitteln der Sprache. Die penetrierende Beschreibung wiederholt nicht allein den tödlichen Streich, sie eröffnet auch die feuchten Grotten einer unterirdischen Landschaft. Schreibend umkreist der Chronist die Höhepunkte der anatomischen Topographie, wieder und wieder kostet er das heilige Grauen, das die Worte Herzbeutel, Herzkammer, Blut und Rippe umwebt. Wieder und wieder folgt der innere Blick dem vordringenden

Messer, das wie ein Cicerone durch die purpurnen Interieurs des kaiserlichen Leibes führt. Alles kommt mehrmals und stets neu zur Sprache. Jeder Satz, der auf das lang verbotene Gelände führt, protokolliert und beschwört zugleich.

Die Mediceische Venus aus dem Wiener Josephinum.
Wachspräparat von Felice Fontana und Pietro Masagni, vor 1785

Andererseits wird das schöne Bild der Leiche durch diese voyeuristische Expedition ins Innere nicht zerstört. Zwar kosten die Protokollanten der Wunde die Lust der Übertretung, zwar streben sie, hinter die Fassade der Haut zu dringen, um auch die Zerstörungen zu sehen, die dahinter anzutreffen sind, doch kehren sie stets zur makellos schimmernden Oberfläche zurück. Es ist die »proleptische Bewegung« zwischen Form und Verwüstung, der die Voyeure angesichts der ermordeten Elisabeth folgen.[39] Gleichzeitig schildern sie die *synthetische* Schönheit der aufgebahrten Leiche und das Innenleben der sezierten Organe. Dabei schenken sie den Umständen der Obduktion besondere Aufmerksamkeit – sei es, daß man von einer Photographie der Wunde munkelt, deren belichtete Platten sofort zerstört worden seien, sei es, daß die sezierenden Ärzte die harmonischen Formen der Ermordeten bewundern. In alledem vollzieht sich wieder und wieder jene Dialektik von analytischem und synthetischem Blick, dem der weibliche Körper und seine Bilder gewaltsam unterworfen sind. Blitzartig schlägt Bewunderung in Gewalt, Gewalt in Bewunderung um. Im Nu verwandeln sich die Augen des geblendeten Betrachters in Seziermesser, die weder bei den Kleidern noch bei der Haut innehalten. Dringen sie zunächst durch die Stoffe, um die nackten Körper freizulegen, dann stoßen sie durch die Haut hindurch in ein Inneres vor, das sich nie als lebendiges, sondern immer nur als totes oder sterbendes präsentiert. Hier hausen die Blicke gern. Doch bleibt ihnen vorbehalten, nach ihrem Aufenthalt zum unversehrten Bild der Oberfläche zurückzukehren. Vor dem inneren Auge schließen sich die Wunden, als wäre die Stätte des Herzens nie entweiht worden. Nachdem die Hofdame Irma Sztáray der Obduktion der Kaiserin beigewohnt und »das Herz voll Liebe und voll Qual« in der sezierenden Hand des Arztes erblickt hat, sieht sie um weniges später »den erhabenen Genius der Trauer« hingestreckt vor sich. Nichts erinnert mehr an sein verwüstetes Inneres.

Ihre herrlich schlanke Gestalt schien noch gewachsen zu sein, ihre alabasterweiße Stirne war mit den aufgesteckten Zöpfen des reichen Haares wie mit einer dunkel schimmernden Krone geschmückt, in den gefalteten Händen lag ein kleines Kruzifix aus Perlmutter und ein Rosenkranz, und auf ihrer Brust ein großer Strauß weißer Orchideen, die das durchstoßene Herz der schneeweißen Frau beschatteten.[40]

Trauer

Das Jubiläumsrundbild

Anläßlich des fünfzigjährigen Kaiserjubiläums Franz Josephs feiert man den Herrscher mit einem jener triumphalen Rundgemälde, die das Panorama einer bedeutenden Zeit oder einer bedeutenden Situation vorführen.[1] Die zum Kreis geschlossene Leinwand – sie wird in einem eigenen Kunstpavillon untergebracht – führt in »wohlerwogener Auswahl« all die Menschen auf, die im Gedächtnis der Zeit eine »tiefere Spur zurückgelassen«[2] haben. Dicht gedrängt, in wechselnden Trachten und Farben, repräsentieren sie Politik, Kultur, Technik und Wissenschaft des francisco-josephinischen Zeitalters. Jeder seiner Dekaden sind eigene Abschnitte gewidmet, die in fortschreitenden Jahrzehnten die Portraits der jeweils bedeutendsten Persönlichkeiten um ihren »lichten Mittelpunkt«, den Kaiser selbst, versammeln. Das Rundgemälde ist als ein Triumphzug angelegt. Dennoch scheint es, als ob der mit dem Titel »Gegenwart« versehene Gemäldeabschnitt nicht nur Siege und Errungenschaften aufführt. Der Schriftsteller Hugo Wittmann zumindest, der 1898 das Rundbild für eine Kulturgeschichte des franzisko-josephinischen Zeitalters beschreibt, beschließt seinen Rundblick mit einer melancholischen Reverenz:

Dort oben aber, abseits von dem glänzenden Gewimmel, steht eine schwarze Dame, steht, wenn auch noch von etwas Hofstaat umgeben, wie vereinsamt, wie abgeschieden da. Der Maler wollte nur die schmerzensreiche Mutter darstellen, er ahnte nicht, als er die schwarze Dame malte, dasz schon menschliche Niedertracht auf diese köstliche Beute lauerte. Unwillkürlich scheidet man in Wehmut von dem groszen Bilde.[3]

Das Bildnis der Kaiserin Elisabeth scheint ihm im Vorgefühl ihres bevorstehenden Todes gemalt worden zu sein und die herrschende Jubiläumsstimmung einzutrüben. Das nur in Skizzen überlieferte Jubiläumsbild kann jedoch Wittmanns Vision nur schwer belegen. Die für den Rundgang empfohlene Begleitbroschüre gibt keinen Hinweis darauf, daß Elisabeth abseits der gemalten Festversammlung getrauert haben könnte. Vielmehr ist ihr und ihrem Gefolge ein weithin sichtbarer Ort angewiesen: »Auf dem Plateau sehen wir Ihre Majestät die Kaiserin und Königin mit ihrem Hofstaat und Erzherzoginnen.«[4] Die erhöhte Mitte verwandelt sich erst dann in ein düsteres Abseits, als die Nachricht vom gewaltsamen Tod der Kaiserin, ihre Ermordung durch den Anarchisten Lucheni die Jubiläumseuphorie von 1898 unwiderruflich zerstört. Rückwirkend manipuliert die Todesbotschaft die Bildbeschreibung des Jubelpanoramas. Nun, vom Rande her, verschatten Trauer und Tod den Glanz des Epochenbildes. Statt sich ins strahlende Ganze zu fügen, eröffnet Elisabeth als abgeschiedene »schwarze Dame« eine neue Erzählperspektive. Die unter tragischen Umständen Verstorbene wird aus dem Schaubild herausgehoben und in Zeit und Raum einer um vieles erregenderen Geschichte versetzt: in die der Königinnen des 19. Jahrhunderts.

Diese Geschichte erzählt nicht von den Sonnenseiten wie das Panorama des Kaiserjubiläums, sondern von den Schattenseiten der monarchischen Existenz. Das Scheitern, der Niedergang, der eklatante Unglücksfall, die Moden der Trauer sind ihr Metier. Die ergreifenden Erzählungen illustrer königlicher Leiden formieren sich zu einem eigenen Legendencorpus. Die Martyrien und Entsagungen von Kaiserinnen und Königinnen finden ein sentimentales Publikum und treiben die immer gleichen Tränen hervor.

Die französische Kaiserin Eugénie entsagt nach einem beispiellosen Aufstieg, nach einem Leben des Luxus dem Thron, nachdem Frankreich im Krieg gegen Preußen 1871 unterlegen ist. Nicht nur, daß sie ins englische Exil gehen muß, sie verliert auch den Sohn in einem afrikanischen Operettenkrieg und damit die Hoffnung, daß jemals ein Bonaparte auf den bourbonischen Thron zurückkehren wird. Marie von Neapel, die Schwester der Kaiserin Elisabeth, verteidigt als »Heldin von Gaeta« den neapolitanischen Thron gegen die Truppen der italienischen Einigungsbewegung mit soldatischer Verve und muß dennoch als Entmachtete ins Exil. Nach dem Tod Friedrichs I. verliert die als »Kaiserin Friedrich« bekannte Victoria von Preußen nach neunzig Tagen der Herrschaft ihre Stellung im Reich und muß ertragen, daß ihr Sohn Wilhelm II. die Politik des Vaters hintertreibt. Kaiserin Elisabeth von Österreich beklagt nicht nur zahlreiche Todesfälle im Hause Wittelsbach und Habsburg, sondern 1889 auch den tragischen Tod des Kronprinzen Rudolf.

Wer den Niedergang absolutistischer Regime als Verhängnis schildern möchte, ohne seine zeitgeschichtlichen und politischen Ursachen zu ergründen, wendet sich seiner weiblichen Seite zu. Angesichts des tragischen »Frauen- und Mutterloses« der Königinnen versagt die Ratio der historischen Analyse. Wenn es gilt, die politischen Umwälzungen des 19. Jahrhunderts als Machenschaften des Schicksals zu inszenieren und als die Geschichte eines gebrochenen Herzens zu erzählen, rücken die Frauen in den Mittelpunkt. Die »Grande Dame« in ihren »émouvantes infortunes«[5] vermag die Einbildungskraft weit mehr zu erregen als der ihr angetraute und politisch stets kompromittierte Herrscher. Als ein farbiges und atmosphärisch nuanciertes Verfallssyndrom beschäftigt sie Künstler und Dichter.

Wettbewerb der Schmerzensmütter

Vor diesem Hintergrund machen die Herrscherinnen Europas vornehmlich als trauernde Märtyrerinnen Furore, jede für sich und alle miteinander, so daß sie nun auch im Metier stilvollen Klagens, bei der Erfindung schmerzlicher Haltungen miteinander konkurrieren. Wenn die »schwarzen Damen«, die »statues éplorées du martyre«[6], in den edlen Wettstreit des Leidens und des Duldens treten, entfaltet sich die ganze raffinierte Etikette der Trauer. In diesem Sinn spielt etwa Charles Faucon, der in seiner Abhandlung *Trois malheureuses impératrices de notre siècle* Kaiserin Eugénie, Kaiserin Elisabeth und Kaiserin Friedrich in einem Wiesbadener Kursalon versammelt, die drei königlichen Martyrien gegeneinander aus und bemüht sich herauszufinden, welche der drei Damen die vom Unglück am härtesten Geschlagene sei.

In diesem Wettbewerb des Leidens erzielt Elisabeth das schlechteste Ergebnis. Zwar bringt Faucon ihren Seelenwunden Ehrfurcht entgegen, doch tadelt er ihre unbedingte Reserve gegenüber einer Öffentlichkeit, der ein Recht auf Teilnahme nicht abgesprochen werden dürfe. Daß Österreichs Kaiserin im reifen Alter den unversöhnlichen Ausdruck der Kälte und der Düsternis angenommen habe, daß sie dem Publikum ihren Anblick entziehe, verscherze ihr viele Sympathien.

Eugénie hingegen wird mit patriotischem Wohlwollen geprüft. Gründlich forscht der Autor in ihren Zügen nach den Spuren eines »schrecklichen Schicksals« und entspricht damit in lächerlicher Weise jenem spöttischen Aperçu der Kaiserin, nach dem sie gewohnt sei, betrachtet zu werden wie der fünfte Akt einer griechischen Tragödie.[7] Doch sieht er die Forderungen der Katharsis durchaus erfüllt. Ganz nach den Regeln der aristotelischen Poetik zeigt sich die entthronte Herrscherin in philosophischer Ruhe und von Leidenschaften gereinigt, womit sie bestätigt, »daß eine Natur wie die ihre nur auf dem heroischen Niveau Corneilles scheitern könne«[8]. Dieser zur Schau gestellte Heldenmut steht ihr ebenso gut wie die einstmals berühmte Wellenbewegung ihrer Schultern. An die Stelle der Koketterie ist die Glorie entsagungsvoller Würde, ist Resignation und Gottvertrauen getreten, an die Stelle großer Roben das Trauergewand gerückt. Der Satz, den sie bei Empfang der Todesnachricht ihres Sohnes spricht, ist einer Schmierentragödie durchaus nicht unwürdig. In dem Bewußtsein, einen schicksalshaften Augenblick zu erleben, befleißigt sie sich jener künstlichen Kürze, jenes Lakonismus, der schon immer das stilistische Ideal königlicher Sentenzen war: »Alors, il faut que je m'habille«.[9] Auch Kleiderfragen werden damit auf das Niveau Corneilles gehoben.

Böse Ahnungen

Maria Antoinette.

Wie heiter im Tuilerienschloß
Blinken die Spiegelfenster,
Und dennoch dort am hellen Tag
Gehn um die alten Gespenster.

Es spukt im Pavillon de Flor'
Maria Antoinette;
Sie hält dort Morgens ihr Lever
Mit strenger Etiquette. [...]

Sie muß jetzt spuken ohne Frisur
Und ohne Kopf, im Kreise
Von unfrisirten Edelfrau'n,
Die kopflos gleicherweise. [...]

Heinrich Heine[10]

Kaiserin Eugénie interessiert Faucon jedoch nicht allein als Inbegriff heroischer Trauer, sondern auch als Paradefall eines schwindelerregenden Auf- und Abstiegs. Denn sie scheitert nicht als Abkömmling eines einstmals mächtigen Adelsgeschlechtes, sondern als Emporkömmling. Als vormalige Gräfin Montijo, Tochter einer schottischen Weinhändlerstochter und eines spanischen Granden, übernimmt sie die kaiserliche Karriere nicht als eine ererbte Pflicht, sie begreift sie als ein kühnes Wagnis. Den Thron erwirbt sie sich durch ihre Verführungskünste, durch ebenso parvenuehafte wie riskante Strategien.

Eine solche allem Standesdenken zuwiderlaufende Karriere eröffnet sich jedoch nur dort, wo die Argumente der Ahnentafel durch die des Spiels, des *Vabanque,* ersetzt worden sind, wo nicht mehr Aufstieg und Fall des Herrschers, sondern Gewinn und Verlust des Spielers verzeichnet werden. Mittlerweile dreht sich das alte Rad des Herrscherglücks auf den Roulettetischen des 19. Jahrhunderts, und das Glück der monarchischen Macht eröffnet sich auch solchen, die statt eines bourbonischen Stammbaums leidenschaftlichen Ehrgeiz besitzen. Ein Aufstieg auf eigene Gefahr indessen, denn: »Wer ohne ernstliches Bedenken einer Sache nachjagt, riskiert manchmal seine dringendsten Interessen, wenn nicht sein Leben.«[11]

So kann sich auch die erfolgreiche Aufsteigerin Eugénie ihrer Sache niemals sicher sein. Ständig lebt sie in der Angst des Spielers, der nach höchsten Gewinnen höchsten Verlust befürchten muß, in der Angst des Glücksritters, der seine politischen Spielschulden zu begleichen hat. Abergläubisch sieht sich Eugénie von der Guillotine, der Füsilierung oder auch nur vom Exil bedroht. Auf der Höhe ihrer Macht fühlt sie sich von den Vorboten eines zukünftigen Unglücks verfolgt. Noch bevor sich ihr Spiel endgültig zum Schlechten wendet, ruft sie den ganzen dramaturgischen Apparat des Schicksalsdramas – Fluch, Ahnung und ein blindes Verhängnis – zu Hilfe, um in den Tuilerien große Szenen der Vorahnungen aufzuführen.

Das Stück, das dem Hof immer wieder zugemutet wird, heißt »Marie Antoinette«. Beharrlich imitiert die Gattin Napoleons III. die Gattin Ludwigs XVI. Dem jungen Kaiserhof zeigt sie sich gern in Gewand und Gebärde der unglücklichen Königin. Düstere Leidenschaft für das Rokoko und sein schreckliches Ende veranlaßt sie sowohl zu aufwendigen Garderoben wie zu theatralischen Vorahnungen:

[...] nach dem Diner brach sie plötzlich in schallendes Gelächter aus, das schauerlich in den großen Sälen des Palastes widerhallte und auf einmal in jammerndes Schluchzen überging. Unheimliche Ahnungen befielen Eugénie mehr als je – besonders das Andenken an Marie Antoinette war ihr beständig vor Augen.»Niemals«, sagte sie,»schreite ich die Treppe hinunter ohne eine furchtbare Ahnung.«[12]

Als Schauspielerin und Regisseurin zugleich schöpft sie aus dem Fundus der französischen Geschichte. Um dem eigenen Abgang theatralisch vorauszugreifen, beschwört sie die kopflosen Gespenster der Bourbonen, bestückt sie ihre Bühne mit den Reliquien Marie Antoinettes, trägt sie die Moden des vorrevolutionären Hofes. In ihren höfischen Schauerstücken verbinden sich Pracht und Todesdrohung zu einem effekthascherischen Ganzen.

Daß die Tragödie von 1793 längst zur Farce geworden ist, bleibt allerdings kein Geheimnis. Die Inszenierungen Eugénies werden als geschmacklose Platitüde verlacht. In ihren »Journaux« bezeichnen die Brüder Goncourt Eugénie als »Maskenballkaiserin« und zitieren die vernichtenden Worte einer dem Hofe nahestehenden Dame:

[...] dieser Kult um Marie-Antoinette ist widerlich, lächerlich, indezent genug. Wissen Sie, was sie in ihrem Zimmer hat? [...] Sevres' Marie-Antoinette-Büste, ein Portrait des kleinen Dauphin und auf dem Tisch einen Band der Lebensgeschichte von Marie-Antoinette, den sie niemals gelesen hat, denn weder liest sie, noch beschäftigt sie sich mit irgend etwas.«[13]

Bei alledem spielt Eugénie eine zwar lächerliche, doch keinesfalls eine beliebige Rolle. Der Aufsteigerin, der es an dynastischer Vorgeschichte fehlt, muß der tragische Part der Königin Marie Antoinette durchaus erstrebenswert erscheinen, verbürgt er doch dynastische Legitimität und tragischen Tod zugleich. Wird sie also »fallen«, dann à la Bourbon.[14] Eugénie sieht sich nunmehr von standesgemäßen Geistern heimgesucht und in den illustren Reigen tragischer Königinnen aufgenommen. In ihren melodramatischen Phantasiestücken ruft sie jene Nachtbilder der alten Monarchie herauf, die das 19. Jahrhundert immer wieder heimsuchen und ihm die Gewaltsamkeit seines Ursprungs vor Augen führen. Eugénies Gedächtniskult um Marie Antoinette erinnert daran, daß das Bild der Monarchin kein ganzes, sondern ein zertrenntes

Trauer 115

ist, daß auf den weißen Hälsen der modernen Regentinnen stets ein rotes Band – der Trennstrich des Guillotinenmals – erscheint, der die Schöne als eine lebende Tote bzw. als eine Revenante und immer schon Posthume zu erkennen gibt. (Hierzu mag auch das angebliche Hochzeitsgeschenk des Hauses Habsburg an die Nachfolgerin Marie Antoinettes beigetragen haben – »ein Miniaturbild, das sie [Marie Antoinette] darstellt mit erhobenem Arm, den Finger an dem roten Band, das sie nach damaliger Mode um den Hals trug, als zeige sie auf einen blutigen Strich auf einer weißen Haut.«[15])

Während Eugénie selbst das Gespenst des Ancien régime heraufbeschwört, wird Elisabeth von Österreich von anderen in eine bedrohliche Relation zu ihrer habsburgischen Verwandten gesetzt. Ein anonymes Machwerk, »Kaiserin Elisabeth im Zigeunerlager«, dichtet ihr gar eine »Halsbandaffaire« an – nach dem Vorbild jener Skandalgeschichte, die Marie Antoinette in die Machenschaften einer Betrügerin (der angeblichen Gräfin Lamotte-Valois) verwickelte und dadurch die französische Revolution zum Ausbruch gebracht haben soll. Diese versprach Kardinal Rohan die Gunst Marie Antoinettes, wenn er ihr ein Halsband von 1 600 000 Livres Wert verschaffte, das die Königin ratenweise zurückzahlen werde. Um ihn zu täuschen, wurden eine Prostituierte mit der Rolle Marie Antoinettes betraut und Briefe gefälscht. Rohan besorgte das gewünschte Halsband, das die Lamotte alsbald zu Geld machte. Als der Betrug zutage kam, weil der Hof die Juweliersrechnung nicht beglich, kam es zum Skandal. Zwar wurden die wahren Zusammenhänge geklärt und die Schuldigen zur Verantwortung gezogen, doch konnte sich die ohnehin kompromittierte Marie Antoinette nicht unbeschadet aus der Affaire retten.[16]

Hundert Jahre danach greift nun der Autor des »Zigeunerlagers« in seiner phantasievollen Geschichte der Kaiserin Elisabeth auf das verhängnisvolle Requisit des »Brillantcolliers« zurück, das, nachdem es schon einmal eine Königin in Unglück gebracht hat, nun eine zweite Chance erhält. In der Erzählung wird ein Halsband zur schicksalhaften Bedrohung einer Monarchin: Ein Schmuck, »der den Hals einer schönen, edlen Frau geschmückt habe, die zugleich eine unglückliche Königin war«[17], gerät auf vielen Umwegen in die Hände einer früheren Geliebten Kaiser Franz Josephs I., einer ebenso schönen wie bösartigen Femme fatale. In Eifersucht auf Elisabeth entbrannt, versucht sie, die Kaiserin durch eine Intrige mit dem Diebstahl des Brillantcolliers zu belasten und sie in aller Öffentlichkeit als Diebin zu kompromittieren.

Nicht nur der fiktive Einsatz eines historisch aufs höchste belasteten Corpus delicti ruft hier die Erinnerung an die Hinrichtungsstätte des französischen Königspaares herauf, an die *Place de Grève*, den, wie Heinrich Heine ironisch schrieb: »modernsten Platz der Welt, dem Platze, wo ganz eigentlich die moderne Zeit angefangen und von der Vergangenheit gewaltsam abgeschnitten wurde mit frevelhaftem Beil.«[18] Überdies bezeichnet das um den Hals gelegte Brillantcollier die imaginäre Schnittstelle des Guillotinenmessers: ein politisches wie ein erotisches Mal, Schmuck, Wunde, Blutung und Spur der Subversion zugleich. An ihm entfaltet und politisiert sich eine vielfache Erotik der Unterbrechung. Nicht von ungefähr sieht Roland Barthes die erotischsten Stellen des Körpers dort, wo die Haut in Stellvertretung des Geschlechts zwischen Säumen und Stoffen hervorglänzt.[19] An den Königinnen hingegen klafft die weiße Haut des Halses auseinander, um verführerische Einblicke in ihr rotes Futter zu geben.

Bei alledem spielt Maria Theresias Tochter nicht nur in Frankreich, sondern auch im österreichischen Raum das prädestinierte Gespenst des Ancien régime. Hier wie dort mahnt sie die Vergänglichkeit und die Gefährdung der Monarchien an. Sie treibt ihr Unwesen, wo immer die neoabsolutistische Misere ihre Protagonisten der Angst bzw. dem Wahnsinn preisgibt. So soll sie auch die Einladung zu einem jener berüchtigten Geisterdiners angenommen haben, die der König von Bayern, Ludwig II., seinen historischen und literarischen Vorgängern im königlichen Amte anrichtete:

Der mit goldenem Besteck, kostbarem Glas und Blumen geschmückte Tisch war für dreizehn Gäste gedeckt; fünf Minuten vor Mitternacht betrat König Ludwig den Saal, ihre Ankunft zu erwarten. Als die Uhr zwölf schlug, öffneten sich die großen Flügeltüren, und der Zeremonienmeister meldete – Königin Marie Antoinette. Ludwig ging ihr entgegen, und was sah er? Eine märchenhaft schöne Frau in zarter Seide, das gepuderte Haar mit Perlen und Rosen umwunden, und um den Hals einen dünnen blutigen Strich. Denn der König bildete sich ein, daß auf seine Einladung hin der Geist der Königin wieder das irdische Aussehen aus den prunkvollen Tagen von Versailles annahm, freilich verdüstert durch das grausame Zeichen der Guillotine.[20]

Das Schauerbild der geköpften Monarchin spricht dabei nicht allein von der traumatischen Vergangenheit der Revolution, es verheißt den modernen Monarchen eine nicht minder traumatische Zukunft. Die unausweichliche Wiederholung des Entsetzlichen wird auch hier zur melodramatischen idée fixe, zum Gesetz königlicher Schicksale erhoben.[21]

Das verfluchte Geschlecht

Da aber in Österreich keine Kaiserinnen geköpft wurden, kommt das Verhängnis, das soviel Unglück im Hause Habsburg erklären soll, von einer anderen Seite. Das mannigfache Leid, das Elisabeth zu dulden hat, wird auf einen Fluch zurückgeführt. Die persönliche Tragik der Kaiserin wird aus den düsteren Geheimnissen aristokratischer Ahnenfolgen, aus den Zerrüttungen jener Dynastie hergeleitet, der Elisabeth sowohl väterlicherseits, als auch mütterlicherseits entstammt: der Wittelsbacher.

Herrschaftsgeschichte wird somit nach dem Vorbild des Schicksalsdramas geschrieben, das im frühen 19. Jahrhundert die genealogischen Krisen der Dynastien, die irreversible Entwertung der Stammbäume durch die französische Revolution in dramatischen Balladen reflektierte. Nach den Vorbildern Ludwig Tiecks, Zacharias Werners oder Franz Grillparzers werden die zerstörerischen Folgen eines auf dem Stamme ruhenden Fluchs für die Sprößlinge der Wittelsbacher nachgewiesen. Was Tieck in *Karl von Berneck* programmatisch formulierte – »Jedem von unserm Stamme ist ein alter unversöhnlicher Fluch mitgegeben, der magnetisch nicht von uns läßt«[22] –, überträgt sich auch auf die Mitglieder der bayerischen Königsfamilie. Vor diesem Hintergrund erscheinen die unnatürliche Häufung der Todesfälle einerseits, die Neigung zum Wahnsinn andererseits als Zeichen eines gnadenlosen Schicksals:

> *Die Wittelsbacher sind allezeit sehr exzentrisch gewesen. Geisteskrankheiten haben unter ihnen gewütet, und im Laufe eines einzigen Jahrhunderts sind zwischen zwanzig und dreißig Glieder ihres Geschlechtes dem Wahnsinn anheimgefallen*[23],

heißt es eingangs in Clara Tschudis Elisabeth-Biographie. Auch Jacques de La Faye eröffnet sein Buch mit den Vorboten des Wittelsbachschen Verhängnisses:

Aber ach die großen Schwingen der Nächstenliebe, die sich so weit über Elisabeths Wiege geöffnet hatten, werden nicht imstande sein, das düstere Schicksal abzuwenden, das der Sprößlinge des alten Wittelsbacher Geschlechtes harrt, und die am fröhlichen Weihnachtsabend geborene Herzogin wird den schweren Weg eines qualvollen Kalvarienberges ersteigen müssen, um in der Geschichte weit weniger wegen ihrer Schönheit und ihres Zaubers als wegen ihres stumm erduldeten Schmerzes hervorzuragen.[24]

Durchwegs bedienen sich die Biographen Elisabeths der literarischen Motive der Vorahnung und Vorausdeutung, die den Gang der Geschichte als die schrittweise Erfüllung eines schrecklichen Fluchs erscheinen lassen.

Zum Sprachrohr dieser Ahnungen wählen die Biographen mit Vorliebe alte Weiblein, Zigeunerinnen, Wahrsagerinnen und Handleserinnen, jenes undurchsichtige weibliche Personal, aus dem sich auch in der Sage und im Schicksalsdrama die Vorboten des Unglücks rekrutieren. Regelmäßig werden sie in die Erzählungen des kaiserlichen Lebens eingeschleust. Immer wieder kreuzen sie die Wege der österreichischen Herrscherin, um sie von Kindheit an mit Mahnung, Fluch und Hohn zu begleiten. Bei de La Faye wird Elisabeth bereits am Tage der Geburt durch eine weise Frau ein schweres Schicksal vorausgesagt, in »Kaiserin Elisabeth im ungarischen Zigeunerlager« beteiligt sich eine böse Wahrsagerin an den Intrigen der Feindin. Ebenso wenig verzichtet Gregor Samarow in seinem Buch »Der Krone Dornen«, einem historischen Bilderbogen, der ansonsten der politischen Großlage des 19. Jahrhunderts gewidmet ist und Elisabeth als intelligente Causeurin an diplomatischen Entscheidungen beteiligt, auf eine effektvolle Dramaturgie der Ahnung. Die Weltgeschichte liefert den Hintergrund gespenstischer Intermezzi. So verschafft sich auch hier eine bleiche, schwarzgekleidete Frau Einlaß in die Gärten der Wittelsbacher, in denen sich der dynastische Nachwuchs tummelt und neben Ludwig II. und Elisabeth auch deren vom Verderben bedrohten Schwestern Sophie und Marie versammelt sind. Elisabeth aber ist die erste, die die von der fremden Frau ausgehende Gefahr spürt:

Ihr wunderbar und eigenartig schönes Gesicht, von antik griechischer Form, von reichem dunklen Haar umflossen, war erbleicht. Ihre grossen Augen blickten starr auf eine weibliche Gestalt, die in dem tiefen, schattigen Dunkel des Gebüsches sich zeigte und nun ruhig und unbeweglich dastand.[25]

Grau und blutleer von Antlitz, mit allen Zeichen der Untoten versehen, verheißt sie den Königskindern nichts Gutes:

[...] so hoch nur das irdische Auge auf dieser Welt zu blicken vermag, werdet Ihr steigen [...] auf jener Höhe, die mein Auge fast blendet, erwarten Euch schwere, entsetzliche Prüfungen. Das teuerste auf Erden werdet Ihr verlieren, unstät werdet Ihr die Welt durchziehen, bis euch der Tod erlöst. Und das Schicksal wird Euch alles geben, was herrliches und schönes einem Menschen gegeben werden kann, aber Ihr werdet auch alles verlieren, was das menschliche Leben erwärmen und erleuchten kann.[26]

Solche stereotypen Prophezeiungen treffen jedoch nicht nur die Wittelsbacher. Bedenkt man, daß angeblich auch Kaiserin Eugénie im

Eine Wahrsagerin sagt Eugénie, der künftigen Kaiserin von Frankreich, die Zukunft voraus. Xylographie von Karl von Häberlein, um 1855

Kindesalter einer Zigeunerin beggnete, die ihr Größe und Fall weissagte[27], so wird man den bösen alten Weiblein einige Nützlichkeit attestieren. Als dämonische Prophetinnen verhöhnen sie die offizielle Geschichtsschreibung, um ihre schönen Opfer einer okkulten Unheilsgeschichte preiszugeben. Das wiederum hatten die Biographen schon in der Oper gesehen. Verdis »Maskenball« etwa mag mit seinen nächtlichen Wahrsager-Szenen, die die Machinationen eines Königsmordes ins schummerige Licht des Schicksalsdramas setzen, auch die Trivialbiographik der zweiten Jahrhunderthälfte inspiriert haben. Zudem sind sich Librettisten und Biographen darin einig, daß auch das politische Unheil am besten im Weibe zu repräsentieren ist, daß Fluch und Orakel dort am Platze sind, wo zwischen Frauen eine vergiftete und haßgeschwängerte Atmosphäre herrscht. Keine größere Gefahr wissen sie der Heldin anzudichten als die, welche ihr aus den Umtrieben einer Geschlechtsgenossin erwächst.

Mater dolorosa

Fluch und Orakel kündigen jedoch nicht nur die »schicksalhaften Augenblicke« an, die nach Walter Benjamin die schlechten Romane und nicht minder die schlechten Lebensromane kennzeichnen.[28] Sie bereiten auch den spektakulären Auftritt der Mater dolorosa vor, indem sie die Lebensläufe von Kaiserinnen und Königinnen in jene »schicksalhaften Augenblicke« münden lassen, durch die sie zu königlichen Schmerzensmüttern werden. Als solche stehen sie im Mittelpunkt der monarchischen Legenden des 19. Jahrhunderts, und nicht Machtvollkommenheit, sondern Trauer verbürgt ihre authentische weibliche Herrscherwürde.

Bereits der sechzehnjährigen Elisabeth führt man das Gethsemane vor Augen, wo sie einst als Schmerzensmutter wandeln, wo ihr »der volle Kelch der Schmerzen«[29] überlaufen wird. Bevor noch Gründe vorliegen, die sie zu einer langen Trauer berechtigen, bevor noch die Kette der Todesfälle in den Häusern Wittelsbach und Habsburg Trauer verordnet, legen sich die Züge der Mater dolorosa über die der Kaiserin.

Der Schmerz, der sie dann wirklich zur Mater dolorosa qualifiziert, wird einer Initiation gleichgesetzt: als eine Weihe kommt er über ihr Leben und verleiht ihm erst ergreifende Gestalt. De La Faye spricht gar vom »Mysterium«, von der »ersten Einweihung«[30] des Schmerzes und zählt ihn zu jenen Quellen geheimen und auszeichnenden Wissens, das die Eingeweihte zu den Gipfeln des Menschlichen hinleite.

Die Mater dolorosa ist nicht nur Mutter, sondern auch Standbild. Reglosigkeit, steinerne Starre bestimmt ihr Erscheinen. Clara Tschudi vergleicht die Kaiserin anläßlich der Feier des ungarischen Kronjubiläums mit einer Bildsäule:

Nur ihr Antlitz war weiß und unaussprechlich kummervoll. Die langen Augenwimpern waren gesenkt. Still und teilnahmslos saß sie auf dem Throne, gleich als ob sie nichts sähe und hörte; sie glich einer Bildsäule. [...] Aber in dem Gesichte der Kaiserin stand nichts zu lesen; es blieb ebenso bleich, ebenso unbeweglich. Der Redner nannte ihren Namen. Nicht ein Muskel bewegte sich an ihr. Aber als der Name Elisabeth erklang, brausten Eljenrufe [Hochrufe] durch die Versammlung. Es war der Ausbruch eines einstimmigen Gefühles. [...] Das

Kaiserin Elisabeth als »Mater dolorosa«. Gemälde von Leopold Horovitz, 1899

bislang gefühllose majestätische Haupt bewegte sich; leise, kaum erkennbar nickte sie zum Danke. Es lag ein wunderbarer Reiz in ihrem Gruße. [...] Das schneeweiße Antlitz rötete sich mehr und mehr. Ihre Augen öffneten sich ganz; der alte Glanz strahlte aus ihrem Blicke, und eine Thräne perlte aus ihrem Auge. [...] Sie führte das Spitzentaschentuch nach dem Auge und trocknete die Thräne hinweg. Der Präsident setzte seine Rede fort. Die Röte wich langsam aus ihrem Gesichte; und bald saß sie wieder an der Seite Franz Josephs als »Mater dolorosa«.[31]

Ein ganzes Volk muß jubeln, um die steinernen Züge zu beleben. In den stillen Formen des *marble mort*, den »statues éplorées de Martyr«[32], empfiehlt sich die leidende Herrscherin der Öffentlichkeit, um sich in auserwählten Augenblicken wie die Statue des Pygmalion zu beleben. Coram publico vergießt sie eine Träne, die zum einen das Erweichen, das Erwachen des Steins signalisiert und zum anderen die kostbarste Beute einer schaulustigen Öffentlichkeit darstellt. Die Träne ist die einzige Gabe der trauernden Herrscherin an ihr Publikum und auch ihr einziger Schmuck.

Nicht umsonst hat ihr Christomanos ein antikes Krüglein geschenkt, das ihre Tränen auffangen soll, nicht umsonst entspinnen sich romantische Feenmärchen um die Konservierung dieser unbezahlbaren Preziosen, die der Kaiserin einen an die Trauer verlorenen, phantasmagorischen Glanz bewahren und dem Kaiserhaus einen letzten und unerschöpflichen Perlenschatz sichern. So erzählt die Gräfin Wallersee mit vergeblicher Kunstanstrengung, daß Elisabeths Tränen zu Perlen verwandelt, zu langen Ketten verbunden und in goldenen Schalen in einem unterirdischen Palast gesammelt würden.[33]

Indem die Kaiserin einen perlengleichen Tropfen weint, stellt sie noch einen weiteren Zusammenhang her. Vor aller Augen produziert sie eine jener Rundformen, die Ende des 19. Jahrhunderts als ein »Sinnbild« vollkommener und »in sich ruhender« Weiblichkeit gelten:

[...] indessen besitzen Frauen als Frauen in der That etwas von schimmernden Wassertropfen, deren es dem Umfang nach kleinere und größere gibt, die sich aber, ob klein ob groß, zur nämlichen kugeligen Form zusammenrunden, und, thäten sie das nicht, elend versickern würden, bis ihr letzter Glanz im Staub der Dinge vergeht. [...] die Kraft, die den schimmernden Tropfen in immer der gleichen Form, wie eine vollkommen sich genügende Welt für sich, zusammenhält, macht ihn zu einem

Sinnbild alles Ganzen, alles Ewigen, und macht es möglich, sich in ihn mit ebenso andachtsvollen, ahnungsvollen Gedanken hinein zu versenken.[34]

So entsprechen wenigstens die Tränen der Kaiserin einem weiblichen Idealbild, dem die von Hungerödemen geplagte Elisabeth ansonsten in keiner Weise genügen kann. Wenn Gabriele D'Annunzio in seiner posthumen Huldigung schreibt, daß sich auf der Brust der Ermordeten »zwei Tropfen topasfarbenen Blutes« gefunden hätten, so stillen auch diese, aus der Leiche hervorgetretenen flüssigen Edelsteine die Sehnsucht nach der idealen, phantasmagorischen, durchsichtigen und »immer gleichen« Rund- und Grundform, in der sich das Weibliche selbst genügt und gegen die Welt verschließt.

Die marmorne Mater dolorosa indessen hat sich in einem öffentlichen Moment der Empfindung gelöst und kehrt nach Gewährung der Träne in die Trauerstarre zurück.

Lebende Bilder

Unter den Frauenbildern des 19. Jahrhunderts nimmt die Schmerzensmutter einen bevorzugten Rang ein. Die ausgeformte Pose der Mater dolorosa setzt jene Reihe der sogenannten »Attitüden« fort, die seit dem Ende des 18. Jahrhunderts die »innerste« Natur des Weiblichen in kunstvollen Stellungen zur Anschauung bringen sollen. Mit ihrer tragischen Gebärde schließt die Trauernde an jene klassizistischen Künstlerinnen an, die ausgewählte weibliche Haltungen zu durchchoreographierten Abfolgen verbanden. In viel bewunderten Vorstellungen übten sie eine Gebärdenkunst, die dem 19. Jahrhundert schon deshalb als eine wahrhaft weibliche gilt, weil sie nicht die Erfindung ausdrucksvoller Posituren, sondern die leibliche Nachahmung berühmter kunstgeschichtlicher Vorbilder verlangte. Sowohl antike Stand- und Vasenbilder als auch die berühmten Gemälde der italienischen und niederländischen Schulen liefern einprägsame Vorlagen für abendfüllende Programme. Isis, Ariadne und Iphigenie werden zu täuschenden Imitationen ebenso herangezogen wie die Madonnen des 15. und 16. Jahrhunderts.[35]

Der Rückgriff auf große mythologische und historische Frauenschicksale, deren eindrücklichste Momente szenisch nachgestellt und musikalisch untermalt werden, befriedigen aber den Betrachter – als schöne Statuen – nicht nur in ästhetischer Hinsicht, sie wollen ihn auch rühren. Demgemäß reißen die Virtuosinnen dieser Vortragskunst – Henriette Hendel-Schütz, Ida Brun oder Emma Hamilton besonders dann zu Begeisterungsstürmen hin, wenn sie das Sujet der »Trauernden« wählen. Neben verlassenen Ariadnen und sehnsüchtigen Iphigenien nehmen hier zu Stein erstarrte Schmerzensmütter einen bevorzugten Platz ein: Auf Niobe, Medea, Maria verweilt der teilnahmsvoll erregte Blick des Betrachters mit Vorliebe.

Als Leidende und nicht als Täterin zieht die Attitüden-Künstlerin die Blicke auf sich, wann immer ihr die ästhetische Gestaltung jener schmerzlichen Momente gelingt, die eine männlich dominierte Mythologie und eine männlich dominierte Geschichte herbeiführten. In den bevorzugten Posen der Verlassenen, der Witwen, der trauernden Mütter legt sie rührendes Zeugnis ab von angetanem Leid und spendet den Trost des schönen Bildes, ohne dessen gewaltsame Ursachen zu ergründen.

Im Zeichen der Trauer vereinigen sich auch die beiden geschiedenen Kunstwelten Antike und Christentum. So enthalten die Programme der Henriette Hendel-Schütz Mütter-Szenen aus der griechischen Mythologie wie Szenen aus dem Marienleben: Altertum und Neuzeit werden in der einen Pose der Leidenden versöhnt. Das Hingegossensein, das Ringen schöner Hände, die verzweifelte Preghiera, die sehnend ausgestreckten Arme, d. h. sämtliche skulpturale Einfälle der Kunstgeschichte sprechen zum Herzen des Betrachters und führen den Beweis, daß hinter klassischem Marmor wie hinter der Madonnenbrust sich eine empfindsame Seele verbirgt. Ihre Grundzüge sind Demut, Hingabe und Unbeweglichkeit.

In diesem Sinn verlangt auch Elisabeths Schmerz kunstgeschichtlichen Ausdruck im Medium der Attitüde. Da christlicher Inbrunst und klassischer Form Rechnung getragen werden muß, wird auch hier der Pose der trauernden Muttergottes ein griechisches Pendant zur Seite gestellt. »Kein Sterblicher wäre imstande gewesen, eine solche Niobe zu meißeln«, heißt es bei de La Faye über die reisende Kaiserin von Österreich.[36]

Damit ist jene thebanische Königin ins Spiel gebracht, die aus Trauer um den Tod ihrer vierzehn Kinder zu einem weinenden Stein wurde. Sie hatte ihr Mutterglück in so anmaßender Weise gepriesen, daß sie den Zorn Apollons und seiner kinderlosen Schwester Artemis heraufbeschwor, die die vierzehn »Niobiden« mit Pfeilen töteten. Der Einbildungskraft des 19. Jahrhunderts empfiehlt sie sich als steingewordene Dolorosa, empfiehlt sie sich aber auch dadurch, daß ihr Bild in einer berühmten antiken Statue, d.h. in ästhetisch verbindlicher Haltung überliefert ist: der Mutterfigur des Statuenensembles »Niobe und Niobiden«, das der Schule des Praxiteles zugesprochen wird und in den florentinischen Uffizien aufgestellt ist. Neben den sterbenden Söhnen und Töchtern findet sich hier das Steinbild der flehenden Niobe, die ihr jüngstes Kind vergeblich vor Pfeilen zu schützen versucht. Sie wird zur Mater dolorosa der Antike erklärt. Das auslösende Moment der Hybris, der blasphemischen Anmaßung Niobes tritt gegenüber dem in Schmerzenspose geworfenen, tragisch umhüllten Frauenleib in den Hintergrund.

Das Vexierspiel von Maria und Niobe prägt auch die Spekulationen um die mumiengleiche Statue einer »bemalten und bronzierten Melancholia«, die die Kaiserin auf einer Reise erwirbt und in ihrem ansonsten unbenützten Schlafzimmer in der Wiener Hermes-Villa aufstellt. Von kunstgeschichtlicher Seite wird sie mit einer gegerbten Mumie verglichen und als ein »Mittelding zwischen Grabfigur und Panoptikumsfigur«[37] bezeichnet.

Die Fama dieses Ankaufs setzt bemerkenswerte Phantasien in Umlauf. Alborough weiß von einer mit Farn und Zwergpalmen umpflanzten Niobe aus rosa Marmor zu berichten.[38] Clara Tschudi will sogar von zwei Statuen gehört haben:

In einer Ecke des Zimmers hatte sie eine Statuette der Jungfrau Maria aufstellen lassen. In einer anderen Ecke hatte sie eine Bronzestatue der Niobe angebracht, die, von Grün umgeben, einen eigentümlichen, fast unheimlichen Eindruck hervorbrachte. In der entgegengesetzten Ecke hingen grüne Glühlampen. Wenn die Kaiserin im Bette lag, konnte sie das elektrische Licht anschalten und so drehen, daß sie weiter kein Licht sah als den grünen Schein, der auf Niobe fiel.[39]

Ob sich in der Hermes-Villa jemals eine Nachbildung der praxitelischen Skulptur oder sonst einer Niobe befand, ist ungewiß. Das imaginäre Ambiente, mit dem die Biographen die Kaiserin umgeben, bedarf keiner empirischen Absicherung. Zuverlässiger als reale Einrichtungsgegenstände sorgen imaginierte Requisiten für symbolische Fülle. Besser als die Kaiserin selbst sorgen die Biographen für eine Ausstattung, die »nicht fußbreit ohne Bedeutung«[40] ist. Indem sie die gängigen

Bildformeln der Trauer auf engem Raum versammeln, verwandeln sie das Schlafzimmer – im wahrsten Sinne des Wortes – in einen »Gemeinplatz«. Gleichzeitig nehmen sie ihm seine weltliche Bestimmung und stilisieren es zu einer Stätte des Gebets, zur prunkvollen Andachtsstätte kaiserlicher Trauer. Nicht von ungefähr werden die Bildsäulen der Niobe und der Maria in ein mystisches Kapellenlicht gesetzt, sei es, daß sie, wie bei Tschudi in einem neugotischen Grün erscheinen, sei es, daß sie wie bei Alborough »by small electric jets during the night« erleuchtet werden.

In ihren Schilderungen greifen die Biographen auf dieselbe pseudosakrale Illuminierungstechnik zurück, die auch der Maler Hans Makart seinen großen Gemälden zugute kommen läßt. Die effektvolle Beleuchtung von Bildern und Statuen zeugt nicht von religiöser Inbrunst,

Friedrich Rehberg, Lady Emma Hamilton als »Lebendes Bild« der Niobe. Umrißzeichnung, 1794

sie durchleuchtet auch keine tiefen Leidensgründe, sie greift vielmehr auf die Errungenschaften zeitgenössischer Ausstellungstechnik zurück. Die Beleuchtung künstlicher weiblicher Formen im dunklen Raum bewährt sich nicht nur in intimen Kapellen, sondern in jedem besseren Interieur der Zeit. Sie dient auch weniger dem Kult christlicher oder antiker Gottheiten als dem Kult der Trauernden selbst. Die von reflektierenden Statuen umgebene Elisabeth ist die eigentliche Heilige des Schlafzimmers. Statt zu ruhen, betet sie ihr eigenes Bild an.

Wie tief die zum paraten Klischee, zum Trauernippes heruntergekommene Niobe zu sinken vermag, wie schnell die Tragödie zur Farce werden kann, wie leicht eine tragische Pose in ihr komisches Gegenteil umschlagen kann, zeigt sich nun in Elisabeths unmittelbarer Nähe. Während die Kaiserin nach Rudolfs Tod als schmerzgebeugte Niobe erscheint, tritt auch Katharina Schratt, die Schauspielerin und Freundin des Kaisers, im Burgtheater als Niobe auf.[41] Bei dem gleichnamigen Stück handelt es sich allerdings nicht, wie zu erwarten wäre, um eine griechische Tragödie oder ein Trauerspiel im antiken Stil, sondern um eine Farce des englischen Autors Harry Paulton. Diese ist auch nicht dem Schicksal der thebanischen Königin selbst, sondern der elektrischen Wiederbelebung ihrer Statue gewidmet, und wer immer in diesem Stück »nach Antiken seufzt«, der möchte zuvorderst an »weichen Marmorpartien herumtatscheln«.[42] In dem Maße, in dem Harry Paulton das Motiv des mit dem Namen der Niobe verknüpften Mutterschmerzes vernachlässigt, fördert er das der antikischen Nacktheit. Sein Stück prostituiert die in nur unzureichender Verhüllung ins moderne Leben gerufene Niobe hinter dem Wandschirm eines bürgerlichen Salons und liefert das vormalige Trauerbild den Voyeuren aus. So sieht sich der Kaiser von den lebenden Statuen zweier in Charakter und Erscheinung entgegengesetzter Nioben flankiert: einer nackten und einer schwarzgekleideten, einer frivolen und einer erhabenen. Die verborgene Identität von Schmerzensmutter und Hetäre tritt erneut zutage: Wollust und Leid erweisen sich als die Kehrseiten derselben Figur.

Persephone – die »Tagebuchblätter«

Les poëtes, devant mes grandes attitudes,
Que j'ai l'air d'emprunter aux plus fiers monuments,
Consumeront leurs jours en d'austères études.
Charles Baudelaire: La Beauté[43]

Doch auch abseits der ikonographischen Peinlichkeiten werden von der Kaiserin große Gebärden erwartet. Constantin Christomanos, der Verfasser der *Tagebuchblätter*, setzt den ganzen Geist des Schwärmers daran, die »grandes attitudes« der trauernden Elisabeth zu studieren und dem Rätsel ihrer melancholischen Schönheit nachzugehen. Zwar greifen auch die *Tagebuchblätter* auf Kunst- und Literaturgeschichte zurück, um die Kaiserin in das Wechsellicht zahlreicher Rollen zu setzen, doch geben sie den abgenutzten Namen eine neue ästhetisch-philosophische Bedeutung. Bei der Darstellung der Schmerzensgestalt verlassen sie sich nicht auf die verbrauchten Pathosformeln der gängigen Hagiographie, sie erheben die kaiserliche Trauer über alles Zufällige und bloß Biographische hinaus zum philosophischen Daseinsgrund Elisabeths. Trauer grundiert ihre Erscheinung. Sie ist das zentrale, alles vermittelnde Element, in dem sich nicht nur die Handlungen, Gedanken und Reden der Kaiserin, sondern auch die ganze melancholische Welt der sie umgebenden Dinge realisieren. Jedes Gespräch, das Elisabeth mit Christomanos führt, dient ihrer Zelebrierung, jeder Gang verläuft in Todesnähe. So unterbleibt jede Anspielung auf den Tod des Kronprinzen, jede Andeutung, die den Schmerz zum bloß mütterlichen begrenzen, aus einem Anlaß herleiten wollte. Keine Antwort könnte der Frage nach den Gründen Genüge tun. Schmerz soll den Akzidentien der Biographie vorausgehen und diese im ganzen bestimmen und umfangen. Elisabeth betritt die Bühne des Tagebuchs nicht nur als eine den Mächten der Trauer Unterworfene, sondern als Macht und Personifikation der Trauer selbst.

Doch ist auch hier die griechische Mythologie bei der Hand, um Schönheit und Trauer zu vereinigen. Christomanos vernimmt aus Elisabeths Mund die Weisheiten der antiken Todesgöttin Persephone, jener Göttin, die von Hades, dem Totengott, in die Unterwelt entführt wurde und nur der trauernden Mutter Demeter zuliebe jeweils ein halbes Jahr, das sommerliche, fruchtbare, in der Welt des Lebens zubringen durfte.

Christomanos erfährt denn auch die ersten Begegnungen mit der Kaiserin als Hadesfahrt des Poeten hinab zur Königin der Toten. Die neubarocke Herrlichkeit der Hofburg erstrahlt im irisierenden Glanz unterirdischer Paradiese:

Und der Ausdruck ihres Antlitzes machte mich auch an Persephone denken, die ebenso ein halbes Jahr in der Unterwelt zubringt. Die dunkelroten schimmernden Wände, die zahllosen Flammen, die über Goldflächen rieselten und aus der Tiefe der Spiegel wieder hervorquollen, die Kristallrauten der Lüster [...], all das ließ mir den Gedanken an eine solche unterirdische Welt fast zur realen Wahrnehmung werden. Wie aus einer anderen Welt stand die schwarze Kaiserin vor mir da, Herrin über all diesen Glanz.[44]

In den *Tagebuchblättern* erscheint die Hofburg, das politische Zentrum der österreichischen Monarchie, als ein Ort der Entrückung bzw. als eine glanzvolle Unterwelt. Anstelle des Kaisers residiert hier die kaiserliche Totengöttin. Sie steht inmitten eines vollkommen phantasmagorischen Ortes, dessen flimmernde Spiegellichter und rieselnder Glanz den realen Ort der Macht und seine Umrisse zum Verschwinden bringen.

Doch irrt, wer annimmt, daß die Kaiserin Persephone die zweite Hälfte des Jahres tatsächlich bei den Lebenden verbringt. Die *Tagebuchblätter* weisen keinen Ort auf, der sich als »Oberwelt« zu erkennen gäbe. Selbst wenn sie der Tiefe der Hadeswelt entrinnt, gerät die reisende Kaiserin von einer Unterwelt in die nächste. Bewohnt sie in Wien die Grüfte prunkvoller Interieurs, so nähert sie sich, als sie in Begleitung Christomanos' nach Korfu reist, dem mythologischen Hades des alten Griechenland. Die *Tagebuchblätter* zumindest sparen nicht mit gelehrten Anspielungen, die Korfu als eine Unterweltlandschaft erscheinen lassen. Vielsagende Kulissen nehmen die Stelle der Natur ein:

Wir wendeten uns der aufsteigenden Sonne zu: hinter den akrokeraunischen Bergen, wo die Eumeniden hausen und der Eingang zur Unterwelt sich befindet, kam sie hervor.[45]

Die jenseitige Bedeutung des der Küste vorgelagerten Eilandes indessen geht nicht nur auf antike Mythologie, sondern auch auf die Kunstgeschichte des 19. Jahrhunderts zurück:

Aber mitten aus den Wassern des Schlummers erhob sich ein Bündel schwarzer Zypressen, die ein weißes Kirchlein umklammerten; [...] – Wie das Vorbild der Todesinsel Böcklins kommt mir dieses Eiland vor, sagte ich. Diese Zypressen stehen da wie dunkle Träume und die roten Blumen, die ihre Reflexe auf die spiegelnden Wasser werfen, sind der Persephone heilig.[46]

In Korfu formt sich das antike Jenseits nach dem Vorbild von Böcklins berühmtem Gemälde. In dessen Beschreibung fließen Motive der Wiener Hades-Kulisse ein. Das Rot der höfischen Tapeten hat sich in rote Blumen verwandelt, das Glitzern aus der Tiefe der Spiegel in die Reflexe auf spiegelndem Wasser. Auch Arkadien erweist sich als das künstliche Paradies des Todes, das sich das 19. Jahrhundert erträumt und dem Elisabeth, zumindest in den *Tagebuchblättern* nicht entrinnen kann.

Wir werden sehr oft hingehen, sagte mir die Kaiserin. Es ist unten ein Fährmann, der ganz wie der Charon aussieht. Ich lasse mich von ihm zum Eiland rudern, wie eine sehnsüchtige Seele. Wenn ich hinunterkomme, löst er gleich sein Boot, ohne ein Wort zu sprechen; und ich besteige es und schweige ebenfalls. Drüben auf der Insel empfängt mich immer der Einsiedler. Er bringt mir Honig und Mandeln, damit ich davon genieße und die Oberwelt vergesse.[47]

Mühelos spielt die trauernde Elisabeth die von Christomanos bzw. von Böcklin ersonnene Rolle. Wo sie erscheint, fügt sich alles bereitwillig dem mythologischen wie dem kunstgeschichtlichen Vorbild: Insel, die vergessenbringende Speise der Persephone und Charon, der Schiffer der Toten.

Die Geburt der Tragödie

Aber auch im Fortgang der *Tagebuchblätter* geben sich die Lebensräume der Kaiserin in immer neuen literarischen, kunstgeschichtlichen, mythologischen und philosophischen Anspielungen als Unterwelten zu erkennen, die die Trauernde mit einer prächtigen Jenseitigkeit umfangen. Zwar malt auch Christomanos die »grandes attitudes« einer trauernden Totengöttin, zwar huldigt auch er dem Klischee der Schmerzensgestalt, doch verankert er sie im Rahmen einer Philosophie des Tragischen, die nicht nur die Kaiserin selbst, sondern seinen Huldigungstext bis ins einzelne bestimmt. Wenn ihm Elisabeth »eine ganze innere Welt organisierter Traurigkeiten« enthüllt, so offenbaren die *Tagebuchblätter* nur allzubald, daß es der Verfasser selbst ist, der solche Traurigkeiten organisiert. Zwingend leitet er die Melancholie seiner Muse aus dem eigenen tragischen Weltverständnis ab. In der Gestalt Elisabeths wie in ihren Worten sollen sich jene Grundkräfte artikulieren, deren Erkenntnis er vor allem einer Schrift verdankt: Nietzsches *Geburt der Tragödie aus dem Geiste der Musik* (1871), die aus Schopenhauers *Die Welt als Wille und Vorstellung* eine Philosophie der tragischen Kunst ableitete und in dieser Wendung die Literatur des deutschsprachigen Fin de siècle bestimmte. Diese liefert den bis ins Detail präsenten Kryptotext der *Tagebuchblätter,* und sie erlaubt es auch, die Kaiserin als ein tragisches, d.h. aber auch ein ästhetisches Phänomen zu deuten.

In seinem Buch hatte Nietzsche das Widerspiel zweier »unmittelbarer Kunstzustände« der Natur in dramatischem Gestus vor Augen geführt, die Apollo und des Dionysos, die den Traum und den Rausch, das Bild und die Musik, die Individuation und die Entgrenzung in ein Verhältnis »fortwährenden Kampfes« setze.[48] Christomanos' *Tagebuchblätter* hingegen inszenieren nicht die Geburt der Tragödie, sondern die Geburt einer Kaiserin aus dem Geiste der Musik. Vor dem Hintergrund von Nietzsches früher Kunstphilosophie übernimmt Elisabeth dieselbe Rolle wie das Drama der Griechen. Als eine Grenzgängerin vermittelt sie in der »Duplizität des *Apollinischen* und des *Dionysischen*«[49], als ein »herrliches Götterbild«[50], das von Traum- und Rauschkunst zugleich geschaffen wurde, erneuert sie den verlorenen tragischen Mythos der Griechen. Musik bildet denn das allgegenwärtige dionysische Grundelement eines Textes, der in der Kaiserin die Verbildlichung musikalischer Exaltationen und Steigerungen begreift. Immer wieder kommt Christomanos auf die Musikalität der kaiserlichen Linien und Konturen zu sprechen, als müßte sich die Schönheit Elisabeths dem »dionysischen Urgrund« stets aufs neue »entringen«, als korrespondiere ihr apollinischer Umriß mit den »Tonfällen« einer bild- und konturlosen Tiefe: »ihre Linien fließen dann in einer Folge von unhörbaren Tonfällen, die den Rhythmus ihrer sichtbaren Exi-

Arnold Böcklin, Toteninsel,
Öl/Metall, 1884

stenz bedeuten.«[51] – »Könnte man nicht sagen, daß die Linien des menschlichen Körpers ebenso singen?« fragt der Tagebuchschreiber[52], der bei Nietzsche gelesen hat, daß der Begriff der Linie nicht nur einer bildnerischen, sondern – als Melodie – auch einer musikalischen Ordnung angehört. Insbesondere »Wellenlinien« bringen den tragischen Doppelcharakter der Kaiserin und ihrer Umgebung zum Vorschein. Sei es, daß ihre Haare in Wellenlinien fallen, sei es, daß ihr Fuß »in Wellen von Licht«[53] schreitet, sei es, daß die »silbernen Haarwellen der Olivenbäume«[54] auf sich aufmerksam machen – stets verflüssigt und kräuselt sich die Linie. Als solche spricht sie weniger von Apollo als von Dionysos, der sich bei Nietzsche, wie auch Schopenhauers »Wille«, im Fließenden, Flüssigen, im Meer und seiner Wassertiefe darstellt.

Wenn sich nun Elisabeth gemeinsam mit ihrem Vorleser auf die griechische Insel Korfu begibt, dann um sie im Sinne Nietzsches zu kartographieren. Als ein von Meer umgebener Schauplatz ist sie wie kein anderer geeignet, das Widerspiel des Apollinischen und Dionysischen in scheinbarer Ursprünglichkeit vorzuführen. Nicht nur, daß die Insel selbst als ein »gleichnisartiges Traumbild« auf dem Meer erscheint, sie wird auch einer apollinisch-dionysischen Teilung unterzogen. Die vordere Inselseite wird den durch apollinische »Gaukelspiele« betäubten Phäaken zugewiesen, die hintere dem dionysischen Satyrgott Pan.[55] Die Flötentöne, die hier erklingen, folgen getreu den

Regieanweisungen der *Geburt der Tragödie*. Christomanos, der selbsternannte Dramaturg des Dionysos und Organisator kosmischer Traurigkeiten, bedarf der »orgiastischen Flötenweisen«[56] der Panflöte, um die apollinischen Traumgespinste mit der »erschütternden Gewalt des Tones«[57] zu zerreißen: »nur die Seufzer der Hirtenflöte drangen überall hin, in Qualen über sich hinausgehend, und es war, als ob die Schleier der Träume und des Vergessens davon zerrissen würden.« – »diese Flötenlaute sind das tiefe Leben selbst«, erklärt die kaiserliche Philosophin, »deswegen hört man jetzt aus diesen wenigen Lauten das ganze Weh und alle Seligkeiten der alten und neuen Menschheit zusammen.«[58]

Das eigentliche Reich Elisabeths ist jedoch nicht die Insel mit ihren mythologischen Kulissen, auch nicht mehr das von den Habsburgern regierte Österreich, sondern der Ozean. Die Monarchin wird zur »Königin des Meeres«[59] ernannt und damit einem Element vorangestellt, das in politischen Begriffen durchaus nicht mehr zu fassen ist. Christomanos wird nicht müde, auf ihre Herkunft aus den tiefen Wassern des Dionysos hinzuweisen. Nur als Gast in der fragilen Welt der Erscheinungen verweilend, suche die Kaiserin, deren Bewegungen und Gesten »schwellen wie Wellen am Strande«[60], die Qualen der Individuation zu überwinden. Ihre wahre Heimat sei die »Unendlichkeit des Ozeans«[61], das unverschleierte Meer, »das selbst den Traum eines Segels entbehrt«[62], das keine Traumbilder mehr gebiert und nur mehr musikalisch zu fassen ist. »Wir dürfen hier nicht sprechen, wir müssen lauschen«, gebietet Elisabeth am Meeresufer:

Und so lauschten wir gleichsam einer Symphonie, die uns umwebt und den süßen Akkorden, die im Innern mitklingen. Das Meer glüht auf dem Brennpunkt seiner Leidenschaft wie weiß geschmolzenes Metall, ringsum aber, soweit das Auge nur reichen kann, breitet sich aus und vertieft sich jenes unermeßliche blaue Wehe, das die Lust in sich birgt.[63]

So phantasiert Christomanos den Tod Elisabeths – der bei Erscheinen der *Tagebuchblätter* durch die Feile bereits herbeigeführt ist – als eine Rückkehr in den Ozean, »in die blaue Wehe«. Möwen mahnen sie daran, »daß sie ertrinken soll«[64]. Entgegen den historischen Tatsachen wird ihr von Christomanos eine passendere, dionysische Todesart verheißen, auf die hin sich der ganze Text ausrichtet. Der

Verfasser der *Tagebuchblätter* berichtet, daß sich die Kaiserin schon in ihrer am Starnberger See verbrachten Kindheit mit dem Gedanken des Wassertodes vertraut gemacht habe, daß sie zudem durch das Schicksal Ludwig II. in ihren Vorahnungen bestärkt worden sei. »Das Meer will mich immer haben; es weiß, daß ich zu ihm gehöre«[65], will sie ihrem Chronisten gestanden haben.

Dieses vorausdeutende Leitmotiv des Ertrinkens, das die Heimkehr Elisabeths ins musikalische Urelement vorbereiten soll, führt zuletzt auch das große Finale der *Tagebuchblätter* herauf. Es steht wie auch Nietzsches Tragödienschrift ganz im Zeichen Richard Wagners, der die Musik für Erlösung und Heimkehr geschrieben hat. Hier wie dort tritt der Komponist der Musikdramen »Der Ring des Nibelungen« und »Tristan und Isolde« als »Erlöser«[66] von den Zwängen des *principium individuationis* auf, dessen Kompositionen die dionysische Identität von Wasser und Musik suggerieren. Die todessüchtige Elisabeth, die zunächst das Wort Schopenhauers und Nietzsches führte, spricht zuletzt als Wagnerianerin: »Wir sollen zurückkehren«, sagt Elisabeth zu Christomanos, »dorthin, von wo wir gekommen sind, in den Urton des Rheines, aus dem das Rheingoldlied geboren wurde.«[67] Nach den lockenden Sirenenrufen des Starnberger Sees vernimmt sie nun den nicht minder verlockenden ersten Ton des »Rheingold«: den Orgelpunkt der Tonika Es, mit dem Wagners Ring-Tetralogie aus der Tiefe des Kulissenrheines anhebt, um am Ende wieder in ihn zurückzukehren. Sie hört ihn mit den Ohren Schopenhauers, der im »tiefen Grundton« eine zum Anorganischen tendierende Grenze wahrnahm, »aus der sich Alles erhebt und entwickelt«.[68]

Das Wasser jedoch, das zum enthusiastischen Tod einlädt, ist nicht nur der Rhein des Nibelungenzyklus, sondern auch das Meer des »Tristan«. Nicht umsonst nämlich hat Christomanos die meersüchtige Elisabeth immer wieder mit der Isolde des ersten Aktes verglichen, die auf dem »öd' und leeren Meer« dahinfährt, um am Ende den Liebestod zu erleiden. Ihr an der Küste Cornwalls gesungener Schwanengesang, den Nietzsche an zentraler Stelle zitiert, weist den »Liebestod« als einen metaphorischen Wassertod aus:

»In des Wonnemeeres / wogendem Schwall, / in der Duft-Wellen / tönendem Schall, / in des Weltatems / wehendem All - / ertrinken - versinken / unbewußt – höchste Lust.«[69]

So liegt es nur allzu nahe, die Kaiserin auf gleiche Weise sterben zu

Anselm Feuerbach, Iphigenie (2. Fassung),
Öl/Leinwand, 1891

lassen. Christomanos, der Organisator der Traurigkeiten, vollendet seine philosophische *mis-en-scène*, indem er Isolde und Elisabeth dieselbe Todesart erleiden läßt. Unter seiner Regie wird das Meer endgültig Musik. Schall und Schwall verschmelzen, der tragische Vollzug kommt in einer Beschwörung Wagnerscher Klänge zum Abschluß. Das Leid der Kaiserin, das – zumindest in den *Tagebuchblättern* – der Sehnsucht nach dem Urgrund der Erscheinungen entsprang, findet in der Philosophie Friedrich Nietzsches und in der Musik Richard Wagners seine Erklärung und seine Erlösung.

Demgegenüber verblaßt die mit allen Zeichen der Zufälligkeit versehene Mordepisode am Genfer See. Das durch unzählige Querverweise verdichtete Tagebuch verschließt sich der biographischen Empirie zugunsten einer eigenen, mit paranoischer Gründlichkeit betriebenen, tragischen Sinnstiftung. Dieser kamen die »Tatsachen« immerhin soweit entgegen, daß die Kaiserin auf einer Uferpromenade niedergestochen wurde, auf einem ausfahrenden Schiff zusammenbrach und schließlich in einem Hotel mit dem Namen *Beaurivage* starb: fast ein Ertrinken.

Die *Tagebuchblätter,* die sich als Huldigung an eine Prophetin tragischer Weltanschauung verstehen, nehmen bei alledem eine bedeutsame Vertauschung vor. Denn wenn auch kein Zweifel darüber bestehen kann, daß Christomanos der Leser Schopenhauers und Nietzsches ist, daß alle mitgeteilte Weisheit aus seinen philosophischen Studien und Leidenschaften herrührt, so scheint er doch alles nur aus dem Mund der Kaiserin zu erfahren, die, wie er wissen will, niemals Nietzsche gelesen hat und aus einem tiefen, durch Bücher nicht korrumpierten Wissen schöpft. Sie ist es, die ihn über die flüchtige Beschaffenheit der Erscheinungen, über die ephemere Schönheit der sichtbaren Welt, d.h. über all das unterrichtet, was er längst aus Büchern weiß. In der hermetischen Sphäre der *Tagebuchblätter,* abgeschnitten von der politischen Tageswelt, erscheint Elisabeth als die weibliche Allegorie von Christomanos' philosophischer Bildung. Sie verkörpert ihm ein unbewußt erworbenes Wissen, das nun vom Odium der Gelehrsamkeit befreit, aus den Händen der Natur und eines scheinbar naturbelassenen Geschlechtes empfangen wird. Christomanos, der als »Eckermann« der Kaiserin die Rolle dieses Empfangenden spielt, hat sie zumindest in den *Tagebuchblättern* ganz zu seinem Geschöpf gemacht.

Verschwinden

Vanitas

Als der französische Dichter Jean Cocteau das Altersgesicht der Kaiserin Eugénie beweint, gönnt er ihren an die Zeit verlorenen Reizen keine Träne, keine Klage bewegt seinen Text. Vielmehr trägt er jenem irreversiblen Verfahren Rechnung, welches das Gesicht im Alter aufs neue entwirft und seine im Laufe des Lebens verrückten Proportionen noch einmal und anders zusammenfügt. In nichts erinnert ihn das Antlitz der Greisin an die plastische Vollkommenheit der regierenden Kaiserin, und das dem Gedächtnis Entfallene wird nicht vermißt. Nach dem Fall ihres Regimes ist nicht nur ihre Schönheit geschwunden, in den Umbrüchen des Alters und der politischen Systeme scheint auch ihr Geschlecht verlorengegangen zu sein. Cocteaus Eugénie tritt in die androgyne Welt der Masken ein.

Das Blau und der schwarze Augenschatten, der es unterstrich, erinnerte an die tätowierten Augen junger Matrosen, die aus ihrer Haft entlassen werden, wenn sie alt sind [...] unzerstörbare Zeichen einer grimmigen Schönheit.[1]

Nicht umsonst fällt das schwarzgeränderte Matrosenauge Cocteau und anderen Betrachtern ins Auge. Die ehemalige französische Kaiserin, die den Rand ihrer »verblaßten Lider«[2] mit schwarzem Stift nachzieht, nimmt es mit jenem bösen Geist auf, den die österreichische Kollegin wie keinen anderen fürchtet: dem Betrachter. Sie verscheucht ihn nicht. Sie begegnet seinem Blick und nimmt ihn ins Visier ihres geschminkten Auges. Auch der Greisin darf man ins Gesicht sehen. Wie die Huldigungen Jean Cocteaus, Lucien Daudets und Charles Faucons zeigen, ist auch ihr Altersbild noch ein poetisches Sujet.

Das bedeutet jedoch nicht, daß Eugénie ihre Verwandlung zum Matrosen gelassen hingenommen hätte. Zu kränkend ist die Vorgeschichte. Den Verlust der jugendlichen Schönheit muß sie doppelt schmerzlich fühlen, da er mit einem zweiten Fiasko einhergeht. 1871, nach dem preußischen Sieg über Napoleon III., muß sie ihre politischen Funktionen zurückgeben. Fortan ist ihr eine nur mehr posthume Existenz erlaubt, und sie gesellt sich den untoten Königinnen zu, die sie in den Tuilerien heimsuchten: »Ich bin 1870 gestorben«[3], lautet die Todesnachricht zu Lebzeiten.

Von dunklen Vorahnungen verfolgt, beschäftigt sie sich aber schon zwei Jahre vor ihrer Abdankung mit der Vergänglichkeit der menschlichen Schönheit. In Ägypten, wo sie 1869 der Eröffnung des Suezkanals beiwohnt, läßt sie sich von den pharaonischen Mumien zu melancholischen Betrachtungen anregen. Die lebenslang kultivierte Angst vor der Hinfälligkeit des Leiblichen wie des Politischen weckt ihr Interesse an den chemischen Künsten der Konservierung. In einem nächtlichen Gespräch gesteht sie einer Hofdame Angst vor Verfall und Verwesung und Neid auf die kunstvoll einbalsamierten Leichen der Ägypter:

Ich habe immer geglaubt, daß die Ägypter eine große Überlegenheit dadurch hätten, daß sie ihren Toten den Anschein des Lebens erhalten – sie ist so entsetzlich – diese Auflösung im Grabe [...] sich sagen zu müssen, daß sich ein schöner und starker Jüngling innerhalb weniger Stunden in einen Gegenstand des Entsetzens verwandelt [...] entsetzlich besonders für jene, die ihn am meisten geliebt haben! Niemals habe ich die Vorstellung der totalen Zerstörung ertragen können. Sie widert mich an.[4]

Dennoch wird sie der »totalen Zerstörung« ungetröstet entgegengehen, kein Balsam erspart ihr das Altersgesicht. Das Publikum sieht sie dick werden, sieht die Jahre voranschreiten. Denn auch als abgedankte, als gealterte Kaiserin kommt Eugénie einer nunmehr imaginären Repräsentationspflicht nach. Die physische Präsenz in der Öffentlichkeit, der »große Auftritt« auch in fortgeschrittenen Jahren, ist ihr wertvoller als ein Kultus ihres Jugendbildes. Zudem kann sie auch im Alter mit Betrachtern rechnen, die in ihren Falten nicht die Grausamkeiten, sondern die Gnaden des Alters erblicken.[5]

Das Altern der österreichischen Kaiserin hingegen soll von der Öffentlichkeit nicht wahrgenommen werden, es unterliegt dem Tabu. Die Zeitgenossen ihrer späteren Jahre und die Nachwelt der Ermordeten bewahren nur die makellosen Bilder einer immerjungen Elisabeth auf. Die erodierenden Wirkungen des Alters werden unterschlagen, durch ein Bilderverbot wird die Zeit aufgehoben und der Anschein zeitenthobener Schönheit aufrechterhalten. Niemand wird die Kaiserin als Matrone zu Gesicht bekommen.

Doch sind hier nicht nur die Manipulationen der Hagiographen zu verzeichnen, sondern auch jene Konservierungsmaßnahmen aufzuführen, die Elisabeth selbst zur Bewahrung ihrer Schönheit vornimmt. Denn es ist ihr sowohl um die Erhaltung des schönen Bildes zu tun als auch um die Erhaltung und Präparierung dessen, was es abbildet – des schönen Körpers mit seiner makellosen weißen Oberfläche und seiner verschwindenden Silhouette. In einer doppelten Anstrengung sucht sie das Alter zu überlisten und seine Spuren zu tilgen. Zum einen wirkt sie ihm mit Muskelwasser und eiskaltem »Gladiatorenbad«[6] entgegen, die den Körper durch Unterkühlung für die Ewigkeit erhalten sollen. Gleichzeitig sucht sie die pasteurisierenden Wirkungen der Hitze auf. Sie nimmt Dampfbäder, steigt in kochendes Olivenöl und riskiert, wie Gräfin Wallersee berichtet, bei der Pflege der Haut den »furchtbaren Tod so mancher christlicher Märtyrer«.[7] Ihre Lenden schlägt sie nachts in feuchte Essigtücher, eine Kosmetik à la Golgatha, und wenn sie sich auch den oberflächlichen Effekten der Schminke verweigert, so bedient sie sich andererseits kosmetischer Masken, um ihre Einbalsamierung zu Lebzeiten zu betreiben. Sie entwickelt ein umfassendes Verfahren kosmetischer Transsubstantiation, das die Haut präparieren, imprägnieren, sublimieren und in eine gegen Alter und Verfall gefeite Kunsthülle verwandeln soll. Die Todesarten christlicher Märtyrer inspirieren sie zu einer eigenen rituellen Kosmetik, mit deren Hilfe sie ihrer Schönheit eben jenes ewige Leben zu verschaffen hofft, das sich die christlichen Heiligen auf der Folter durch den Tod verdienten.

Andererseits aber trägt sie Sorge, daß die im Publikum zirkulierenden Bildnisse die fortgeschrittenen Jahre nicht verraten. Nur die Photographien und Lithographien der »großen Zeit« der Kaiserin werden verbreitet, andere werden gar nicht erst angefertigt. Systematisch schneidet die Kaiserin jeden Zugang zu ihrem Altersbild ab. Sich weder öffentlich zu zeigen noch photographieren zu lassen[8], sich weder in den kaiserlichen Repräsentationstableaus noch allein zur Schau zu stellen – so könnte das langjährige Verweigerungsprogramm der Kaiserin zusammengefaßt werden. Mit ihrem Abgang von der Kaiserbühne entzieht sie sich den Photographen, den Malern und Zeichnern.

Was dem Publikum bleibt, ist neben den Portraits der Jugend eine einzige Photographie. Diese, etwa 1870 entstanden, wird stets dann herangezogen, wenn das Sujet »Kaiserin Elisabeth in späteren Jahren« würdiger Verbildlichung bedarf. Den posthumen Gedenkbroschüren ist sie meist vorangestellt. Retouchiert und schließlich weit über zwanzig Jahre alt, ein in keiner Weise glaubwürdiges Dokument der letzten Lebensjahrzehnte, ist die Photographie doch in jeder Weise geeignet, die Neugier des Publikums auf das wirkliche, das gealterte Gesicht Elisabeths zu unterbinden. Nicht mehr die jugendliche Schönheit der Herrscherin stellt sie in den Vordergrund, sondern den klösterlichen Nimbus einer erhabenen Persönlichkeit. Zeitlos streng präsentieren sich die Gesichtszüge. Schön, aber nicht mehr lieblich, berücken sie weniger, als daß sie christlich ermahnen. Ein schweres, mit großen Steinen besetztes Kreuz, ein schwarzes, den Hals eng umschließendes Kleid verweisen den lüsternen Betrachter in seine Schranken und erzählen allein von der römisch-katholischen Fürstin des Reiches. Dieses eine Mal genügt Elisabeth der sonst vernachlässigten Rolle der Landesmutter. Ein wirksameres Bild hätte sie auf ihrem Weg ins Alter und in die Fremde nicht zurücklassen können. Der Abwesenden ein perfektes

Gedenkpostkarte 1898

Verschwinden

Alibi, dementiert die späte Photographie, daß die Abgebildete ständig auf Reisen und auf ihre Pflichten nicht ansprechbar ist.

Aus den festlichen Reihen traditioneller und moderner Zeremonialtableaus indessen verschwindet Elisabeth. Sei es, daß sie die traditionelle Fußwaschungszeremonie am Gründonnerstag versäumt, sei es, daß sie Jubiläumsfeiern absagt oder auch beim Stelldichein der Monarchen anläßlich der Eröffnung des Suezkanals fehlt. Daß man sie bei der Eröffnung der Weltausstellung 1873 in Wien bzw. bei ihrer Silbernen Hochzeit 1879 zu Gesicht bekommt, ist gefeierte Ausnahme. Allenfalls in Ungarn genügt sie ihrer öffentlichen Rolle. Bei ihrer Krönung zur ungarischen Königin 1867 zeigt sie sich einmal im ganzen Ornat der strahlenden Herrscherin, vorschriftsmäßig bewegt sie sich durch die traditionellen Zeremonienbilder, ein einziges Mal erklärt sie sich zu den sakramentalen symbolischen Handlungen bereit, die dem anachronistischen Theater der Könige eine fadenscheinige Glaubwürdigkeit verleihen. Doch wieder geht das Zentrum der habsburgischen Monarchie leer aus. Nur die Peripherie glänzt auf, während die Wiener in ihrem Prachtbedürfnis und in ihrem Anspruch auf Elisabeth enttäuscht werden.[9]

Die folgenden Jahrzehnte prüfen die Geduld der Öffentlichkeit noch härter. Nicht nur notorische Abwesenheiten, auch beleidigende Anwesenheiten löschen das aktuelle Bild der Landesfürstin aus dem Bewußtsein des österreichischen Untertanen. Entweder fehlt sie ganz und gar, und nur eine Lücke verweist darauf, daß das Reich eine Kaiserin besitzt, oder aber sie verhüllt sich so sehr, daß Presse und Volk nicht mehr als eine verheißungsvolle Silhouette zu sehen bekommen. So etwa gibt sich die Kaiserin 1883, anläßlich des 25jährigen Regierungsjubiläums Kaiser Franz Josephs

so unnahbar wie nur möglich. Schon bei der Ankunft am Bahnhof in Wien trug sie einen Hut »mit undurchdringlichem silbergrauen Gaze-Schleier«, wie in den Zeitungen nachzulesen ist. Bei der feierlichen Rundfahrt der Majestäten durch Wien während der abendlichen »Illumination« fuhr der Kaiser mit dem Kronprinzen in einem offenen Wagen, die Kaiserin dahinter in einem geschlossenen Wagen, so daß man sie nicht erkennen konnte.[10]

Der Schleier

Undurchsichtige Schleier, lederne Fächer und Sonnenschirme schützen sie, wann immer sie auftritt, ein Arsenal eleganter Verteidigungswaffen, die sich, wie folgender Beschreibung Constantin Christomanos' zu entnehmen ist, wie auf einem Wappen anordnen:

Ich blickte da wieder zu jenem Schirm und jenem Fächer auf – dem berühmten schwarzen Fächer und dem allbekannten weißen Schirm – treuen Begleitern ihrer äußeren Existenz, die fast zu Bestandteilen ihrer körperlichen Erscheinung geworden. In ihrer Hand sind sie nicht das, was sie den anderen Frauen bedeuten, sondern nur Embleme, Waffen und Schilde im Dienste ihres wahren Wesens.[11]

Anders als Kronen und Reichsäpfel, die der metallischen Hervorhebung der gesalbten Person dienen und dem sterblichen Leib des Herrschers eine symbolische Unsterblichkeit verleihen, sind die Attribute Elisabeths gleichzeitig ihre Fluchthelfer. Kenntlich wird die Kaiserin just an jenen Requisiten, die sie unkenntlich machen sollen. Der Ruhm ihrer Schönheit geht auf die Zeichen der Verweigerung über. Während die traditionellen Insignien die Anwesenheit des Herrschers in rechtskräftiger Stellvertreterschaft auch in seiner Abwesenheit – *in effigie* – garantieren, wirken Schleier, Schirm und Fächer in die entgegengesetzte Richtung. Die Abwesenheit der Kaiserin signalisieren sie auch während ihrer Anwesenheit. Noch vor dem Schaubett der Ermordeten, vor dem geschlossenen Sarg und neben den obligaten Funeralkronen ist auch der schwarze Spitzenfächer Elisabeths zu sehen.[12] Ein letztes Mal konkurrieren monarchische Insignien und monarchische Repräsentation mit den Insignien der Mystifikation und des Entzugs. Der Schirm indessen geht in einer sentimentalen *Translatio* an die Kaiserin Eugénie, die damit jedoch, da sie sich ins Gesicht blicken läßt, wenig anzufangen weiß.[13]

Wer diese Requisiten des Verschwindens nur als Mittel einer radikalen Schönheitspolitik beschreibt, greift allerdings zu kurz. Zwar hängt die Verwahrung des Gesichtes mit seinem Altern eng zusammen, zwar mag Elisabeth jene höfische Regel befolgt haben, die Baltasar Gracián in seinem Verhaltenscodex von 1653 dem Höfling unterbreitete – »Eine Schöne zerbreche schlau beizeiten ihren Spiegel, um es nicht später aus Ungeduld zu tun, wenn er sie aus ihrer Täuschung gerissen hat«[14] –, doch eröffnen die Utensilien des Verschwindens noch andere Bezüge.

Dabei wird dem Schleier der Kaiserin besondere Bedeutung zugemessen. Anders als der den galanten Codes der guten Gesellschaft verpflichtete Fächer ist er stets mehr als ein verführerisches Accessoire. Er partizipiert wesentlich an jener Enthüllungs- und Verhüllungsmythologie, in deren Bildern nicht nur die Erkenntnis der Frau, sondern auch die des Schönen und des Wahren symbolisiert wird.[15] Die verschleierte Elisabeth bewegt sich als ein Rätselbild durch die europäische Kulisse, das sowohl nach Entzifferung als auch, im wörtlichen Sinne, nach Enthüllung verlangt. Die Voyeure sind ihr auf den Fersen, sei es, daß sie, wie Christomanos, hinter dem Schleier das »wahre Wesen« der Kaiserin ergründen wollen, sei es, daß sie mit der ganzen Aggres-

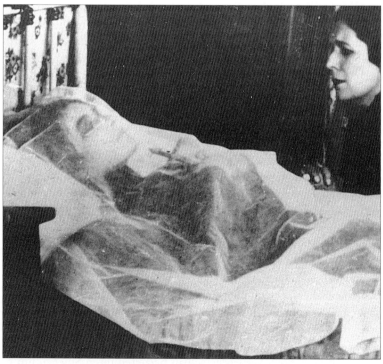

Die aufgebahrte Kaiserin im Hotel Beaurivage in Genf.
Stand-Photographie aus einem Film

sion sexualisierter Schaulust einen profanen Moment der Entkleidung ersehnen. Angesichts der verschleierten Kaiserin begehren die Ergründer des Rätsels Weib nichts als den Anblick der nackten Wahrheit.[16]

So will es den Philosophen unter den Voyeuren Elisabeths scheinen, als ob sich hinter dem Schleier nicht nur eine schöne Frau, sondern eine »geheime und esoterische Wahrheit« verbirgt, ein »magischer Raum«[17] eröffnet. Dabei folgen sie jener Linie, die Jean Starobinski in »Das Leben der Augen« nachgezeichnet hat:

Als Hindernis und zwischengeschoben erzeugt der Schleier der Poppäa[18] eine entzogene Vollkommenheit, die gerade durch ihre Flucht fordert, von unserem Begehren eingeholt zu werden. So erscheint, dank des vom Hindernis aufgerichteten Verbotes, eine gewaltige Tiefe, der es gelingt, als wesentlich eingeschätzt zu werden. Dem Zauber entströmt eine reale Anwesenheit, die uns verpflichtet, ihr das vorzuziehen, was sie verstellt, das Ferne, das zu erreichen sie uns hindert, eben wenn sie es uns darbietet.[19]

Insbesondere Constantin Christomanos vermutet das »wahre Wesen« der Kaiserin hinter den Paravents der Schirme, Schleier und Fächer. Die Requisiten des Verschwindens gelten ihm als apollinische Traumbilder dionysischen Seins:

Ja, Majestät, wir halten die begleitenden Erscheinungen und die äußeren Bedingungen der Existenz für das sublime Leben selbst, während es nur Trabanten und Knechte um die verschlossene Sänfte einer Fürstin sind: etwas roh Kämpfendes und geräuschvoll Aufdringliches um das Leben herum [...][20]

Dem Jünger Schopenhauers erscheint die gesamte sichtbare Welt im Bild des Schleiers – des »Schleiers der Maja«, des trügerischen Gewebes der »Erscheinungswelt«[21], das sich über die »bild- und begrifflose« Wahrheit des Lebens breitet. Den ihm eingewebten Gestalten will er kein eigenes Leben zugestehen. Nur als »Trabanten und Knechte« scheinen sie ihm das verborgene Zentrum zu umkreisen, das Christomanos beziehungsvoll der »verschlossenen Sänfte einer Fürstin« vergleicht. Daß sich hinter ihren Vorhängen Elisabeth befindet, die Verkörperung des »sublimen Lebens« selbst, ist damit mehr als nahegelegt. So bettet er seine Metaphern in jene Herrschaftsverhältnisse ein, in denen auch philosophische Erwägungen von hierarchischen Gesichtspunkten geleitet werden. Der Unterschied zwischen »wahrem« und trügerischem Leben erscheint nicht allein als ein philosophischer, sondern vorab als ein Klassenunterschied. Nur als unterworfene Trabanten begleiten die ephemeren Geschöpfe des Scheins ihre blaublütige Regentin.

Jacques de La Faye, dessen Biographie sechzehn Jahre nach dem Tod Elisabeths erschienen ist, will von keinen Enthüllungen mehr wissen. Die Silhouette Elisabeths projiziert er als eine Rätselfigur in die ferne Zukunft. Das heilige Mysterium des Schleiers ist gerettet, wenn die Frau, die sich hinter ihm verbarg, gestorben ist, wenn die voyeuristische Sehnsucht nach der Nacktheit der Wahrheit zum Schweigen gebracht und nur noch das Zeichen ihrer Abwesenheit geblieben ist.

Wenn die Jahre erst vergangen sind und diese anziehende Gestalt mit der Patina der Vergangenheit umkleidet haben, wird sie in der Geschichte gleich jenen Heldinnen längst vergangener Zeiten emporragen, die wie von Schleiern umhüllt scheinen und deren [...] Anwesenheit sich nur in dem von ihnen gebrachten Glück offenbarte.[22]

Schleier und Fächer sind somit keine Galanteriewaren, sondern Vorboten jener mystischen Undeutlichkeit, durch die sich eine künftige Erinnerung auszeichnen wird. Der Moment der Entschleierung ist damit weder für die Gegenwart noch für die Zukunft zu erwarten, zu keiner Zeit wird die enthüllte Kaiserin sichtbar werden. Nicht der Anblick des begehrten Bildes soll den Betrachter entlohnen, sondern ein Glück, dessen Spenderin längst entschwunden ist.

Blickphobie und Fernrohr

Diesen ebenso noblen wie sublimierten Ausprägungen der Schaulust steht jedoch ein weit aggressiverer Voyeurismus gegenüber. Wer der Kaiserin wie dem verschleierten Bild von Sais begegnet, wird leicht jenen Umstand vergessen, dem Schleier, Schirm und Fächer ihren Einsatz verdanken: die Unerträglichkeit und Zudringlichkeit fremder Blicke. Die »Blickphobie«[23] Elisabeths übertrifft bei weitem die Sorge um Schönheit und Alter. Keine Angst bestimmt sie so sehr wie die Angst vor dem Gesehenwerden. Und doch steigert sich die Neugier des betrachtenden Publikums gerade dann, wenn es um seine Beute gebracht werden soll.

In Amsterdam hielt man sie übrigens für etwas exzentrisch, weil sie dort, wie überall, mit einem Fächer vor dem Gesichte auf der Straße zu gehen pflegte. Es ereignete sich hier, daß ihr ein Gassenjunge den Fächer wegriß, indem er rief: »Laß mich dein Gesicht sehen.«[24]

Wird man hier das Kind entschuldigen, das mit seiner Forderung aus Andersens Märchen »Des Kaisers neue Kleider« entsprungen scheint, so lassen sich die Wünsche der betrachtenden Männlichkeit kaum verharmlosen. Sie lassen sich weniger leicht abwehren als die Zudringlichkeit der Gassenjungen.

Wer aber nimmt sie hier, und wie, ins Visier? Diese Frage beschäftigt besonders die Biographen der Kaiserin, die dem Verschwiegenen und Geheimen nachspüren und das hinter dem Schleier Verborgene aufdecken wollen. Dieses zu erspähen, werden eigens Beobachter in den Text eingeschleust. Unter ihnen rangiert der Kaiser an erster Stelle. Denn naturgemäß ist es der erlauchte Bräutigam, der den ersten – den deflorierenden – Blick auf die Kaiserin werfen darf. Er ist in eine strategisch günstige Position zu befördern, in eine Kutsche oder hinter ein Gebüsch, die ihm ungesehen einen ersten optischen Eindruck seiner Braut verschaffen. Doch nicht mit unbewaffnetem Auge überläßt man den Freier seinem Abenteuer, man stattet ihn mit einem Fernrohr aus. Auf der Brautfahrt müssen die gleichen Vorbereitungen getroffen werden, die auch der zünftige Voyeur zu treffen gewohnt ist, das gleiche Jagdgeschirr des Sehens hervorgeholt werden, das auch dieser stets bei sich trägt. Der direkten Begegnung des Brautpaars wird eine indirekte vorangestellt, der Begegnung von Angesicht zu Angesicht geht eine voyeuristische, dem Wechselblick ein einseitiger voraus:

Während der Reisewagen [Kaiser Franz Josephs] auf der staubigen Landstraße dahinrollte, stieß sein Adjutant plötzlich einen Ruf der Bewunderung aus. »Sehen Sie dort, Majestät!« brach er aus. Franz Joseph zog sein Fernglas hervor; er erblickte im Fluge ein wunderbar schönes Kind.«[25]

Das flüchtige Bild der Braut und fliegenden Elfenkindes kommt dem Bräutigam ins Visier wie die Wildtaube in das Fadenkreuz des Jägers. Doch auch Christomanos, »ein junger, elegant gekleideter Mann«, führt »sein Fernglas eifrig vor Augen, um es auf die Holde zu richten«.[26] Darüber hinaus spielt das Fernrohr seine Rolle nicht nur als

Verschwinden 147

fiktives Requisit der Brautwerbungsepisode, es schärft auch »den abscheulichen Blick der Menge«, der eigentlichen Gegnerin der Kaiserin. Die visuelle Aggression entfesselt einen endlosen Stellungskrieg zwischen den »Gaffern«[27] und ihrem Objekt.

In seinem Buch *La femme* befehdet und beschreibt der französische Historiker und Zeitgenosse Elisabeths, Jules Michelet, die männliche Schaulust, die nicht nur sehen, sondern einen verweigerten und verbotenen Blick, wenn nötig, mit Gewalt erjagen möchte. Mit bewegenden Worten malt er solche Momente aus, in denen sich »die arme gedemütigte Frau« den allgemeinen Blicken schutzlos ausgeliefert sieht, und wortwörtlich scheinen seine wollüstigen Schilderungen auf jene Zuschauer zuzutreffen, die die Kaiserin während ihres Aufenthalts in der Normandie im Jahr 1869 beim Baden beobachten:

Es ist eine grausame Zurschaustellung vor einer kritischen Menschenmenge, [...] vor den leichtfertigen, albern lachenden und erbarmungslosen Männern, die mit dem Fernrohr in der Hand den kläglichen Verlauf der Toilette einer armen, gedemütigten Frau beobachten.[28]

Der Historiker ruft sich die unglücklichen Fluchtbewegungen, die Zuckungen der den Blicken ausgesetzten Badenden ins Gedächtnis. Er sehnt sich, die den Fluten Entstiegene mit einem Badetuch zu umfangen und zu bergen, er will sie vor den Blicken lüsterner Greise schützen, doch ist auch er von Schaulust nicht frei. Genüßlich malt er jene Krankheiten, jene »Aneurismen und Apoplexien«, aus, die dem zur Schau gestellten Weib drohen.

Elisabeth jedoch, die der »kritischen Menschenmenge« am Strand von Sassetot ausgesetzt ist, bedarf keines schützenden Begleiters. Sie schirmt sich selbst. Aus Segeltuchbahnen läßt sie einen blickdichten Gang zwischen der Badekabine und dem Meer errichten, so daß sie den Weg zwischen dem Wasser und den abgelegten Kleidern nicht ungeschützt zurücklegen muß. Aber gerade dadurch erhöht sich die Spannung: Das nur kurz aufleuchtende Badebild muß den Bilderjäger am Strand um so stärker reizen. Er wird sich an der Flüchtigkeit des Anblicks, an der Koinzidenz von Erscheinen und Verschwinden berauschen:

Die Kaiserin nahm ihr Bad. Ich hatte das Glück, sie das Wasser verlassen zu sehen; geschmeidig und schäkernd einen Moment lang mit nackten Füßen über die Kiesel schreiten zu sehen – in die Arme der

Frau des Bademeisters – und in dem aus Segeltuch gefertigten Verbindungsgang zu verschwinden, den man zwischen dem Wasser und der Kabine aufgezogen hatte, die sie erreichte, ohne von indiskreten Blicken verfolgt zu werden. Wenige Momente später stieg sie mit ihrer Tochter und ihren Hofdamen in den Wagen und kehrte nach Sassetot zurück.[29]

Leicht wechselt der französische Betrachter von der indiskreten zur diskreten Perspektive über. Nachdem er die Kaiserin dem Wasser hat entsteigen sehen – »einen Moment lang« – läßt er sie getrost hinter den Leinwänden verschwinden. Den englischen Touristen indessen, die sich in Korfu vor dem Achilleion aufstellen, wird nur die kaiserliche Unsichtbarkeit zuteil. »Die Engländer sind ganz verzweifelt, sagte die Kaiserin, weil sie sich stundenlang auf dem gegenüberliegenden Hügel postieren und doch nichts sehen können.«[30]

Doch ist der echte Voyeur auf den Augenschein, auf einen Moment der Sichtbarkeit zwischen zwei Unsichtbarkeiten nicht angewiesen. Was man ihm vorenthält, das malt er sich aus. Leicht dringt seine vorauseilende Einbildungskraft zum Ungesehenen, zum Ungeschehenen vor. Ernest Tissot etwa unterhält den Leser seines *Livre des Reines* von 1896 mit einer schmierigen Spekulation, die alle Sehnsüchte des Voyeurs in einer prägnanten Szene zusammenfaßt. Er geht von der offenbar verbreiteten Annahme aus, daß die Kaiserin ohne Nachthemd schlafe – »schmucklos schön in der einfachen Tracht der Schönheit, die man aus dem Schlaf reißen wird.«[31] Doch begnügt sich der Autor nicht damit, dem inneren Auge die unverhüllte »schlafende Schönheit« zu vergegenwärtigen, er will sie gewaltsam geweckt sehen. Weit mehr als ein fortdauernder Schlaf reizt ihn die Scham der plötzlich Geweckten, die sich in »schmucklos schöner« Nacktheit den Blicken Fremder ausgesetzt sieht. Allerdings müssen auch in der Phantasie raffinierte Vorkehrungen getroffen werden, um einen Blick zu werfen, der von einer Vergewaltigung kaum mehr zu unterscheiden ist. Nichts geringeres als ein Wunder der Technik kommt dem Voyeur zuhilfe: Tissot läßt die nackte Kaiserin nicht im Schutz der Hofburg schlafen, sondern in einem rasenden Nachtzug, der das Freiwild der Blicke transportiert und unbeschirmt von kaiserlichen Garden ins Ungewisse fährt. Nun müssen nur noch die Maschinen versagen. Nichts anderes als ein Eisenbahnunfall soll sie gewaltsam wecken, dem Betrachter den ersehnten Anblick gewähren und die Entkleidete »im Lichte der Flammen« zeigen. Das Bild der nackten Kaiserin wird somit erst dann zu sehen sein, wenn die Geschwindigkeit, die das Verschwinden der reisenden Kaiserin befördert, in einen plötzlichen und katastrophalen Stillstand umschlägt. Erst wenn der Zug aus den Schienen geworfen wird, wird man sie »in der einfachen Tracht der Schönheit« bewundern können.

Tissots Spekulation setzt auf eine vorerst futurische Schaulust. Indem er das traditionelle Wunschbild des Voyeurs, die nackte Frau, mit dem modernen Katastrophenbild der entgleisten Eisenbahn verbindet, weist er dem modernen Bilderjäger den Weg. Der Genuß des vertrauten Frauenbildes wird ihm nur noch durch einen Unfall gewährt, auf den zu hoffen und den herbeizuführen, er nicht müde wird. Was er erhascht, ist denn auch kein gestelltes Bild mehr, wie die Aktdarstellungen der Vergangenheit. Es ist eine Sensationsphotographie und damit ein spontan entstandenes Dokument der Überwältigung.[32]

Dennoch fragt sich, ob die Lust an der Katastrophe die Lust an der nackten Frau nicht längst schon überboten hat. Ihre Verletzungen werden in Zukunft mehr interessieren als ihre unverhüllte Schönheit.[33]

Mythen des Verschwindens

Augengläser, Fernrohre, voyeuristisches Zubehör einerseits, Couloirs, Fächer, Schirme, Schleier und Mauern andererseits – die Waffenarsenale der beiden Kontrahenten vervollständigen sich. Das Schlachtfeld der Blicke zeichnet sich allmählich ab, die Kriegsberichte lassen nicht auf sich warten, und auch in diesem Zusammenhang werden literarische bzw. mythologische Rollenbilder bemüht, um die kaiserliche Blickphobie bzw. die große voyeuristische Szene mythologisch oder literarisch zu verbrämen.

Elisabeth selbst erwählt einen Abenteuerroman zum Vorbild, um sich und ihre Betrachter in spektakulären Bildern zu überhöhen und aus ihrer quälenden Alltäglichkeit herauszuheben. Nach Berichten ihrer Nichte Marie Gräfin Larisch-Wallersee liefert ihr ein Roman des englischen Karl May, Henry Rider Haggard, mit dem rätselhaften Titel »SHE« ein suggestives mythologisches Bildmaterial. Ihr besonderes identifikatorisches Interesse gilt dabei der Titelheldin, deren archetypische Kontur bereits durch ihre Namenlosigkeit angedeutet wird. SHE ist nicht nur Meisterin des Verschwindens, sie muß auch den Tod nicht fürchten. Als eine mit den Kräften der Natur und des Lebens vertraute Zauberpriesterin aus dem alten Ägypten sichert sie sich eine okkulte Unsterblichkeit, indem sie ihre Jugend in der an verborgenem, unzugänglichen Ort aufsteigenden Lichtsäule des Lebens von Jahrtausend zu Jahrtausend erneuert. Zurückgezogen aus Zeit und Geschichte, im Innern eines Berges, steht sie einem auf primitivster Stufe vegetierenden Kannibalenstamm als grausame Priesterin und Königin vor. Ihr unterirdisches Reich, das die sinistren Gänge ausgehöhlter Berge umfaßt, fußt auf den Trümmern einer versunkenen, ganz dem Dienst der Toten geweihten Kultur. Mumien, Totenstädte, Folterungen und Totenbräuche bilden den Hintergrund ihrer dreitausendjährigen Herrschaft. Ihren Untergebenen zeigt sie sich nicht,

es sei denn in einen großen Mantel eingehüllt, so daß niemand ihr ins Gesicht sehen konnte. Die, die ihr zu Diensten standen, waren taub und stumm und konnten daher nichts erzählen, aber es wurde berichtet, daß sie so schön sei wie kein anderes Weib schön sei, oder je gewesen sei.[34]

Mit seiner spektakulären Kulisse, seiner unendlichen Zeitspanne und seiner gespenstischen Protagonistin läßt Haggards Roman die Selbstinszenierung der Kaiserin in einem neuen, gespenstischen Licht erscheinen. Ihren Verweigerungen und ihrem Verschwinden eröffnet

Elisabeth hinter vorgehaltenem Fächer bei einer Reitjagd im
ungarischen Gödöllö. Photographie, um 1875

er ein atemberaubendes, archaisches Szenario, ihren ausgefallenen Gewohnheiten hält er den Spiegel eines künstlichen Mythos vor, der es ihr erlaubt, aus dem Straflager ihres Jahrhunderts auszubrechen und in voller Freiheit in einer anderen Epoche umherzustreifen, mit der sie besser übereingestimmt hätte, wie es eine letzte Illusion ihr vorgaukelt.[35] Der Rückzug aus den Pflichten der Repräsentation führt hier ins dunkle Herz eines afrikanischen Felsens, die Fächer und Schirme der Kaiserin verwandeln sich in die Gazebinden einer lebenden Mumie.

Doch beschreibt der Autor nicht nur ein geheimnisvolles Regime, er ermöglicht auch dessen Betrachtung. So schickt er zwei aufgeklärte englische Wissenschaftler auf die Reise, die, von alten Schriften nach Afrika gewiesen, das Reich der SHE aufsuchen und ihre Schönheit und Unsterblichkeit erforschen wollen. Auf ihrem Weg treffen die beiden Professoren, die sich bald als gelehrte Voyeure erweisen, auf viele Hindernisse. Gewaltige und scheinbar unüberwindliche Kulissen schützen das unsichtbare Weib vor den Blicken: das entlegene afrikanische Sumpfgelände, das es zu durchqueren gilt, das Vulkanmassiv dort, »wo die reiche braunfarbige Klippe von Abgrund zu Abgrund aufschoß, bis sich ihre Krone in den Wolken verlor«[36]. Wer sich SHE nähern möchte, scheitert an schroffen Felswänden, verdirbt in den tellurischen Sümpfen eines matriarchalischen Landes. Allein die Kenntnis geheimer Pfade bringt die Eindringlinge dem Ziel ihrer Blicke, der verborgenen Königin, näher. Noch bevor sie gefunden ist, zeigt sie sich dem Wissenschaftler Holly in einer Traumvision, die ihn durch ein raffiniertes Widerspiel von Verbergen und Enthüllen fesselt:

Dann schwankte im Hintergrund der Traumszene immerzu eine verhüllte Gestalt, die – so schien es – von Zeit zu Zeit die Hüllen von ihrem Körper riß, um jetzt einerseits den vollkommenen Umriß einer lieblich blühenden Frau zu offenbaren, andererseits aber wieder die weißen Knochen eines grinsenden Skeletts, das, während es sich entschleierte und verschleierte, den rätselhaften und scheinbar sinnlosen Satz äußerte: Das Lebendige hat den Tod gekannt, und das Tote kann niemals sterben, denn im Kreis des Geistes ist das Leben nichts und der Tod nichts.[37]

Im träumerischen Vorgriff deutet sich dieselbe »proleptische« Bewegung an, der sich auch die Betrachter der ermordeten Elisabeth überlassen werden: In artistischen Wechselsprüngen treten entweder Gestalt oder Skelett ins Auge, um von ebenso bewundernden wie sezierenden Blicken wahrgenommen zu werden.

Der betrachtende Forscher unterscheidet sich kaum mehr von Ernest Tissot, der die Leser des *Livre des Reines* mit pikanten Experimenten der Schaulust unterhält. Seinen Arbeitshypothesen sind enge Grenzen gezogen. Sein wissenschaftliches Interesse erweist sich als ein vordringlich voyeuristisches. Die Unbekannte vermag er sich allein in einer Entkleidungsszene vorzustellen. Nur ihrer Nacktheit gilt seine akademische Neugier. Darüber hinaus will ihm zu einer dreitausendjährigen Königin nichts einfallen. Als Holly das Allerheiligste, das Gemach der Königin, betritt, entspinnt sich denn auch das geträumte Spiel von Verbergen und Enthüllen:

[...] und eine große Gestalt stand vor uns [...], nicht nur der Körper, sondern auch das Gesicht war mit einem weichen und hauchdünnen Stoff eingehüllt und zwar auf eine Weise, daß sie mich [...] heftig an eine Leiche in ihrem Grabgewand erinnerte. Doch [sah ich], daß die Hüllen so dünn waren, daß ich deutlich den Schein des rosigen Fleisches darunter bemerken konnte. [...] Ich konnte jedoch klar erkennen, daß die eingewickelte, mumienähnliche Form die einer großen und schönen Frau war, – in jedem ihrer Teile durchdrungen von Schönheit und von einer gewissen schlangenhaften Anmut, der ich bis heute nichts zu vergleichen wüßte. Wenn sie eine Hand oder einen Fuß bewegte, schien ihr ganzer Körper in Wellenbewegungen überzugehen.[38]

Bevor sich eine Enthüllung vollendet, die statt des geträumten Skeletts vorerst »rosiges Fleisch« zum Vorschein bringt, gibt die geheimnisvolle SHE bereitwillig über ihre Lebensweise Auskunft. Dabei zeigt sich, daß sie in Aussehen und Gewohnheiten der österreichischen Kaiserin in bemerkenswerter Weise ähnlich ist. Die Wahlverwandtschaft zwischen Elisabeth und Haggards Romangestalt liegt offen zutage. Erstens besitzen sie das gleiche Haar: die rabenschwarzen Locken der SHE, die auf schneeige Gewänder herabfallen, rufen das berühmte, von Franz Xaver Winterhalter gemalte Portrait der Kaiserin mit offenem Haar in Erinnerung, auf dem sie das gleiche Negligé trägt wie ihre archaische Kollegin. Zweitens erinnern auch die frugalen Mahlzeiten der Unsterblichen an die asketischen Speisepläne Elisabeths. Nichts als Früchte, ein bißchen Wasser und etwas Mehlgebäck dienen SHE zur Nahrung.[39]

Verschwinden 153

Im selben Moment aber, in dem SHE über sich selbst spricht, warnt sie den begehrlichen Betrachter vor den versehrenden Wirkungen ihres Gesichtes. Sie erinnert ihn an jenen antiken Mythos der Voyeure, den die Zeitgenossen auch für Elisabeth bereithalten – an die Geschichte von Artemis und Aktaeon. Dreitausend Jahre Bildung zeitigen ihre Früchte:

Es scheint [sagt SHE], daß du die alten Mythen der griechischen Götter kennst. Gab es nicht einen Aktaeon, der elend zugrunde ging, weil er zuviel Schönheit gesehen hatte? Wenn ich dir mein Gesicht zeige, würdest du vielleicht ebenso elend zugrunde gehen, vielleicht würdest du dein Leben in ohnmächtigem Begehren vertun, denn wisse: Nicht für dich bin ich.[40]

SHE enthüllt sich. Illustration von Maurice Greiffenhagen und Charles H.M. Kerr zu Henry Rider Haggards Roman, 1892

Zwar wird Holly nicht wie Aktaeon in einen Hirsch verwandelt, auch wird er nicht von Hunden zerrissen, doch trägt ihm sein zudringlicher Blick auf SHE langjährige Depressionen und Delirien ein.

Hier wie dort wird mit dem zudringlichen Blick der Männer fest gerechnet. Die Dramaturgie des Verbergens und Enthüllens bestimmt die Struktur des Haggardschen Romans wie des ihm nachgebildeten Lebens. Wie in Österreich konkurrieren auch im fernen Afrika die Listen der weiblichen Verweigerung mit denen der Voyeure, wobei die Gegner hier nicht auf der Bühne des kleinräumigen Europas, sondern vor ungeheuren Kulissen aufeinandertreffen. Haggard siedelt den Stellungskrieg der Geschlechter auf monumentalem Gelände an.

Gleichzeitig setzt SHE die Reihe der Dämoninnen fort, die das Bild der österreichischen Kaiserin vielfach überblenden, über seine menschlichen und zeitlichen Begrenzungen hinausführen und auf einen unvordenklichen Ursprung zurückführen. Als Totengöttin, Königin und Femme fatale stellt sie sich Leonardos Mona Lisa an die Seite und bringt nun endlich auch jene Fatalität der Femme fatale ins Spiel, die bisher im Bild der Landesmutter, der Trauernden und der Toten ausgeschlossen war. Was Hagiographen und Dichter nicht zu sagen wagen – daß womöglich auch die Kaiserin die »fatalen Strategien« der Verführung beherrsche, sprechen die Gedichte Elisabeths selber aus. Nach dem Vorbild der SHE inszeniert sich die kaiserliche Dichterin als männermordende Zauberin, die an einem hochgelegenen, menschenleeren Ort über ihre Opfer triumphiert. Hier endlich erscheint sie im ganzen Ornat der Femme fatale, die, ein Inbild erbarmungsloser und unerreichbarer Schönheit, den männlichen Betrachter für immer verknechtet. Wie SHE und Mona Lisa entwirft sie sich nach Maßgabe der masochistischen Männerphantasien des 19. Jahrhunderts als das verführerische Gespenst eines verdrängten und abgetöteten Eros, das, da es selbst ganz von Tod durchdrungen ist, auch seinen Opfern nur eine tödliche Lust versprechen kann.[41]

Doch wählt die belesene Verfasserin nicht die afrikanische Wüste, um im Leeren einer Totenlandschaft eine ganz und gar imaginäre Macht zu entfalten, sie sucht sich ein anderes endzeitliches Terrain, um die Reize einer Toten spielen zu lassen.

Aus meiner hohen Eisregion / Ruf' ich zu dir hernieder: / Dein Minnen ist umsonst, mein Sohn / Erstarrtes grünt nie wieder ...

[...] Viel hundert Jahre bin ich alt, / Jung bist noch du, / Mein Herz ist kalt, so eisig kalt, / Kehr' heim in Ruh.
Besitzest du den kecken Mut, / Mich jemals zu erreichen? / Doch tödtet meine kalte Glut, / Ich tanze gern auf Leichen.[42]

Bilder und Konstellationen dieses Gedichtes rekapitulieren zunächst die archaischen Herrschaftsverhältnisse des Haggardschen Romans. Wie SHE will Elisabeth Orgien auf den Leichen der kaltherzig Gemordeten feiern, wie diese genießt sie den unermeßlichen Abstand, der sie von ihren Verehrern trennt. In ihrem Vers »Dein Minnen ist umsonst, mein Sohn!« wiederholt sich SHEs »denn wisse: Nicht für dich bin ich!« Doch geht sie im Motiv des erstarrten Herzens weit über Haggards Vorgabe hinaus. Während SHE sich heftig in einen blonden englischen Jüngling verliebt und diesem zuliebe sogar ihre Unsterblichkeit aufgibt, während sie trotz ihres Alters noch hitzige Liebe kennt, will die österreichische Kaiserin auf kein Tauwetter hoffen. Ihre Unsterblichkeit findet sie im ewigen Eis. Schließlich hat sie bei Lord Byron gelesen, daß in den Herzen der Herrschenden des 19. Jahrhunderts die Eiswüsten wachsen. Ob aber in der Wüste oder im Eis, die Unsterblichkeit der SHE wie die der Kaiserin steht ganz im Zeichen des Todes. Beide bewohnen eine andere Zeitzone als andere Sterbliche. So wie sich SHE in die Felsen zurückzieht, verschwindet die hinter dem Fächer verborgene Kaiserin für lange Jahre in der Niemandszone zwischen Leben und Tod.

Ja, sagte sie, der Todesgedanke reinigt wie ein Gärtner, der das Unkraut jätet, wenn er in seinem Garten ist. Aber dieser Gärtner will immer allein sein, und ärgert sich, wenn Neugierige in seinen Garten schauen. Deswegen halte ich den Schirm und den Fächer vor meinem Gesicht, damit er ungestört arbeiten kann...[43]

So weiß niemand, ob die im Umlauf befindlichen Portraits der Verborgenen noch gerecht werden. Fraglich bleibt bis zuletzt, ob die Kaiserin auch weiterhin ein Meisterwerk der Natur oder das gealterte Gesicht vor den Blicken schützt. Während der Gärtner im Verborgenen seine Arbeit tut, werden die Bilder von der schönen Kaiserin durch keine nachfolgenden relativiert. Noch in den achtziger und neunziger Jahren des 19. Jahrhunderts bekunden sie den alterslosen Liebreiz der hinter dem Fächer Verschwundenen. Sie sind nun nicht mehr

Dokumente eines bestimmbaren Lebensalters, sondern verklärende Beschwörungen einer zeitlos gültigen Imago, hinter der das alternde Gesicht auf Nimmerwiedersehen verschwunden ist. Schon zu Lebzeiten Elisabeths werden die Portraits allmählich von Totenstarre ergriffen und bereiten die posthume Karriere der kaiserlichen Schönheit vor. Nach ihrem Tode leuchten die Bildnisse, die die verschwiegene Zwischenzeit des Alters überdauerten, in den Farben des Fin de siècle auf. Aus der jugendlichen Schönheit geht die tausendjährige Sphinx, die schöne und tote Chimäre hervor. So zumindest sieht man es auf der Zeichnung, die Fernand Khnopff nach einer Portraitphotographie der Kaiserin Elisabeth anfertigte. Oberhalb des photographisch präzisierten Gesichts, in einem gemauerten Halbrund, erhebt sich eine geflügelte Sphinx: einerseits ägyptisierende Formel für die Unsterb-

Gustav Moreau, Les victimes.
Bleistiftzeichnung, um 1870

Verschwinden

lichkeit der Kaiserin, andererseits Zeugnis dafür, daß diese die Zeiten im Bild der Chimäre überdauert.

Verschwinden und Geschwindigkeit

Das Verschwinden der Kaiserin geht in eine archaisierende Erzählung ein, als verkörpere sich in Elisabeth nicht ein moderner Frauentypus, sondern die Chiffre zeitloser weiblicher Abgründigkeit. Die weitläufige afrikanische Kulisse Haggards, in der die Ausstattung späterer Hollywoodproduktionen vorweggenommen ist, lenkt von jenen konkreten historischen Konstellationen ab, die Elisabeths Verweigerung bedingen, ermöglichen und ihrem Verschwinden eine ganz andere und zeitgemäße Form geben.

Denn so deutlich sich hinter den Dächern der Hofburg Haggards afrikanisches Vulkanmassiv abzeichnen mag, so glücklich der Vergleich zwischen SHE und Elisabeth sich anläßt, er ist nicht bis zum Ende durchführbar. In jeweils verschiedener Weise wirken die Kaiserin und die Königin am Gewebe ihrer Mystifikationen. SHE zieht sich ins Innerste eines Berges zurück, um diesen, vor den Blicken und vor der Zeit geschützt, niemals mehr zu verlassen. »Lebt SHE immer hier« fragte Holly, »oder verläßt sie dann und wann den Berg?« – »Nein, nein, mein Sohn, wo sie ist, da ist sie.«[44] Diese Behauptung aus Haggards Roman würde gegenüber der österreichischen Kaiserin ein kategoriales Mißverständnis darstellen. Anders als SHE ist Elisabeth nicht dort, wo sie ist. Während die afrikanische Königin bei aller Unsichtbarkeit seßhaft ist und den Blicken der Beharrlichen durchaus willfahrend, ist Elisabeth in keinem Bergesinnern anzutreffen und hat auch sonst keinen festen Wohnsitz.

Demnach ist an dieser Stelle die *Mythologie* des Verschwindens, die mit Haggards Roman geliefert ist, von der *Inszenierung* des kaiserlichen Verschwindens im 19. Jahrhundert genauestens abzugrenzen. Es zeigt sich im Vergleich, daß die geheimnisvollen und unbeweglichen Bilder der SHE diejenige nicht zu bezeichnen vermögen, die das Bergesinnere längst mit Schiffen und Zügen vertauscht hat. Die Fluchthelfer der Kaiserin sind nicht die Höhle und ihr undurchdringliches Dunkel, sondern die Geschwindigkeiten der Maschinenfahrzeuge. Durch Reisen im rasenden Eilzug verbirgt sie sich vor den Augen der Menge, ein Reisen zudem, das sich modernster Vehikel bedient und das

Fernand Khnopff, Elisabeth von Österreich. Zeichnung, 1900

Tempo der traditionellen Fortbewegung bei weitem überbietet. Denn nicht allein Fächer, Schirme und Schleier, sondern vor allem Schnelligkeit und Beschleunigung bedrohen die Tableaus der kaiserlichen Repräsentation und entführen die Herrscherin. Statt das eigene lebende Bild auszustellen und das Publikum mit ihrem Anblick zu erfreuen, besteigt sie ein Fahrzeug und verschwindet. Nur ein Eisenbahnunfall könnte sie aufhalten und das entführte Bildnis zurückerstatten. Andererseits werden der Geschwindigkeit neben den kleptomanischen auch ikonoklastische Wirkungen zugeschrieben: Wer sein Menschenbild dem Tempo überantwortet, der wird es nicht immer unbeschadet zurückerhalten. Insbesondere muß jene strahlende Bildlichkeit leiden, welche die traditionelle Erscheinungsweise der Frau darstellt. Wo die Frau nicht mehr zur Stelle ist und auf Reisen geht, ersetzen Streckenkarten die Züge ihres Gesichtes, und die unberechenbare Folge der Reisestationen bestimmt das paradoxe Bild der Verschwindenden.

Der französische Theoretiker Paul Virilio hat im Rahmen seiner »dromologischen« Wissenschaft, die sich mit den ästhetischen, urbanen, physikalischen und metaphysischen Folgen moderner Geschwindigkeitstechnologie befaßt, den Sturz der alten Göttinnen und den Kurswechsel weiblicher Schönheit im Zeitalter moderner Fortbewegungstechnologie beschrieben. Seine Ausführungen gelten der unwiderruflichen Metamorphose der weiblichen Repräsentation: Das statische Bild der Frau, das in den Schreinen vergangener Epochen anzutreffen war, ist nun zu einem bedeutungslosen Ornament geworden, während sie selbst sich den transformierenden Wirkungen der Geschwindigkeitstechnik überläßt:

Zu Beginn des Jahrhunderts begibt sich auch die Frau zunehmend ihres Rechts auf Schönheit; sie gibt ihr berühmtes Korsett auf zu einer Zeit, als die Rüstung des Wettlaufs und der Rüstungswettlauf gesellschaftliche Dimensionen annehmen. Die Befreiung der Frau setzt etwas frei, die Verführung durch die Technik. Die Frau kann nun sportliche Rekorde aufstellen, in schnelle Maschinen steigen; auch für sie wird das Cockpit des Flugzeugs oder die Fahrkabine des Autos zum neuen Korsett [...], das artifiziell Weibliche wird nunmehr eingesetzt zur Aufwertung des Fahrzeugs, im Schönheitswettbewerb, als Werbemetapher und in der politischen oder militärischen Propaganda.[45]

Das Zentrum weiblicher Repräsentation ist damit verwaist, das Bild der Frau weicht der »wunderbaren Mechanik des Körpers der Frau als Bewegungsträger.«[46] Diese Mobilisierung erfaßt auch die alten Ikonen der Weiblichkeit, sei es nun der Madonna oder der Landesmutter, auch sie, die Heiligtümer traditioneller Frauenschaft, die Seßhaften, die Lieblichen, werden von der Beschleunigung der Bilder in Mitleidenschaft gezogen. In Zukunft haben sie den Vergleich mit jenem Typus zu ertragen, der nicht im Innern der Berge, sondern auf der Leinwand sein zeitgemäßes Wesen treibt – mit dem Filmstar, mit der ephemeren Diva, die mit einer Geschwindigkeit von 24 Bildern pro Sekunde über die Kinowände flackert. Ihre Sichtbarkeit verdankt sie in Zukunft allein dem Licht.

Per definitionem muß der Star leuchten [...] und die Mode der [...] spiegelnden Stoffe aus blinkenden Metallen sollen aus der Schauspielerin selbst ein Wesen machen, das keine feste Form besitzt und so durchscheinend ist, als würde das Licht den Körper durchdringen. Das Material des Films ist allerdings wirklich durchsichtig und der Star nur das Absorptionsspektrum, das dem Blick des Zuschauers dargeboten wird: ein Phantom, das man inter-viewt.[47]

Der Pakt von Licht und Tempo gefährdet das alte Theater weiblicher Repräsentation, indem er es einer grandiosen Dynamik unterwirft. Auftritt und Verschwinden verschmelzen ineinander. Das Frauenbild transformiert sich in die illuminierte Erscheinung einer flüchtigen Sekunde, es verläßt die alten Stätten der Anbetung, um als *rapide vision* ein allzu vergängliches Glück zu versprechen. Damit sind die alten Auftrittsregeln außer Kraft gesetzt und die alten Paravents und Wandschirme, hinter denen sich die Königinnen der Komödie versteckten, in den Fundus geräumt. Elisabeth nimmt es mit Licht und Tempo auf, auch wenn das Kino erst erfunden werden muß. Sowohl die filmischen Lichteffekte als auch die Geschwindigkeit des Lichtbildes sind in ihren Erscheinungskünsten vorweggenommen.

Die Auflösung des repräsentativen Kaisertableaus ist damit besiegelt. Sei es, daß sich Elisabeth mit ihrem Gegenzeremoniell hinter geschlossene Türen zurückzieht, sei es, daß sie ihre Schönheit hinter dem Fächer verbirgt, sei es, daß sie den offiziellen Anlässen mit dem Zug davonfährt – die monarchischen Zeigepflichten werden widerrufen.

Georges Seurat, Dame in Schwarz.
Kreidezeichnung, um 1892

Zwar entfaltet die Schau des Kaiserhauses zur gleichen Zeit eine ungeheure Pracht, doch sagt die Lücke im Zeremonienbild, der Schleier, wo ein Gesicht sein sollte, das Ende der habsburgischen Demonstrativa voraus. Elisabeths Abwesenheit destabilisiert jenes machtvolle Zeugnis monarchischer Kontinuität und Potenz, das der Öffentlichkeit geboten werden soll. Nur das Phantasieren überläßt die Kaiserin der Mitwelt und Nachwelt. Mit ihrem Verschwinden räumt sie denen das Feld, die die Schemen der Abwesenden mit den eigenen schalen Traumfarben bemalen. Die Flüchtige taucht in Zukunft in den Phantasien der patriotischen Schwärmer, der Dichter des Fin de siècle auf: einmal als Mater dolorosa, dann wieder als kaiserliche Garantin zeitgenössischer »Nervenkunst«. An ihrem imaginären Publikum bewahrheitet sich Baudelaires Satz, daß es das Weib sei, *das den größten Schatten oder das größte Licht in unsere Träume wirft. Die Frau wirkt unausweichlich auf unser Gemüt; sie lebt ein anderes Leben als ihr eigenes; sie lebt geistig in unserer Einbildungskraft, die sie bedrängt und befruchtet.*[48]

Gabriela Christen
Die Bildnisse der Kaiserin Elisabeth

Wenn sich Herrscherin oder Herrscher im vergangenen Jahrhundert im Bilde verewigen wollten, dann griffen sie allesamt auf eine einheitliche Bildformel zurück: das repräsentative Herrscherbildnis. Diese Formel trotzte allen gesellschaftlichen und sozialen Veränderungen und überlebte unangetastet bis in die zweite Hälfte des 19. Jahrhunderts. Der Prototyp für dieses Herrscherbildnis stammt aus den glanzvollsten Zeiten der französischen Monarchie. Der Hofmaler Hyacinthe Rigaud hatte 1701 ein Bildnis von Ludwig XIV. im Krönungsornat gemalt (S. 165). Es zeigt den Sonnenkönig als Mittelpunkt eines Tableaus, das demonstrativ die Zeichen absolutistischer Macht zur Schau stellt.[1] Prunkvolle Gewänder, wallende Samtvorhänge, einige architektonische Versatzstücke und natürlich die Insignien von Herrscherin oder Herrscher gehören zur Rhetorik dieses Bildes. Das Staatsportrait des 19. Jahrhunderts ist ohne dieses Gemälde nicht denkbar, denn es übernimmt dessen Sprache: Ausladende Draperien monumentalisieren Herrscher und Herrscherin. Kronen, Szepter und Orden schmücken eine statuarische Symbolfigur, die einzig an ihren individuellen Gesichtszügen kenntlich ist. Nur so reiht sie sich nahtlos in die Ahnengalerie einer monarchischen Dynastie ein, denn Individualität ist im *portrait d'apparat*[2] kaum gefragt. Das Herrscherbildnis ist ein Repertoirestück in der staatlichen Propaganda. Es benötigt einen affektlosen Hauptdarsteller, der die Attribute seines Standes möglichst vorteilhaft präsentiert. Hier geht es um eine Rolle, die von Mann und Frau gleich gespielt wird, wie am Staatsbildnis von Victoria von England aus dem Jahr 1843 zu sehen ist (S. 165). Herrscherin und Monarch scheinen durch kein Jahrhundert getrennt zu sein, und auch die unterschiedlichen Nationalitäten hinterlassen im Gemälde lediglich oberflächliche heraldische Spuren. Das Herrscherbildnis erstarrt im 19. Jahrhundert zu einer Bildformel jenseits jeder Zeitlichkeit und Veränderung. So erfüllt es seine ideologische Funktion: es steht für die Kontinuität der gottgestifteten Monarchie und das in einer Zeit der größten Umbrüche und Veränderungen, die die alten Ordnungen längst in Frage stellt. Die

Links: Hyacinthe Rigaud, Ludwig XIV. im Krönungsornat. Öl/Leinwand, 1701
Rechts: Franx Xaver Winterhalter, Victoria von England. Öl/Leinwand, 1843

monarchistische Propaganda aber behauptet ihre fragwürdige Legitimität in diesem erstarrten Bild: Das Symbol wird zum nostalgischen Ornament.

Daß sich die stereotypen Bildnisse so lange zu halten vermochten, hat aber auch profane Gründe. Zwischen 1838 und 1870 beschäftigten die europäischen Herrscherhäuser den gleichen Hofmaler. Franz Xaver Winterhalter, ein deutscher Maler, der sich in Paris niedergelassen hatte, konterfeite in dieser Zeit beinahe sämtliche Hoheiten Europas. Zu Recht behauptete der französische Kunstkritiker A. Stevens in seinem Salonbericht von 1863: »Winterhalters Spezialität ist es, alle Königinnen und Prinzessinnen dieser Welt zu malen; man könnte meinen, die erlauchten Häupter erhielten ihre Weihe erst durch seinen Pinsel.«[3] Die Winterhalterschen Bildnisse des französischen, englischen, russischen und österreichischen Hofes zeigen eine heute gespenstisch anmutende Galerie von gekrönten Häuptern. Die einzelnen Herrschaften gleichen sich so sehr, daß sie Statisten eines monarchischen Theaters zu sein scheinen. Diese Einheitlichkeit erweist sich aber auch als trügerisch. Bei näherem Hinschauen verwandelt sich das traditionelle Herrscherportrait in eine Fassade, die vor einer andersartigen Bilderwelt steht. Plötzlich entdeckt man die Sprünge und Risse im offiziellen Tableau. Vor allem in den Frauenportraits lassen sich Verschiebungen und Verzerrungen beobachten. Hinter dem königlichen Pomp und der dynastischen Propaganda tut sich eine Welt auf, die Königin Victoria von England in ihrem Tagebuch poetisch als »secret«[4] bezeichnet. Dieser geheimnisumwitterte Raum ist derjenige der Privatheit oder der »Intimität«, der im bürgerlichen 19. Jahrhundert in Absetzung von der aristokratischen Kultur entstanden ist. In den Portraits von Winterhalter spiegelt sich die Infiltration der aristokratischen Hochkultur durch bürgerliche Formen. Die »Heimlichkeit« der für die Öffentlichkeit nicht einsehbaren Räume der Herrscher beherbergt eine Sammlung »privater«, bürgerlich inspirierter Bilder.

Gleichzeitig mit dem offiziellen Staatsportrait (S. 165) malt Winterhalter 1843 ein weiteres Bildnis der englischen Herrscherin, »Königin Victoria mit gelöstem Haar« (S. 183). Der Kopf einer jungen, sinnlichen Frau ruht ungezwungen auf einem roten Kissen, über Schulter

Franz Xaver Winterhalter, Florinde. Öl/Leinwand, 1852

und Brust kringelt sich eine Locke. Unterschiedlicher könnten die beiden Bildnisse nicht sein: Der pathetischen Herrscherinnendarstellung steht das intime, genrehafte Medaillonbildnis gegenüber. Man könnte in diesem Bild ein persönliches Portrait der jungen Königin sehen, eine Art von Schnappschuß in Öl. Dem ist nun aber keineswegs so: Auch bei diesem Bildnis handelt es sich nicht um eine individuelle Darstellung von Victoria, denn auch für dieses Gemälde gibt es bildliche Traditionen. Sentimentale Salonromantik nährt diese Darstellung, und Formeln aus zweiter Hand – man denke an die Mädchenbildnisse eines Greuze oder an englische Vorbilder aus dem 18. Jahrhundert wie Thomas Gainsborough – werden hier klischeehaft variiert. So ist es nicht die »Innerlichkeit« der Königin, die zur Darstellung kommt, sondern trivialisierte bürgerliche Bildformeln, die schon ihres erotischen Gehaltes wegen geheimzuhalten wären: die intimen Bildnisse der Königin mit sinnlich halbgeöffnetem Mund und sehnsüchtig-verhangenem Blick könnten deutlicher nicht sein. Geheimnis und Sinnlichkeit gehen am viktorianischen Hof eine spannungsvolle Liaison ein, die ein Gemälde von Franz Xaver Winterhalter illustriert. »Florinde« (S. 166) zeigt eine anmutige Ansammlung von halbnackten jungen Frauen an einem Teich in einer schattigen Waldlichtung. Versteckt im Gebüsch beobachtet heimlich ein Mann diese Gruppe von entblößten Schönheiten. Orientalische Vergnügungen, ein Bad Dianens und romantisch inspiriertes Mittelalter verbinden sich zur akademisch geglätteten Genreszene; dem Bildbetrachter wird als Anleitung zur Lektüre des Gemäldes pikanterweise der königliche Voyeur in den Büschen mitgeliefert. Der Beobachter im Bild symbolisiert gleichzeitig den Blick, den Betrachterinnen und Betrachter von außen auf dieses Bild werfen. Das Gemälde inszeniert den ikonographisch nur leicht verhüllten voyeuristischen Blick des 19. Jahrhunderts auf nackte Weiblichkeit. Interessant ist in diesem Zusammenhang aber auch die Geschichte des Gemäldes: Winterhalter versuchte sich durch die Ausstellung von »Florinde« an der Royal Academy als respektabler Historienmaler von seinen »Portraitsünden« zu rehabilitieren. Königin Victoria jedoch, die das Bild im Atelier des Künstlers sah, wollte es als geheimes Gemälde in ihre Sammlung aufnehmen. Was also von Winterhalter als akademisches Bravourstück gemalt wurde, das sieht Victoria als »peinture secrète«. Das konventionelle Salongemälde ist ebenso »geheim« wie das Bildnis von Victoria. Beide Gemälde kennzeichnen die Übernahme bekannter Bildformen aus der Geschichte der Malerei und die erotisierte Darstellung von Weiblichkeit. Geheim sind sie lediglich dadurch, daß sie der Öffentlichkeit nicht gezeigt werden.

Dies wirft ein interessantes Licht auf die intimen Bildnisse der englischen Königin: Im privaten Bildnis scheint nicht mehr Individualität auf als im Staatsportrait, das intime Herrscherinnenbildnis ist konventionell und formelhaft. Der Eindruck von Intimität entsteht im Kontrast: Der pathetischen Herrscherinnendarstellung steht das bürgerlich inspirierte Medaillonportrait gegenüber. Diese Verbindung von Geheimnis und Konvention, Privatheit und Repräsentation sind zwei Seiten des königlichen Ausstattungswesens, denen zwei Formen bildlicher Darstellung entsprechen. Während das offizielle Bildnis durch die traditionelle Herrscherikonographie festgelegt ist, bestimmen die eklektische Wahl genrehafter Bildformen und ein Akt der Ernennung zum »Geheimnis« das intime Portrait. Die offiziellen Portraits der Königin hängen als königliche Propaganda an öffentlichen Orten, ihre privaten Räume aber schmückt sich Victoria mit bürgerlichen Bildnissen.

Diesem »erweiterten Zeremoniell« des Herrscherinnenbildnisses mit seiner Aufteilung zwischen öffentlichem und privatem Raum innerhalb der höfischen Sphäre gehorchen die Portraits der Kaiserin Elisabeth von Österreich nicht mehr. Der internationale Hofmaler Winterhalter wurde 1864 nach Wien berufen und schuf drei außergewöhnliche Gemälde: Die Bildnisse »Kaiserin Elisabeth mit verschlungenem Haar« (S. 174) und »Kaiserin Elisabeth mit gelöstem Haar« (S. 2) scheinen zwar dem intimen, das Bildnis im Ballkleid »Kaiserin Elisabeth von Österreich« (S. 171) dem repräsentativen Genre anzugehören, alle drei sprengen jedoch deren Rahmen.

Die intimen Portraits frappieren durch ihren unverkennbaren Ausdruck von Individualität und ihre eigenwillige Ikonographie. Ihre Verwendung im höfischen Milieu – beide hingen im Arbeitszimmer von Franz Joseph, dem privatesten Raum des Kaisers – macht sie zu eigentlich privaten Bildnissen:

Die intimen Bilder zeigen Elisabeth einmal mit entblößter rechter Schulter und lang herabfallender, wie ein Kleid um sie gelegter brauner Haarpracht. Das Bild ist in seiner Art sehr schön, das zweite aber, das Elisabeth in einem leichten, duftigen Morgengewand darstellt und die breiten Flechten ihres wundervollen Haares vor der Brust zu einem Knoten geschürzt herabfallen läßt, erregte das höchste Entzücken des Kaisers Franz Joseph. Dieses Gemälde wurde im Arbeitszimmer des Monarchen dem Schreibtisch gegenüber so aufgestellt, daß sein Blick darauf fiel, sowie er von den Papieren aufsah.[5]

Nicht der Ausschluß der Öffentlichkeit verleiht diesen Bildern Privatheit, sondern ihre private, individuelle Funktion. Diese Bildnisse der Kaiserin Elisabeth vergegenwärtigen dem arbeitssüchtigen Monarchen die Schönheit seiner ewig abwesenden, reiselustigen Gattin.

Im offiziellen Portrait, einem Gegenstück zum Bildnis des Kaisers Franz Joseph (S. 170), fehlen Ornat und Insignien. Ein Vergleich mit dem männlichen Pendant macht die Besonderheit des Elisabeth-Bildes deutlich: Der Kaiser trägt die Uniform eines Marschalls der österreichischen Armee. Verschiedene Orden zieren seine Brust. Auf einem Sessel links vom Kaiser liegt sein zusammengefalteter Umhang und der Helm. Repräsentives Säulendekor bildet auf beiden Seiten den Bildrand und unterstreicht die statische Haltung des Herrschers. Auch die Kaiserin bewegt sich im üblichen Dekor des repräsentativen Portraits, monumentale Säulen und eine vage Parklandschaft bilden jedoch den Rahmen für einen märchenhaften Auftritt. Halb abgewendet und über die Schulter zurückblickend, dreht Elisabeth ihr Gesicht dem Betrachter zu. Nur kurz scheint sie in ihrem Gang über die Terrasse einzuhalten, den Eindruck von Flüchtigkeit unterstreicht der Schleier um ihre Hüften und ein dunkler Schatten, der auf die impressionistisch gestalteten Satin- und Tüllfluten der Pariser Kreation fällt, die sie trägt. Im kunstvoll geflochtenen Haar stecken ihre berühmten Diamantensterne; eine Perlenkette und ein großer Fächer bilden die einzigen weiteren Accessoires, sieht man vom üppigen Oleanderstrauch ab, der aus ihrem Kleid hervorzuspießen scheint. Nur für einen kurzen Moment taucht die Ballkaiserin als romantische Vision im hellen Licht auf. Dieses Bildnis der österreichischen Kaiserin ist so wenig Staatsportrait, daß Egon Conte Corti in einem Aufsatz über Winterhalter die Existenz eines zweiten repräsentativen Portraits postuliert:

Von den beiden Bildern im großen Hof- und Ballstaat ist das herrlichste das mit den funkelnden Edelsteinsternen im Haar. Das andere, etwas kälter und förmlicher, schmückt neben einem gleichen Bild des Kaisers den großen Audienzsaal der Hofburg.[6]

Nun ist von einem weiteren Portrait der Kaiserin nichts bekannt; weder durch das Verzeichnis der Winterhalterschen Werke bei Franz Wild[7] noch durch Kopien oder Stiche hat man Kenntnis von einem zweiten Staatsportrait. Ein weiteres Rätsel dieses ungewöhnlichen Bildnisses ist dessen Datierung auf das Jahr 1865. Man weiß, daß Winterhalter im Laufe des Sommers 1864 nach Wien gekommen war, abgereist ist er jedoch noch vor Jahresende. Auf einer signierten Zeich-

Franz Xaver Winterhalter, Kaiser Franz Joseph I. Öl/Leinwand, 1864

nung vom 19. Oktober 1864, die ein persönliches Memento des Malers darstellt, hält dieser zudem fest: »Dies ist ungefähr die Stellung in welcher ich das letzte Portrait I. M. der Kaiserin Elisabeth gemalt habe.«[8] Das Staatsbildnis muß also trotz der späteren Datierung schon 1864 entstanden sein.

Das seltsame Gerücht von einem weiteren Bildnis der Kaiserin und die rätselhafte Datierung des offiziellen Bildnisses lassen sich nur durch die besonderen Umstände der Berufung Winterhalters und die von Kaiserin Elisabeth intendierte Funktion der Bildnisse erklären. Elisabeth beauftragte ihn nicht mit einem repräsentativen Herrscherinnenbildnis, das sie in die Ahnengalerie der habsburgischen Dynastie einfügen wollte. Nicht als Hofmaler, sondern als Maler weiblicher Schönheit war der Künstler nach Wien bestellt:

Franz Xaver Winterhalter, Kaiserin Elisabeth. Öl/Leinwand, 1864

Hier reizte es ihn vor allem, die klassischen Züge und die unvergleichliche Anmut der jungen Kaiserin Elisabeth von Österreich zu malen, deren körperliche Eigenschaften sie im vollsten Sinn des Wortes und nicht nur in byzantinischer Schmeichelei zur vollkommensten Schönheit ihrer Zeit erhoben.[9]

In den sechziger Jahren des 19. Jahrhunderts war die Stellung Elisabeths als schönste Herrscherin Europas jedoch noch nicht gesichert, hatte sie doch eine mächtige Konkurrentin in Eugénie, der Gemahlin Napoléons III. Als Tochter eines spanischen Adeligen und einer schottischen Weinhändlerstochter verdankte Eugénie den Aufstieg zur Impératrice ihren weiblichen Reizen. Im Frankreich des Second Empire hat die Schönheit eine öffentliche und repräsentative Funktion, in der die Aristokratie des Körpers diejenige des Blutes ersetzt. Das wissen die Gebrüder Goncourt, wenn sie im Hinblick auf Eugénie ironisch kommentieren:

Die Frau ist eigentlich reizend. Sie hat Augen, die nur Lächeln sind, und Grazie [...]. Weder Königin noch Prinzessin – eine Kurortkaiserin, eine Kaiserin nicht von Frankreich, sondern von Baden-Baden. Wenn man so will: Marie-Antoinette vom Ball Mabille.[10]

Wenn Eugénie die dynastische Legitimität auch fehlte – ist sie doch gemäß den Gebrüdern Goncourt nur eine Maskenballkaiserin –, so entschädigte ihre Schönheit doch allemal für den fehlenden Stammbaum. Franz Xaver Winterhalter nun war der Leibmaler Eugénies, seine hauptsächliche Aufgabe bestand in der künstlerischen Abbildung ihrer Reize. 1853 hatte das Second Empire mit erstaunlicher Nonchalance den Hofmaler seiner gestürzten Vorgänger übernommen und ihm den Auftrag zur Anfertigung von Staatsbildnissen erteilt. Winterhalter entledigte sich der Aufgabe mit der Virtuosität und Versiertheit seiner über zwanzigjährigen Erfahrung im Konterfeien der Mächtigen: Napoléon III. und Eugénie prangen in vollem Ornat vor dem üblichen repräsentativen Dekor. Gleichzeitig malte er als Gegenstück zum offiziellen Bildnis ein intimes Portrait der schönen Eugénie (S. 177). In einem lockeren, négligé-artigen Abendkleid sitzt die Kaiserin vor einer malerisch nur angedeuteten Samtdraperie und lehnt sich an ein grünblau schillerndes Kissen, das farblich zu dem Violett der Robe einen ähnlich gewagten Kontrast bildet wie das rötliche Haar zum purpurnen Hintergrund. Die ungewöhnlichen Farbeffekte dienen dem Maler zur raffinierten Inszenierung der perfekten Brust- und Schulterpartie, die so in einem beinahe übernatürlichen Weiß erstrahlt. Eugénies Schönheit gipfelte nach Aussagen von Zeitgenossen darin, daß sie es sich erlauben konnte, in einer Abendtoilette ohne Schmuck zu erscheinen, da ihre Schultern und Brust schon einen unbeschreiblichen Anblick boten. Anders als das intime Bildnis der englischen Königin Victoria, dem dieses Gemälde sehr nahe kommt, blieb das Schönheitsbildnis von Eugénie nicht geheim, sondern wurde an der »Exposition Universelle« 1855 und ein Jahr später im »Wiener Kunstverein« in einer Ausstellung gezeigt, die nicht zuletzt bei der österreichischen Kaiserfamilie ein großer Erfolg war. Das private Herrscherinnenbildnis wird vor der Öffentlichkeit nicht mehr geheimgehalten. Vielmehr erhält es neben dem repräsentativen Bildnis eine neue Funktion als individuelle Schönheitsdarstellung.

In den Winterhalterschen Bildnissen nimmt die Kaiserin von Österreich mit ihrer französischen Konkurrentin den Kampf um den ersten Rang als Schönheitskönigin auf. Conte Corti bringt den Fürstinnenwettstreit in direkten Zusammenhang mit den Winterhalterschen Bildern:

Nach Paris zurückgekehrt, um Kaiserin Eugénie neuerlich zu malen, erzählt der Künstler ihr von der wunderbaren Schönheit, aber auch von den interessanten Gesprächen, die er während der Sitzungen mit Elisabeth geführt hat. Die Kaiserin hat schon lange den Wunsch, ihre »Kollegin« von Wien kennenzulernen, schon weil sie sich überzeugen will, ob sie wirklich so schön ist, wie man sagt, und ob sie sich darin von der österreichischen Kaiserin geschlagen bekennen muß.[11]

Eugénie soll über den Botschafter Sondierungen für ein mögliches Zusammenkommen in Bad Kissingen vorgenommen haben, getroffen haben sich die beiden Frauen jedoch erst 1867 in Salzburg anläßlich des Sühnebesuches des französischen Kaiserpaares wegen der Mexiko-Affäre, deren unmittelbares Opfer Franz Josephs Bruder Maximilian geworden war. Politisch gesehen, war dieser Staatsbesuch wenig ergiebig, die Gemüter wurden jedoch durch den Vergleich zwischen den beiden Frauen bewegt. Daß dieser Schönheitswettbewerb nicht nur ein politisches Ablenkungsmanöver und inszeniertes Volksspektakel war, weiß Graf Wilczek als »Schlüssellochgucker« zu berichten:

Ich öffnete ganz still die Türe und mußte durch zwei leere Zimmer des Appartements gehen, sogar durch das Schlafzimmer bis zum Toilettenkabinett, dessen Türe halb offen stand. Ihr gegenüber befand sich ein großer Spiegel, und mit dem Rücken gegen die Tür gewendet, hinter welcher ich stand, waren die beiden Kaiserinnen damit beschäftigt, sich mit zwei Zentimetermaßen die schönsten Wadenbeine, die damals wohl in ganz Europa zu finden waren, abzumessen. Der Anblick war unbeschreiblich und ich werde ihn mein Leben nicht vergessen.[12]

Der Schönheitswettbewerb zwischen Elisabeth und Eugénie war jedoch bereits einige Jahre zuvor der Grund für die Berufung Winterhalters nach Wien. Indem sie Winterhalter mit ihrem Portrait beauftragt, reiht sich Elisabeth in die hocharistokratische Schönheitengalerie des Malers ein. Im ovalen Bildnis (S. 174) – dem gebräuchlichen Format

Franz Xaver Winterhalter, Elisabeth von Österreich. Bildnis mit verschlungenem Haar. Öl/Leinwand, 1864

für diese Darstellungen – steht die Kaiserin leicht schräg, ihr Gesicht jedoch wendet sie fast frontal dem Betrachter zu, dem sie mit einem ruhigen Blick direkt in die Augen schaut. Zwei mächtige Haarstränge legen sich schalartig um ihren Hals und verschlingen sich zu einem gewichtigen Knoten, der auf den gekreuzten Armen aufliegt. Arme und Hände hält Elisabeth wie auch auf den beiden anderen Portraits verborgen, reichen diese ihrer Plumpheit wegen doch nicht an Eugénies schlanke Gelenke und elegante Finger heran. Das Bildnis mit verschlungenem Haar ist zweifellos das außergewöhnlichste intime Bildnis im Werk von Winterhalter. Das griechisch anmutende Négligé, die übereinandergelegten Arme und der Gesichtsausdruck sprengen den Kodex der ritualisierten Darstellungsformen im höfischen Portrait. Die schlichte Kleidung, die unprätentiöse Haltung und der direkte Blick Elisabeths auf den Betrachter stehen in spannungsvollem Kontrast zu einem höchst kunstvoll inszenierten Motiv: den verschlungenen Haaren der Kaiserin. Schlangen sich in den frühen Bildnissen der Kaiserin noch Ordensbänder, biedermeierliche Samtbändchen, Perlen oder Diamanten um ihren Hals, so schmückt sie jetzt die natürliche Insignie ihrer Schönheit.

Anders als im Portrait von Victoria (S. 183) verwandelt das Motiv der verschlungenen Haare dieses Bildnis der Kaiserin nicht in ein leicht schlüpfriges Mädchenbildnis; sein symbolischer Gehalt oszilliert zwischen kaiserlicher Insignie und individuellem Schönheitsattribut. Elemente des intimen und des repräsentativen Bildnisses vermischen sich zu einer zwitterhaften Form, die letztlich die Unvereinbarkeit der beiden Sphären zeigt.

Als »höfisches Boudoirstück« verschwindet das Bildnis mit verschlungenem Haar im Arbeitszimmer des kaiserlichen Gemahls, wo auch das Portrait mit gelöstem Haar (S. 2) hängt. Um dieses Bildnis herrscht ein seltsames Schweigen, kaum je wurde es ausgestellt. Die junge Kaiserin steht im Mondenschein auf einer Terrasse. Sie trägt ein aus kostbarem Stoff gefertigtes Kleid, das die rechte Schulter freiläßt, und ihre Arme verschwinden in einem schalartigen Umhang, der in lockeren Falten um die Hüften liegt. Erhabenheit und aristokratische Gelassenheit strahlt die Figur der Kaiserin mit ihrem ernsten Gesichtsausdruck aus. Die unübliche Rückenansicht dient der Schaustellung der überlangen Haarfluten der österreichischen Kaiserin. Hatte Winterhalter die Schönheit Eugénies weißer Brust mittels raffinierter Farbeffekte inszeniert (S. 177), so zeigt er Elisabeth in dieser ungewöhnlichen Haltung, um der Darstellung der Haare volles Gewicht zu geben. Auch in diesem Bildnis findet die Haarmythologie Elisabeths ihren Ausdruck in einer individuellen Schönheitsdarstellung.

Diese persönliche Haarmythologie der Kaiserin wurzelt in einem weitverzweigten ikonographischen Kontext. Das Schlangenhaar der Erinnyen, das wild fliegende Haar der Mänaden, Medusen- und Venusdarstellungen, die Geschichte von Samson und Dalila, Isolde, Lorelei, der Liebeskult mit der abgeschnittenen Locke – immer wird das Haar mit besonderen Kräften in einer vielfältigen Symbolik aufgeladen. Das Gedicht »Am Turme« von Annette von Droste-Hülshoff mag einen Hinweis auf die Bedeutung geben, die die Kaiserin Elisabeth mit ihren Haarinszenierungen verband:

Ich steh auf hohem Balkone am Turm, / Umstrichen vom schreienden Stare, / Und laß gleich einer Mänade den Sturm / Mir wühlen im flatternden Haare; [...]

Nun muß ich sitzen so fein und klar, / Gleich einem artigen Kinde, / Und darf nur heimlich lösen mein Haar, / Und lassen es flattern im Winde! [13]

Nicht die Kräfte des Erotischen und Sinnlichen bedeuten die flatternden Haare der Dichterin, sondern Rebellion und Auflehnung. Dies dürfte auch Elisabeth beabsichtigt haben, wenn sie ihr gelöstes Haar von Winterhalter als Schönheitsattribut ins Bild setzen läßt.

Die Zeit des gelösten Haares ist die Nacht. Zur kosmischen Metapher wird es auch im Mythos von Königin Berenike, die ihr Haar im Tempel für die glückliche Rückkehr ihres kriegerischen Gatten opfert. Die Götter erheben es als Sternbild zwischen Jungfrau und Löwe, und in den »Carmina« des Catullus glänzt das Gestirn »Locke der Berenike« als symbolische Krone der Königin am nächtlichen Himmel. Als klassische Form der Huldigungsliteratur taucht der »Katasterismus«, die Versternung der schönen Angebeteten, in den poetischen Ergüssen des Vorlesers Christomanos auf:

Heute abends waren es goldene und purpurne Gedanken, die hinter dem Marmor ihrer [Elisabeths] Stirne sich regten, und sie enthüllte sie nicht. Aber ein Lichtschein rieselte von ihrem schattigen Haar, so daß ich dasselbe nach dem Himmel meiner Seele versetzte, wie jenes der Königin Berenice, das von sichtbaren Sternen am Himmel festgehalten wird. [14]

Der nächtliche Himmel als Dekor eines repräsentativen Bildnisses ist ungebräuchlich, Herrscher und Herrscherin präsentieren sich meist lieber im hellen Licht der Sonne. Die Affinität von Sonnen- und männlicher Herrschersymbolik ist bekannt, der Königin bleibt als Flucht vor dem strahlenden Licht ihres Gatten nur der symbolische Sternenhimmel. Wo Vorlagen für nächtliche Königinnen in der Malerei fehlen, springt das Theater ein. In Goethes Inszenierung der »Zauberflöte« für das Weimarer Hoftheater steht die Königin der Nacht, selber zu einem

Franz Xaver Winterhalter, Kaiserin Eugenie von Frankreich. Öl/Leinwand, 1854

strahlenden Stern stilisiert, vor dem gestirnten Firmament.[15] Einen Höhepunkt des klassizistischen Bühnenbildes zeigen die Entwürfe von Karl Friedrich Schinkel für Wolfgang Amadeus Mozarts »Deutsches Singspiel«; auf einer Mondsichel über Wolken schwebend, thront die Königin der Nacht als säkularisierte Immaculata unter einer gigantisch anmutenden Halbkuppel mit Sternen. Für Elisabeth wird jedoch nicht die Königin aus der Zauberflöte zum Vorbild. In der persönlichen

Die Bildnisse der Kaiserin Elisabeth 177

Mythologie der Kaiserin übernimmt ihren Part eine andere Traumgestalt aus der Märchenwelt des Theaters: Titania.

Wissen Sie, welches mein liebstes Shakespeare-Stück ist? frug sie [Elisabeth] mich [Christomanos], nach einer Weile, ganz plötzlich: Hamlet, Majestät? Nein, der »Sommernachtstraum«. Haben Sie das Bild in Ihrem Zimmer in Lainz nicht gesehen – Titania mit dem Eselskopf? Das ist der Eselskopf unserer Illusionen, die wir unaufhörlich liebkosen. Ich habe in jedem Schlosse ein solches Bild: ich kann mich daran nicht satt sehen.[16]

Mit Shakespeares Titania aus dem »Sommernachtstraum« identifiziert sich die enttäuschte und unglückliche Kaiserin:

Nur ich, die schier wie Verfluchte, / Ich Feenkönigin, / Ich finde nie das Gesuchte, / Nie den verwandten Sinn.[17]

Das Gedicht »Titanias Klage« ist zwanzig Jahre nach dem Winterhalterschen Bildnis in einer Phase von Resignation und Ausweglosigkeit entstanden. 1864 war jedoch die Zeit der Rebellion und der Gegenbilder. Elisabeths Macht ist der Zauber ihrer Schönheit. In der Fülle ihrer Haarpracht unter nächtlichem Himmel hat sie sich ein Denkmal als märchenhafte Feenkaiserin gesetzt. Das »Bildnis mit gelöstem Haar« – ein symbolisches Gegenbild aus einer entrückten Märchenwelt – ist Ausdruck der Revolte der österreichischen Kaiserin, es illustriert ihre Suche nach Privatheit und Individualität. Im höfischen Raum mußte es gerade deswegen ein »unmögliches« Bild bleiben.

Die gelösten Haare, die nackte Schulter – so sah keine Kaiserin aus. Eher schon tritt Elisabeth im Portrait von Winterhalter in Begleitung einer fahlen Mondsichel als moderne Diana auf, die sich nur verbotenen Blicken zeigt. Die allegorische Verkleidung legitimiert weder die Aufmachung der Kaiserin noch das ungewöhnliche Szenarium des Winterhalterschen Bildnisses, sondern erweckt Assoziationen an erotische Weiblichkeitsdarstellungen. Die Schönheit der nackten Schulter wirkt als Versprechen für weitere Enthüllungen, und die versunkene Haltung der Schönen lädt ein zum Träumen von nächtlicher Zweisamkeit, nachdem sich die straff geflochtene Haarkrone der Kaiserin zu züngelnden Flechten gelöst hat.

Elisabeths Portrait wurde als Gegenstück zum Schönheitsbildnis von Eugénie gemalt. Anders als das Bildnis der französischen Kaiserin war dieses Bildnis jedoch nie für die Öffentlichkeit geeignet. Die gelösten Haare und die romantische Nachtstimmung machen es zur subjektiven Chiffre und zum Protestportrait.

Die beiden Elisabeth-Bildnisse sind mit 1864 datiert. Das Bildnis mit gelöstem Haar war als halboffizielles Portrait, als Schönheitsbild der Kaiserin intendiert, das Bildnis mit verschlungenem Haar hätte sein Gegenstück abgeben sollen. Diese Absicht ist gründlich verfehlt; beide Gemälde fallen aus dem Rahmen des Herrscherinnenportraits und werden unbrauchbar für die kaiserliche Propaganda. Da man nicht annehmen kann, daß der langjährige Hofmaler Franz Xaver Winterhalter sich plötzlich in seinem Metier nicht mehr auskannte und aus Unwissenheit gegen die Konvention herrschaftlicher Repräsentation verstieß, muß man diesen *faux-pas* der Kaiserin selber anrechnen. Die Inszenierungen Elisabeths haben Protestcharakter, in den zwei Bildnissen scheint nur knapp verhüllt ihre Verweigerung der Kaiserinnenrolle auf. Dieser Skandal muß schleunigst durch eine neue Bildproduktion überdeckt werden, die zwei »anstößigen« Bilder verschwinden in den privaten Räumen, ein präsentables Portrait der schönen Kaiserin soll nach Winterhalters Wienaufenthalt vorgewiesen werden. So werden die zwei Staatsbildnisse von Elisabeth und Franz Joseph zur Korrektur des »unmöglichen« Bildes in Auftrag gegeben. Um diese Zusammenhänge zu verwischen, werden die Gemälde auf 1865 datiert, obwohl sie schon 1864 entstanden sein müssen. Nur in Cortis falscher Hypothese von der Existenz eines zweiten repräsentativen Bildnisses hat sich die Skandalgeschichte niedergeschlagen.

Das Gemälde »Kaiserin Elisabeth von Österreich« (S. 171) wurde als Korrekturbild, »etwas kälter und förmlicher«[18] als das Bildnis mit gelöstem Haar, gemalt. Wie ein Palimpsest scheint das Skandalbild im Staatsportrait auf: Das Ganzfigurenportrait bildet eine seitenverkehrte Replik zum Kniestück. Beibehalten wurde die Rückansicht in der Funktion der Zurschaustellung der Haartracht. Das gelöste Haar ist jedoch in einer kunstvollen Flechtfrisur gebändigt. Die kosmische Metapher des Sternenhimmels als symbolischer Krone erscheint zivilisatorisch gemildert: Die Sterne sind vom Himmel als zwar ungewöhnliches, aber menschlich gefertigtes Kunstprodukt in der Form von Diamantschmuck in die Haarflechten abgewandert und leuchten als Pailletten im eleganten Ballkleid der Kaiserin. Aus der rebellischen Märchenkaiserin ist eine schöne Ballkaiserin geworden. Die elegante

Robe, die sich als Kreation des Pariser Modefürsten Worth zu erkennen gibt, und der Fächer in der Hand bilden die mondänen Attribute einer Schönheitskaiserin, die sich im traditionellen Säulendekor, der Metapher der repräsentativen Portraitkunst für den höfischen Raum, dem Betrachter präsentiert.

Die nächtliche Feenkönigin wirkt abwesend durch ihren sehnsüchtig ins unendliche All gerichteten Blick. Aber auch die Ballkaiserin ist eine märchenhafte Figur, die sich weder im Raum der Repräsentation bewegt noch einer realzeitlichen Gegenwart angehört. Das zeigt sich in der seltsamen Symbiose der Frau mit einer exotischen Pflanze, dem Oleander. Sowohl der Rosenlorbeer als auch der Oberkörper der Kaiserin sprießen organisch aus der Stofffülle des Kleides heraus. »Der Betrug des Oleanders und seiner Blüten ist unbegreiflich; dem Blicke zeigt er sich gefällig, doch ist er giftig im Genusse.«[19] Schönheit und Gefahr, Gegengift für Menschen und Gift für Tiere, Metapher für schändliche Sinnlichkeit[20], die immergrüne Pflanze schillert in ambivalenter Symbolik. Im Winterhalterschen Bildnis repräsentiert der »Rosen-Lorbeer« den spezifisch weiblichen Herrscherinnenruhm, die Schönheit der Frau. In zwei weiteren Bildnissen des Hofmalers findet sich der Oleander an prominenter Stelle: im Portrait der Prinzessin Sayn-Wittgenstein, einem frühen, außergewöhnlichen Gemälde, das eine odaliskenartige Frauendarstellung zeigt, und dem oben erwähnten Doppelbildnis von Victoria und ihrer Cousine. Beide Bilder gehören zum Genre und in beiden symbolisiert die Pflanze träumerisch-exotische, sinnliche Stimmungen, »die die vage Sehnsucht nach einem den Bedingungen der Zeit enthobenen, paradiesischen Zustand ausdrücken«[21]. Auch in der persönlichen Mythologie der Kaiserin taucht neben der symbolbefrachteten Orange der Oleander als Unterpfand nostalgischer Gegenwartsentrückung auf. Im Gedicht »Sehnsucht nach Corfu« reimt sie:

O könnt' ich wieder sinnend schreiten / Im duftenden Orangenhain, / Wie einst in längstentschwund'nen Zeiten / Allein mit meinen Träumerei'n!

Das Haus auch will ich wieder sehen, / Auf Säulen steht's, mit flachem Dach; / Die wilden Oleander wehen / Durchs Erkerfenster ins Gemach.[22]

Die Verbindung von Kaiserin und Oleander verleiht dem Staatsportrait die arkadische Atmosphäre träumerischer Abgehobenheit.

Auch die Lichtführung im Gemälde von Winterhalter entrückt Elisabeth den realzeitlichen Bedingungen. Ein Schatten – oder ist es die Nacht selber – verdunkelt den oberen Teil der dekorativen Säulen am rechten Bildrand. Ein anderer fällt auf die weißen Stoffbahnen des Kleides, und auch vom linken unteren Bildrand her droht Dunkelheit. Daß diese Technik dem Theater entliehen ist, versteht sich von selbst, die spektakuläre Lichtregie nimmt schon die dramatischen Ausleuchtungen der Makartschen Ausstellungen vorweg. Durch diese Lichtregie wird das Bild selber und die Dargestellte in »höhere Sphären« versetzt.

Abgesehen vom züngelnden, gelösten Haar, das man durch den wuchernden Oleanderstrauch ersetzt sehen mag, nimmt das Staatsbildnis alle Elemente des Protestbildes in abgeschwächter Form auf. Die dem Theater entliehenen Gegenbilder, Metaphern des Protestes und der Rebellion, werden im offiziellen Portrait zu den mondänen Attributen einer Ballschönheit. Die theatralische Lichtführung überhöht die profane Balldame ins Märchenhafte, eine »vision romantique«[23] taucht in der prekären Zeitlichkeit eines einfallenden Lichtstrahles auf.

Auch angesichts dieses Bildnisses kann man sich fragen, ob denn so eine Kaiserin aussieht. Die Frage muß verneint werden, stellt man das Bild in den Kontext des repräsentativen Herrscherinnenbildnisses. Das Staatsbildnis von Elisabeth vermag jedoch das zu leisten, was das Bildnis mit gelöstem Haar hätte darstellen sollen, ein halboffizielles Portrait von Elisabeth als Schönheitskaiserin. Erst in der gegenseitigen Durchdringung von der herkömmlichen Herrscherinnendarstellung und dem »unmöglichen« Skandalbild entsteht ein für die Öffentlichkeit geeignetes Bild. Daß das Gemälde jedoch in keiner Weise den Anforderungen eines repräsentativen Staatsportraits nachkommt, davon zeugt Cortis Ausspruch. Fast möchte man behaupten, daß dieses Bildnis der Kaiserin eines weiteren Korrektivs bedurfte, nämlich seines Gegenstückes, des Bildnisses von Kaiser Franz Joseph, um zu beweisen, daß es sich bei Elisabeth wirklich um die Kaiserin handelt. Das traditionelle männliche Uniformportrait dient dem von Metaphern der Verweigerung infizierten Elisabeth-Bildnis als Legitimation.

Dem höfischen Zeremoniell, ihrem obligaten Auftritt als Kaiserin, verweigert sich Elisabeth in Schönheitsdarstellungen. Das herkömmliche repräsentative Portrait ersetzt sie durch individuelle Theaterinszenierungen. Zu Skandalbildern werden die Winterhalterschen Portraits, weil sie ihre politische Funktion nicht mehr erfüllen: »Der Staat bedarf der Portraitstatuen und Büsten nicht blos des Ruhmes, sondern auch der Selbsterhaltung wegen.«[24] In seinem Plädoyer für eine restaurative Kunstpolitik bemängelt Rudolph Eitelberger die Vermischung von Bühnenkunst und Portraitkunst als »Unarten des Komödiantenwesens«[25], denn die Infiltration des Theatralischen in den Bereich des Staatsbildnisses setzt eine Problematisierung politischer und gesellschaftlicher Rollen voraus und nimmt dem Bild des Herrschers seine Selbstverständlichkeit. Wer so als König oder Kaiser posiert, könnte sich auch in einer beliebigen anderen Rolle aus dem Welttheater abmalen lassen. Die akademische Doktrin definiert zwar das *tableau d'apparat* als eine »theatralische Handlung«, sie meint damit aber nicht den spielerischen Umgang mit individuellen Posen. Der Herrscher repräsentiert im theatralischen Akt, allfälligen Rollenwechseln wird jedoch vorgebeugt, indem diese Bildformel minutiös festgeschrieben wird.[26]

Das Theater spielt aber auch eine wichtige Rolle bei der Emanzipation der Frauen, denn für sie wird die Bühne zum Öffentlichkeitsersatz. Hatte man ihnen vorher den öffentlichen Auftritt versagt – schamhafte Natur zeigt sich schließlich keinem Publikum, so wurden die Bretter des Theaters zum Ort, wo sie sich im Namen der Schönheit zeigen durften. Schöne Frauen durften nicht nur die Bühne betreten, sie wurden auch gemalt. So finden sich unter den repräsentativen Frauenbildnissen des 18. Jahrhunderts neben den Aristokratinnen auch Schauspielerinnen. Ihre Schönheit legitimiert die Anwesenheit im aristokratischen Milieu und nimmt die Idee einer klassenüberschreitenden, »demokratischen« Schönheitskonzeption vorweg, der sowohl die Münchner Schönheiten-Galerie Ludwigs I. als auch Kaiserin Elisabeths Photographien-Kollektion verpflichtet sind.

Daß sich Elisabeth von Österreich am Theater orientierte, um neue Bilder für ihre Herrscherinnenrolle zu finden, erscheint so nur natürlich. Vom Theater inspiriert, inszeniert sie in diesem Rahmen die »schöne Arabeske des eigenen Lebens, die in träumerischen Stunden für das wirkliche gehalten wird«[27], ihre Rolle als Schönheitskönigin.

Das theatralische Paradigma wird ihr zum Spiegel des Lebens und zum Modell einer Identitätsfindung für die eigene Existenz:

Shakespeare wollte damit sagen, daß unser ganzes Leben nur ein Theaterspiel sei. Wir spielen uns immer selbst. Das Spiel auf der Bühne ist ein Theaterspiel unseres Theaterspiels. [...] Aus den Leidenschaften, die uns so in Sehweite vorgeführt werden und eigentlich nur Lärm und Pantomimen sind, ahnen wir erst die wahren Begebenheiten der Seele. Je ferner wir uns selbst werden, desto tiefer sehen wir in uns. Wie in einem Spiegel erblicken wir dann unser Schicksal.[28]

Wenn sich Kaiserin Elisabeth in den Bildnissen von Franz Xaver Winterhalter als Schönheitskönigin inszeniert, dann greift sie auf eine ganz spezielle theatralische Kunstform zurück: die Attitüde. Diese Form war im 18. Jahrhundert durch die Engländerin Emma Hamilton berühmt geworden und beeindruckte die großen Italienreisenden der damaligen Zeit nachhaltig. Goethe bewunderte diese Schauspielerin

Franz Xaver Winterhalter, Königin Victoria mit gelöstem Haar. Öl/Leinwand, 1843

während seiner Italienreise in Neapel, und er hinterließ uns eine Schilderung von den Hamiltonschen Attitüden-Vorführungen:

Der Ritter Hamilton, der noch immer als englischer Gesandter hier lebt, hat nun nach so langer Kunstliebhaberei, nach so langem Naturstudium den Gipfel aller Natur- und Kunstfreude in einem schönen Mädchen gefunden. Er hat sie bei sich, eine Engländerin von etwa zwanzig Jahren. Sie ist sehr schön und wohl gebaut. Er hat ihr ein griechisch Gewand machen lassen, das sie trefflich kleidet, dazu löst sie ihre Haare auf, nimmt ein paar Schals und macht eine Abwechslung von Stellungen, Gebärden, Mienen etc., daß man zuletzt wirklich meint, man träume. Man schaut, was so viele tausend Künstler gerne geleistet hätten, hier ganz fertig in Bewegung und überraschender Abwechslung.[29]

Die schöne Frau mit gelöstem Haar und effektvoller Draperie wird für den Moment der theatralischen Zurschaustellung zu einer Illusion, die Kunst und Natur, Bühne und Wirklichkeit für einen Augenblick vereint. Die wechselnden Haltungen und Stellungen – die »Attitüden« – zeigen Affekte wie Trauer, Freude und Schmerz oder sie stellen bekannte Kunstwerke nach. Pygmalions Traum, die Parabel für die klassizistische Utopie der Verlebendigung von Kunst, wird unerwartet Realität: Die junge Frau erstarrt in ihren Posen zur lebenden Skulptur, unterstützt wird diese Illusion durch eine wirkungsvolle Lichtregie. Die Bühnendekoration besteht aus einem schwarz ausgeschlagenen Kasten und einem prächtigen Goldrahmen; sie zeigt die zwitterhafte Stellung der Attitüde zwischen Theater und Malerei.

Im Winterhalterschen Elisabeth-Gemälde mit verschlungenem Haar gibt sich das Seidennégligé als griechisches Gewand zu erkennen. Der Schal im Bildnis mit gelöstem Haar, der graziös die zarte Schulter Elisabeths freilegt, erinnert an das exotische Requisit der Attitüdendarstellerin. Und das Gemälde als ganzes mit seinem prunkvollen Goldrahmen, dem dunklen Hintergrund und der hell beleuchteten Schönheit in melancholischer Pose scheint den Moment festzuhalten, in dem die fließende Bewegung zum Tableau gerinnt. Auch die Lichtregie erinnert an die Attitüde: Die Kaiserin erscheint nicht im Licht der kleinen Mondsichel am Himmel, sondern eine unsichtbare, aber sicherlich künstliche Lichtquelle beleuchtet die Frau. Auch das Licht im

Staatsbildnis mit seinem Wechsel von Helligkeit und Schatten zeigt mehr bühnentechnische Ausleuchtung als ein atmosphärisches Ereignis.

Besonders auffällig sind die Haarinszenierungen in den Attitüden von Emma Hamilton, die zweifellos die österreichische Kaiserin beeindruckt haben. Die gelösten Haare der Engländerin bilden einen festen Topos in den Attitüdenbeschreibungen, der Schauspielerin selber galten sie sowohl als persönliches Schönheitsattribut als auch als künstlerisches Requisit. Der deutsche Kunsthistoriker Hirt bemerkte: »Ihre langen kastanienbraunen Haare, die in einem Nu nach jeder Art von Stellung sich richten; die Gesichtszüge [...] formieren ein in seiner Art eigenes Schauspiel.«[30] Ihre Sophonisben-Darstellung, wie sie Friedrich Rehberg festgehalten hat (S. 127), mag einen Eindruck von der Wirkung dieser Haare als Ausdrucksmittel geben und deren Nähe zum – mehr portraithaften und weniger affektierten – Bildnis mit verschlungenem Haar illustrieren.

Ursprünglich war die Attitüde ein gesellschaftliches Unterhaltungsspiel, bei dem es galt, die vorgespielten Rollen zu erkennen, gleichzeitig diente sie so als aristokratisches Erziehungstheater. Ihr Reiz bestand jedoch wohl weniger in der schauspielerischen Darbietung als vielmehr in der Schaustellung schöner Weiblichkeit, was man sehr schön aus Goethes Beschreibung herauslesen kann. Orientalische Schals, ein mehr den Körper modellierendes als ihn verhüllendes griechisches Gewand und das gelöste Haar bilden die Accessoires, mittels derer die Attitüde weibliche Schönheit nach dem Szenario der hohen Künste in Bewegung setzt. So hält der Maler Wilhelm Tischbein fest, daß Emma Hamilton auch bei der Nachstellung der grausigsten Sujets nie ihre Schönheit abhanden kam:

Ebenso bei den Furien, deren Gesicht immer schön sein kann, wie es die Kunst erfordert, und doch ist der Schreck und der Abscheu darin zu sehen. So in der Medusa das Kalte, Abgestorbene, und dabei hat das Gesicht die schönsten Formen. Auch zeigt sich in dem schönen Gesichte der Niobe der versteinerte Schmerz, so wie in dem schönen Kopfe der sterbenden Amazone [...]. Das Gesicht der Lady Hamilton blieb immer schön, wie es war.[31]

Aus der gelehrten Form der Attitüde wird schon früh im 19. Jahrhundert ein klischee-abhängiges Gesellschaftsspiel. Im Festwesen des

Wiener Kongresses erlebt sie eine weitere Blüte, wenn die schönsten Damen des Hofes Lebende Bilder aufführen. Da geht es um Schönheitsdarstellungen durch Aristokratinnen und nicht um den erlesenen Kunstgenuß. Die Attitüden der Lady Hamilton finden in Kupferstichsammlungen Verbreitung, nun werden die Hamiltonschen Posen und nicht mehr die klassischen Kunstwerke selbst kopiert. Die Attitüde erlangt schließlich einen zweifelhaften Ruf als Peep-Show des 19. Jahrhunderts.

Attraktiver gestaltet sich das Fortleben dieser Kunstform in der Literatur, wo die Mode der Lebenden Bilder über Goethes »Wahlverwandtschaften« breit rezipiert und in Frankreich, im Kreise der Madame de Staël, zum orientalisierenden »Schaltanz« umgewandelt wird. Die Tänzerinnen stellen in ihren Posen nicht mehr weibliche Schönheit zur Schau, sondern in den frei improvisierten Bewegungen zeigt sich ein neuer Typus Frau. Die mimischen und tänzerischen Fähigkeiten sind Ausdruck der »unabhängigen Frau, […] die aus Protest gegen die heuchlerische bürgerliche Moral konsequent ihren Weg mit eigener ethischer Überzeugung geht«[32]. Der Protestcharakter des Schaltanzes, seine Konnotation orientalisch-arkadischer Entrückung von traditionellen Frauenrollen, steht den Ritualen Elisabeths und ihrer Selbstinszenierung in den Winterhalterschen Gemälden sehr nahe.

In freier Interpretation variiert Elisabeth von Österreich die Posen der Lady Hamilton, die wohl bekanntesten Schönheitsdarstellungen der damaligen Zeit. Die Winterhalterschen Portraits heben die Dynamik der Attitüde mit ihren wechselnden Stellungen im Tableau auf. Als »überhöhte »Anschauungsform« des Wirklichen«[33] dient die Attitüde der artistischen Steigerung des Individuellen, sie hält den bedeutsamen Augenblick einer Biographie im Lebenden Bild fest. Der Zauber des Lebenden Bildes besteht im »Einfrieren« lebendiger Personen und im transitorischen Moment, wo Kunst und Leben eins zu werden scheinen, bevor sich die Attitüde wieder auflöst. Die Portraits der schönen Elisabeth – im Bild erstarrte Posen einer hohen Schauspielerin – entziehen sich dieser Rückverwandlung ins Leben und verschieben das Versprechen der Attitüde auf immer in die Phantasie des Zuschauers. Die Enthüllung im posenhaften Bild der Attitüde bildet jedoch nur den ersten Akt im Schauspiel kaiserlicher Selbstdarstellung; vollendet wird sie durch die Dramatik des Verschwindens. Enthüllung und Verschwinden unterliegen gleichenteils dem Imaginären, mehr noch, die

Inszenierung als Schönheitskaiserin nimmt das Verschwinden schon vorweg. Schnell ist das Bühnenlicht gelöscht, und auch der Schatten auf dem Ballkleid kündet von der kurzen Sichtbarkeit der märchenhaften Kaiserin vor dem Einbrechen der Nacht, vor dem Fallen von Schleier und Vorhang. Der Auftritt von Elisabeth in Ballgala ist zugleich auch ihre Abschiedsvorstellung. Denn nur im Bild, im fiktiven Raum der Attitüde, gelingt Elisabeth von Österreich die Synthese zwischen individueller und repräsentativer Rolle, zwischen der dynastischen Identität als Kaiserin und einer ästhetischen Identität als Schönheitskönigin. Nach ihrem spektakulären Auftritt auf der Bühne der Malerei entzieht sich die Kaiserin der Sichtbarkeit. Sowohl die Zurschaustellung als Attitüdenschönheit als auch das spätere Verschwinden Elisabeths rühren an das gleiche Tabu: der Verpflichtung zur Sichtbarkeit im Rahmen von zeremonieller Repräsentation. In den Winterhalterschen Attitüden enthüllt sich die österreichische Kaiserin einer »anderen« Sichtbarkeit, inszeniert sich als Schönheit in ihrer Weiblichkeit. Gerade im Verstoß gegen die Darstellungsformen traditioneller Repräsentation gelingt jedoch für einen Augenblick die kunstvolle Arabeske: »Als der Ausdruck seinen Höhepunkt erreicht hatte, hielt die Bewegung inne und verwandelte sich für einen Moment in ein wunderbares Gemälde.«[34]

Die Einzigartigkeit dieser Gemälde ist auch der Grund, warum sie hier so breit behandelt werden. Während die frühen Darstellungen der »Rose aus Bayerland« dem Dilettantismus der Wiener Hofmalerei und den überalterten Gesten der traditionellen Herrscherinnendarstellung überlassen blieben, gehören die nach den siebziger Jahren entstandenen Bildnisse schon dem posthumen Modus an. Sofern nicht collageartig frühere Bilder oder Photographien an die leere Stelle, den Ort des Verschwindens, montiert werden, entpuppen sich die Maler als mehr oder weniger phantasievolle Dramaturgen eines Imaginären. Durchaus reizvoll ist das leicht schwülstige Romako-Bildnis der Kaiserin zwischen Salonmalerei und dämonischer Jahrhundertwende, dem immerhin die Ehre zukam, die Kaiserin von Österreich als Inkunabel des Wiener Fin-de-siècle zu repräsentieren.[35]

Nach ihrem letzten Auftritt im Schauerspiel des Genfer Meuchelmordes, der zynischerweise das mythische Szenario der unglücklichen Kaiserin dauerhaft zementierte, entstand mit einiger Verzögerung das Denkmal im Wiener Volksgarten (S. 188) als eine späte symbolische

Repatriierung der rebellischen Frau. Dem kaiserlichen Verschwinden mit seiner Schnelligkeit und dem häufigen Ortswechsel wird ein im idyllischen Genre ruhendes Steinbild entgegengesetzt. Nicht die stolze, mädchenhafte Silhouette einer Standfigur, wie sie die Konkurrenzausschreibung nach dem Salzburger Vorbild wohl vor Augen hatte, keine Ganzfigur mit Schrittstellung wie das Klotzsche Budapester

Das Kaiserin Elisabeth-Denkmal von Hans Bitterlich und Friedrich Ohmann (1907). Bildpostkarte, um 1910

Denkmal, das kaiserlichen Abstieg vom repräsentativen Denkmalsockel suggerieren könnte, sondern eine sitzende, weltvergessene Elisabeth »in ihrer Frauenblüte« wird 1907 im Volksgarten enthüllt. Als frauliche Sitzfigur fordert die Skulptur den Vergleich mit der Landesmutter Maria Theresia, die oft genug den Leerraum füllen mußte, den die flüchtende Kaiserin im ideologischen Tableau hinterließ:

Vor nahezu zwei Jahrzehnten war es, gleichfalls knapp vor der herrlichen Zeit der Sonnenwende, als in Wien das Denkmal einer Kaiserin enthüllt wurde. Das war ein stolzes, prunkvolles und – ein politisches Fest. Galt es damals der Stammutter des Kaiserhauses, so war die heutige Feier der Erinnerung an die in aller Gedächtnis noch fortlebende edle und anmutsvolle Gemahlin unseres Kaisers gewidmet. Eine

Das Maria-Theresien-Denkmal von Caspar von Zumbusch (1888).
Photographie, um 1900

Familienfeier der Wiener, aus deren Initiative ja das Denkmal erstand, das heute im Volksgarten vor aller Augen sichtbar ward. Kein politisches Fest, keines von schwerem historischen Gepräge, dafür aber eines von größter Innigkeit...[36]

Maria Theresias Denkmalthron (S. 189) stützten die »besten Männer ihrer Zeit«, die ihrer geringeren Größe wegen dem Rock der mütterlichen Kaiserin enschlüpft zu sein scheinen. Elisabeth hingegen eskortieren nicht die Großen des Landes, sondern zwei ihrer geliebten Hunde. An Stelle eines repräsentativen Kleides trägt sie ein »zeitloses« Gewand, ihre Hände liegen müßig ohne Szepter im Schoß, ein Buch auf den Knien verweist auf ihre mehr literarische denn herrschaftliche Existenz. Sakral muten die Gesichtszüge der Kaiserin an – nicht zufällig erinnern sie an die idealisierte Totenmaske – und ein abgelegener Hain schließt »das Monument als Allerheiligstes«[37] vom weltlichen Prunk der Ringstraßenausstattung ab. Die von Friedrich Ohmann gestaltete Gartenanlage übernimmt die repräsentative Einbettung des Denkmals der österreichischen Kaiserin, ersetzt die Zeichen politischer Herrschaft durch die sakralen Symbole des Jugendstiles und stilisiert Elisabeth zur Kultfigur in der Ästhetik des Fin-de-siècle. Hier findet die seltsame Frau ihre ersehnte Heimat:

Die Kunst ist nur die Schöpfung unserer Sehnsucht nach der Existenz, wie sie uns sein sollte; sie entsteht aus unserem Heimweh nach dem einzigen Vaterland und ahnt dessen Formen.[38]

Anmerkungen

Kapitel Ansichten einer Kunstfigur

1 Zur Ausstattung des Ateliers Hanfstaengls vgl. Heinz Gebhardt, Franz Hanfstaengl. Von der Lithographie zur Photographie. München 1984, S. 95-98, S. 95. Zum Problem der Atelier-Säule siehe Walter Benjamin, Kleine Geschichte der Photographie. Gesammelte Werke. Bd. II. 1. Aufsätze, Essays, Vorträge. Hrsg. v. Rolf Tiedemann und Hermann Schweppenhäuser. Frankfurt am Main 1977, S. 368-387, S. 375.
2 Vgl. Stefan Malfèr, Der österreichisch-ungarische Ausgleich von 1867. In: Katalog Elisabeth von Österreich (1987), S. 24-28.
3 Hamanns Elisabeth-Biographie liefert das biographische Grundgerüst der hier erfolgenden Überlegungen.
4 Jacob Burckhardt, Über erzählende Malerei. In: Ders., Kulturgeschichtliche Vorträge. Leipzig o. J., S. 195.
5 Dazu vgl. etwa: Aus dem Leben unserer Kaiserin und Königin Elisabeth. Eine Gedächtnisschrift v. M. J. Tuwora , Linz 1898 / Gregor Samarow, Der Krone Dornen. Historisch-romantische Bilder aus dem Leben und Leiden der Kaiserin Elisabeth von Österreich. 2 Bde., Heilbronn/Leipzig 1900 / Perlen vom Silbernen Myrthenkranz. Biographische Bilder in Prosa und Dichtung aus dem Leben Ihrer kaiserlich-königlichen Majestäten Franz Joseph I. und Elisabeth. Entworfen und zusammengestellt von Joseph Ferdinand Benda. Erste Gabe des österreichisch-schlesischen Preßvereins. Troppau 1879 / Eugen d'Albon, Unsere Kaiserin. Wien 1890.
6 Vgl. Gisela von Wysocki, Frauen-Bilder im Aufbruch. Hinweise auf ihren Gebrauch. In: Kursbuch 47, März 1977, S. 91-113.
7 Der Begriff »imaginierte Weiblichkeit« wird Silvia Bovenschens (1979) gleichnamiger Studie entnommen. Die Autorin geht von der Diskrepanz aus, die zwischen den in der Realgeschichte befangenen Frauen und den von der Literatur phantasierten Frauen klafft. Erscheint erstere als »Objekt der männlichen Zugriffe und Beherrschung« (S. 32), so stellt sich letztere als »projiziertes weibliches Idealbild« (S. 33) dar.
8 Zum Repräsentationswert des höfischen éclat vgl. Burke (1996), S. 16.
9 Vgl. Tissot (1896), S. 4. (Die Übersetzungen der französischen Quellen stammen hier wie im folgenden von der Verfasserin.)
10 Ebd., S. 197.
11 Daudet (1912), S. 3.
12 Bovenschen (1979), S. 40.
13 Vgl. im Gegensatz dazu: Burke (1996), S. 11 ff.

Kapitel Verehrung

1 Zum Niedergang der literarischen Form des »Herrscherlobs« vgl. Hans Magnus Enzensberger, Poesie und Politik. In: Ders., Einzelheiten II. Poesie und Politik. Frankfurt am Main 1964, S. 113-139. Anhand von Goethe, Kleist und Fontane beschreibt Enzensberger die Phase des Gattungsverfalls im 19. Jahrhundert und kommt grundsätzlich auf die Problematik einer den Herrschenden dienenden poetischen Sprache zu sprechen: »Das Ende des Herrscherlobs, also einer extrem politischen Erscheinung in der Poesie, widersetzt sich jeder Erklärung aus der Politik. [...] Es handelt sich um einen objektiven Sachverhalt: die poetische Sprache versagt sich

jedem, der sie benutzen will, um den Namen der Herrschenden zu tradieren. Der Grund dieses Versagens liegt nicht außerhalb, sondern in der Poesie selbst« (ebd., S. 126).

2 E.A. Poe, »Die Methode der Komposition« (übersetzt von Ursula Wernicke). In: E.A. Poe, Der Rabe. In der Übertragung von Hans Wollschläger. Frankfurt am Main 1981, S. 25-52, S. 39.

3 Neben den österreichischen Biographien sind es besonders die sogenannten Trauerreden, die im Todesjahr den Markt überschwemmen, die vielen Nekrologe von Predigern, Gymnasiallehrern und anderen Honoratioren, die die ebenso komprimierten wie abgestandenen hagiographischen Formeln vorführen und die Versatzstücke der Elisabeth-Huldigung immer wieder neu zusammenstellen.

4 A. De Burgh ist das Pseudonym von Edward Morgan Alborough.

5 Vgl. Welcome (1975), S. 186 ff.

6 Clara Tschudi, Elisabeth, Kaiserin von Österreich und Königin von Ungarn. Aus dem Norwegischen übers. v. Carl Küchler. Leipzig o. J. (1906). Leo Smolle, Elisabeth. Kaiserin von Österreich und Königin von Ungarn. Ein Lebensbild. Wien 1904.

7 Vgl. Maurice Barrès (1921), S. 162 ff.

8 Zit. in: Hugo von Hofmannsthal, Das Tagebuch eines Willenskranken. In: Hofmannsthal (1979), S. 106-117, S. 114.

9 Vgl. Polychronis K. Enepekides, Elisabeth und die Griechen. Der Kaiserin Vorliebe für das zeitgenössische Griechenland und seine Volkssprache. In: Katalog Elisabeth von Österreich (1987), S. 58-73, S. 61 ff.

10 Koppen (1973), S. 219.

11 Zitat Barrès in: Hugo von Hofmannsthal, Maurice Barrès. In: Hofmannsthal (1979) S. 118-126, S. 120.

12 vgl. Koppen (1973), ebd.

13 Barrès (1921), S. 162 ff. Dieses Vorwort ist identisch mit dem Text »Une Impératrice de la solitude« aus der 1921 erschienenen Textsammlung »Amori et Dolori Sanctum«.

14 Ebd., S. 165.

15 Ebd., S. 170.

16 Ebd., S. 232.

17 Ebd., S. 232.

18 Vgl. ebd., S. 230.

19 Vgl. D'Annunzio (1979), S. 606.

20 Huysmans (1995), S. 237.

21 Barrès (1921), S. 7.

22 Bahr (1898).

23 Vgl. ebd.

24 Ebd.

25 Ebd. Felix Saltens Elisabeth-Nachruf ist abgedruckt in: Gotthart Wunberg, Die Wiener Moderne. Literatur, Kunst und Musik zwischen 1890 und 1910. Stuttgart 1981, S. 97-99. Auch Jacques de La Faye, der in seiner eher traditionellen Elisabeth-Biographie (1914) die von Christomanos und Barrès gegebenen Impulse aufgreift, versichert stets der Dichtung als dem eigentlichen Darstellungsmediums des kaiserlichen Lebens. Manchmal jedoch überbietet Elisabeth sogar die höchsten Leistungen der Literaturgeschichte: »Keine Feder vermöchte die herzzerreißende Intensität dieser Szene schildern, die weder Aischylos, noch Shakespeare in ihren Darstellungen gegeben haben.« La Faye (1914), S. 149.

Kapitel Reisen

1. Die illustrirte Festwoche (o.J.), S. 12.
2. Vgl. Corti (1975), S. 45.
3. Villers (o. J.), S. 464/465.
4. Zit. in: Hamann (1982), S. 67.
5. Die illustrirte Festwoche (o. J.), S. 1.
6. In: Franz Joseph (1898), Bd. 1, S. 41.
7. Villers (o. J.), S. 464.
8. Gedicht von Joh. N. Vogl, zit. in: Tschudi (1906), S. 27. Zit. auch in: Benda (1879), S. 10.
9. Zitat Wilhelm Lübke in: Schoch (1975), S. 179.
10. Aus dem Leben (1898), S. 13 ff.
11. Reise durch Kärnthen (1859), S. 3.
12. Ebd., S. 57.
13. Vgl. Helga Blaha, Österreichische Triumph- und Ehrenpforten. Maschin. Diss. Wien 1963.
14. Reise durch Kärnthen (1859), S. 1.
15. Aby Warburg, Schlangenritual. Ein Reisebericht. Mit einem Nachwort von Ulrich Raulff. Berlin 1996, S. 13.
16. Reise durch Kärnthen (1859), S. 23.
17. Vgl. ebd., S. 18.
18. Ebd., S. 26.
19. Ebd., S. 11.
20. Leipziger Illustrirte Zeitung vom 10.1.1857. Es mag erstaunen, daß bereits 1857 Transparente und Illuminationen die nur aus den Bauplänen ersichtlichen Umrisse der Votivkirche aufgreifen. Deren Grundsteinlegung – sie wurde aus Dank für die Errettung des Kaisers bei dem Attentat von 1853 gestiftet – erfolgte 1856.
21. Hamann (1982), S. 117.
22. Leipziger Illustrirte Zeitung vom 3.1.1857.
23. Vgl. Mattenklott (1982), S. 170.
24. Dorfmeister (1898), S. 30. Siehe dort auch die voranstehenden Zitate.
25. Tschudi (1906) S. 159 ff.
26. Zitat Ernest Tissot in: Barrès (1921), S. 151-235, S. 188 ff.
27. Christomanos (1983), S. 90.
28. Mattenklott (1982), S. 174.
29. Christomanos (1983), S. 89.
30. Carmen Sylva (1906).
31. La Faye (1914), S. 178.
32. Sztáray (1909), S. 41.
33. Perquer (1897), S. 18.
34. Graf Khevenhüller an Graf Kálnoky, 19.10.1888. Wien, Haus-, Hof- und Staatsarchiv.
35. Brandstetter (1995), S. 160 ff. Brandstetter beschreibt die Vorliebe des Fin de siècle für die antike Figur der Nike von Samothrake als Sinnbild moderner Fortschrittseuphorie und Verkörperung motorisierter Geschwindigkeiten.
36. Manfred Frank (1955).
37. Kaiserin Elisabeth (1905), S. 136.
38. Hamann (1982) S. 571.
39. Hamann (1982), ebd.
40. Christomanos (1983), S. 87. In Wagners Dramenversen scheint denn auch das grandiose Reisesezenario auf der Miramar vorweggenommen zu sein: »Auf hohem Bord

der bleiche Mann [...] Hui, wie ein Pfeil fliegt er hin, ohne Ziel, ohne Rast, ohne Ruh.« Wagner (1971), S. 192.
41 Homer, Odyssee. Übers. v. Johann Heinrich Voss. Hrsg. v. Peter von der Mühll. Basel 1980, S. 159.
42 Zitat Christomanos in: Hamann (1982), S. 579.
43 Tschudi (1906), S. 61.
44 vgl. Klaus Jeziorkowski, Der Virtuose des Durchschnitts. Der Salonautor in der deutschen Literatur des 19. Jahrhunderts, dargestellt am Beispiel Paul Heyse. In: Ders., Eine Iphigenie rauchend. Frankfurt am Main 1987, S. 114-130, S. 125.
45 Vgl. Schoch (1975), S. 38 ff.
46 Ein flüchtiger Zug (1887), S. 169.
47 Ebd., S. 122 und S. X der Einleitung.
48 Wurzbach (1854), S. 8.
49 Garets (1928), S. 64.
50 Ebd., S. 84.
51 Christomanos (1983), S. 91 ff.
52 Charles Baudelaire, Der Salon 1859. In: Baudelaire (1989). Bd. 5, S. 127-213, S. 196.
53 Vgl. ebd., S. 198.
54 Barrès (1921), S. 155.
55 Gilles Deleuze / Félix Guattari, Kafka. Für eine kleine Literatur. Frankfurt am Main 1976, S. 37.

Kapitel Zeremonien

1 Vgl. dazu das von Eugen d'Albon einer ungenannten fürstlichen Dichterin zugeschriebene Gedicht: »Die Landesmutter«, in dem die folgenden Verse stehen: »Die Wunden wasche, den Rost, den Staub. / Laß deine Güte wie warme Quellen / stets neu dir strömen aus Herzensgrund / Und unerschöpflich in tausend Wellen / Dein Volk erquicken mit Hand und Mund.« Albon (1890).
2 Schönthan (1903), S. 18. Die Hauptrolle dieses um den Geburtstag Maria Theresias beschäftigten Schwanks spielte geschmackvollerweise Katharina Schratt, die Freundin des Kaisers, der das Fach der Mère noble mehr als Elisabeth gelegen haben dürfte. Karl Kraus widmete diesem von Peinlichkeit umwitterten Theaterereignis eine Satire im 145. Heft der »Fackel« (S. 17-21).
3 Schönthan (1903), S. 24.
4 Vgl. Tschudi (1906), S. 15, 16, 17.
5 La Faye (1914), S. 11.
6 Ebd. S. 5.
7 Vgl. Tschudi (1906), S. 18.
8 Eine überwiegend protokollarische Ansicht des offiziellen Lebens der Kaiserin besonders in: Albon (1890). Minutiös schildert er die Festzüge der Hochzeit, der Silbernen Hochzeit und der ungarischen Krönung. Seine Biographie gliedert sich vorwiegend in Zeremonialbilder auf.
9 Vgl. Braungart (1988), S. 157 ff.
10 M. de Ferdinandy, Die theatralische Bedeutung des spanischen Hofzeremoniells bei Kaiser Karl V. AK und G. 47 (1965). In: Christina Hofmann, Das spanische Hofzeremoniell von 1500-1700. Frankfurt am Main 1985, S. 16 (= Erlanger Historische Studien. Bd. 8).
11 So der Titel einer der bedeutendsten Zeremonialschriften des 18. Jahrhunderts:

Lünig, Johann Christian, Theatrum Ceremoniale Historicum-Politicum, oder Historisch= und Politischer Schau=Platz aller Ceremonien. Bd. 1 und 2. Leipzig 1719 und 1720.
12 Vgl. ebd., S. 292.
13 Vgl. Vehse (1853), S. 207. Vehse moniert, daß der Kaiser zum ersten Mal der Pflicht der Fußwaschung am Gründonnerstag im Stephansdom nicht nachgekommen sei (ein Versäumnis, das Elisabeth immer öfter zu verantworten haben wird) und legt dem Hof die Wiederherstellung der Etikette »in principe« nahe.
14 Vgl. Braungart (1988), S. 152.
15 Vgl. Elias (1983), besonders Kapitel 5.
16 Zitat Julius Bernhard von Rohr in: Braungart (1988), S. 152.
17 Zitat Festetics in: Sisis Künstleralbum (1981), S. 12.
18 Tschudi (1906), S. 96.
19 Ebd., S. 38.
20 Carmen Sylva (1906).
21 Vgl. zur Gewalt im Melodram: Przybos, Julia, L'entreprise mélodramatique. Paris 1987.
22 Vgl. ebd., S. 81-96.
23 Cuncliffe-Owen (1903), S. 18.
24 Montez (1849), Bd 2, S. 94.
25 Zitat Alfred Klaar in: M. Ehrenfels, Charlotte Wolter, Wien 1887, S. 43.
26 Zitat Taisey-Chatenois in: Mauget (1913), S. 63.
27 Carmen Sylva (1906).
28 Vgl. Friedemann Otterbach, Einführung in die Geschichte des europäischen Tanzes. Wilhelmshaven 1992 (Taschenbücher zur Musikwissenschaft 115), S. 53.
29 Lippe (1988), S. 213 und 247.
30 Ebd., S. 244.
31 Ebd., S. 216.
32 Nietzsche (1979), Bd. 2, Fröhliche Wissenschaft, S. 218-549, S. 439.
33 Honoré de Balzac, Théorie de la Démarche, Paris 1853, S. 47.
34 Christomanos (1983), S. 76.
35 Kaiserin Elisabeth (1905), S. 19.
36 Vgl. Otterbach (siehe Anmerkung 28), S. 107 ff.
37 Vgl. Lincoln Kirstein, Four Centuries of Ballet. Fifty Masterworks. New York 1984, S. 146.
38 Sternberger (1977), S. 24.
39 Christomanos (1983), S. 37.
40 Lippe (1988), S. 154.
41 Ebd., S. 157.
42 Sztáray (1909), S. 46.
43 D'Annunzio (1979), S. 604.
44 La Faye (1914), S. 5.
45 Hamann (1982), S. 370.
46 Nietzsche (1979) Bd. 2, Fröhliche Wissenschaft, S. 218-549, S. 353.
47 Hamann (1982), S. 371.
48 Zeitalter (1986), S. 1.
49 Ebd., S. 1 ff.
50 Vgl. dazu Christoph Asendorf, Ströme und Strahlen. Das langsame Verschwinden der Materie um 1900. Gießen 1989 (= Werkbund-Archiv 18), S. 111.
51 Huysmans (1995), S. 148.
52 Brief Graf Khevenhüllers an Graf Kálnoky, Wien, Haus-, Hof- und Staatsarchiv.

53 Christomanos (1983), S. 164.
54 Walker Bynum, Caroline: The Female Body and Religious Practice in the later Middle Ages. In: Feher, Michel (Ed.), Fragments for a History of the Human Body. Part One. Zone 3. New York 1989, S. 160-220. S. 163-165.
55 Sztáray (1909), S. 36.
56 »Obwohl Elisabeth persönlich materielle Genüsse nur gering schätzte, opferte sie dem Speisezettel doch manche Aufmerksamkeit, wenn sie mit dem Kaiser zusammen war. Jeden Morgen mußte der Küchenchef ihr denselben vorlesen; sie unterwarf ihn einer genauen Durchsicht und schlug bisweilen Änderungen vor.« Tschudi (1906), S. 143. Auch Irma Sztáray muß ihr die Speisezettel vorlesen und die interessanten Menuprogramme für den Kaiser notieren. Sztáray (1909), S. 42. Die Briefe Franz Josephs an seine Frau werden vom Thema des Essens und des Fastens in nahezu zeremonieller Weise regiert. Kaum ein Brief, der nicht mahnend auf die Diätpraxis der Kaiserin Bezug nimmt. Die Sprachlosigkeit der Ehepartner wird mit Hilfe dieses Themas überbrückt. Komödiantisch muten die Fastenkuren der kaiserlichen Freundin Katharina Schratt an, die sich offenbar im Zugzwang der Kaiserin ebenso ständig wie erfolglos Fastenkuren verordnet. Während der Kaiser die eine ermahnt, nicht zu verhungern, berichtet er ihr gleichzeitig von den Entfettungsversuchen der anderen.
57 Tschudi (1906), S. 143.
58 Cuncliffe-Owen (1899), S. 244.
59 Christomanos (1983), S. 49.
60 Carmen Sylva (1906).
61 Vgl. Hermann Fillitz, Die österreichische Kaiserkrone und die Insignien des Kaisertum Österreich. Mit einer Abhandlung: Das Heilige Römische Reich. Von Willy Lorenz. Wien 1959, (= Sammlung Die Kronen des Hauses Österreich. 1.) Fillitz (1959), S. 30 ff.
62 Ebd.
63 Christomanos (1983), S. 47 ff.
64 La Faye (1914), S. 94.
65 Vgl. Jean Starobinski, Die Tages-Ordnung. In: Reinhart Herzog / Reinhart Kosellek (Hrsg.), Epochenschwelle und Epochenbewußtsein. München 1987 (Poetik und Hermeneutik, Bd. 12), S. 429-451, S. 433.
66 Huysmans (1995), S. 136.

Kapitel Schönheit

1 vgl. Tschudi (1906), S. 22.
2 Ebd., S. 20.
3 Cuncliffe-Owen (1903), S. 15.
4 Vgl. Cuncliffe-Owen (1903), S. 15.
5 Vgl. Baudelaire (1989), S. 226.
6 Vgl. zum Problem konventioneller Schönheitsschilderung: Peter von Matt, ... fertig ist das Angesicht. Zur Literaturgeschichte des menschlichen Gesichts. München 1983, S. 99.
7 Vgl. Cuncliffe-Owen (1903), S. 20.
8 Vgl. das ästhetische Traktat zur Portraitmalerei von Franz Anton Nüßlein, das gerade für die Schönheitsgalerie Ludwigs I. von Bayern herangezogen wird. Zit. in: Ulrike von Hase, Joseph Stieler 1781-1858. Sein Leben und sein Werk. Kritisches

Verzeichnis der Werke. München 1971 (= Materialien zur Kunst des 19. Jahrhunderts, Bd. 5), S. 104.
9 Vgl. Tagebuch Festetics vom 29.6.1872. Zit. in: Corti (1975), S. 202.
10 Tschudi (1906), S. 36.
11 Vgl. Tissot (1896), S. 187.
12 Montez (1849), Bd. 3, S. 36.
13 Vgl. Jean Starobinski, Die Erfindung der Freiheit 1700-1789. Übersetzt v. Hans Staub. Frankfurt am Main 1988, S. 14.
14 Vgl. Montez (1849), S. 77.
15 Vgl. Sztáray (1909) S. 89.
16 Ebd., S. 84.
17 Grillparzer (1986), Bd. 3, S. 483-555, S. 501.
18 Vgl. Bodo von Drewitz, »Ich lege mir ein Album an und sammle nun Photographien«. Kaiserin Elisabeth von Österreich und die Carte-de-Visite-Photographie. In: Alles Wahrheit! Alles Lüge! Photographie und Wirklichkeit im 19. Jahrhundert. Hrsg. v. Bodo von Drewitz und Roland Scotti, Dresden 1996, S. 95-105.
19 Vgl. dazu und zum voranstehenden Text die einleitenden Bemerkungen von Brigitte Hamann in: Sisis Schönheitsalbum (1980), S. 10.
20 Vgl. dazu Robert Musil, Der bedrohte Ödipus, in: ders., Nachlaß zu Lebzeiten. Gesammelte Werke in 9 Bdn. Hrsg. v. Adolf Frisé. Frankfurt am Main 1978, Bd. 7, S. 528-530, S. 530.
21 Christomanos (1983), S. 67.
22 Zum Thema Chimäre vgl. Hilmes (1990), S. 231 ff.
23 Bahr (1898).
24 Vgl. Alborough (1899), S. 16. Ein äquivalenter Satz der Kaiserin Eugénie bestätigt, daß es sich bei der »lebendigen Toten« um eine das individuelle Leben überschreitende Rolle handelt: »Ich bin 1870 gestorben«, sagt sie in Anspielung auf die Niederlage von Sedan. (Zit. in: Kurtz (1964), S. 408).
25 Vgl. Bronfen (1987), S. 96.
26 Vgl. Cuncliffe-Owen (1903), S. 262.
27 Ebd., S. 91.
28 Vgl. ebd., S. 107.
29 Vgl. Bronfen (1994).
30 D'Annunzio (1979), S. 603.
31 Ebd., S. 606.
32 Vgl. zur theoretischen Konstruktion der Femme fatale: Hilmes (1990).
33 Ebd,. S. 235.
34 Vgl. Bahr (1898). Eine Zusammenstellung jener Reize, die die Mona Lisa dem Fin de siècle bot, sowie eine Synopse derjenigen Texte, die Leonardos Gemälde in diesem Sinne beschwören, bietet: Ursula Renner, Mona Lisa – Das »Rätsel Weib« als »Frauenphantom des Mannes« im Fin de siècle. In: Roebling (1989), S. 139-156.
35 Walter Pater, The Renaissance. Studies in Art and Poetry. Hrsg. v. Adam Philips. Oxford 1986, S. 80.
36 Ebd., S. 79.
37 Bahr (1898). In seinem Versdrama »Der Tor und der Tod« (1893) verweist Hofmannsthal selbst auf den »herben Mund« der Gioconda (= Mona Lisa) – eine Wendung, die er in seine Übersetzung von D'Annunzios Nachruf übernimmt. Hinweis auf »Der Tor und der Tod« auch bei Renner, Mona Lisa. In: Roebling (1989), S. 142.
38 Dorfmeister (1898), S. 46. Eine ganz ähnliche Beschreibung der Wunde findet sich

auch in der Broschüre: Die Ermordung der Kaiserin Elisabeth von Österreich am 10. September 1898. Wien 1898, S. 9 ff.
39 Vgl. dazu: Annette Michelson, On the Eve of the Future. The Reasonable Facsimile and the Philosophical Toy. In: October. The first Decade, 1976-1986. Ed. by Annette Michelson, Rosalind Krauss, Douglas Crimp, Joan Copjec, Massachusetts 1987, S. 416-437. In ähnlicher, jedoch gewalttätigerer Weise hatten sich die Pariser Revolutionäre mit Marie Antoinette beschäftigt. Hier ist die Aggression gegen den schönen und luxuriösen weiblichen Körper mit der politischen Aggression gegen das Ancien régime verbunden. In ihrer Biographie der »Marie Antoinette« berichten die Brüder Goncourt von den Gewaltphantasien der Bürger gegen die gefangene Königin. In: Edmond u. Jules de Goncourt, Geschichte der Marie Antoinette. Übers. v. Schmidt-Weißenfels. Wien^2 1865, S. 212.
40 Sztáray (1909), S. 263 u. 265.

Kapitel Trauer

1 Das Kaiser-Jubiläums- und Rundgemälde. Sieben historische Dioramenbilder. Nach den Grundmotiven und Angaben des I. Schnitzer entworfen und gemalt von Prof. Ph. Fleischer. Wien 1898.
2 Vgl. Hugo Wittmann, Das Kaiserjubiläumsbild. In: Franz Joseph und seine Zeit (1898), Bd. 2, S. 341.
3 Ebd., S. 349.
4 Ebd., S. 53.
5 Daudet (1912), S. 1.
6 Ebd.
7 Kurtz (1964), S. 406.
8 Zit. E. Ollivier, L'Empire Libéral. 18 Bde. Bd. VI. Paris 1895-1918, S. 456. Zit. in: Kurtz (1964), S. 242.
9 Kurtz (1964), S. 376.
10 Heinrich Heine, Romanzero. In: Heine (1992). Band 3/1, S. 27-28.
11 Faucon (1891), S. 20.
12 Mauget (1913), S. 158.
13 Goncourt (1956), S. 433.
14 Auch mit Maria Stuart, einer weiteren Geköpften unter den Königinnen, befaßt sich Eugénie. Harold Kurtz berichtet in seiner Biographie, daß sie die Erinnerungsstätte Holyrood in Schottland besuchte. Außerdem erzählt er von einem weiteren Intermezzo mit tödlicher Pointe: »Wie schade, daß Sie nicht wie Marie Antoinette geköpft worden sind«, soll eine Journalistin zu Eugénie gesagt haben, »dann wären Sie in die Geschichte eingegangen.« Vgl. Kurtz (1964), S. 197 und S. 391.
15 Mauget (1913), S. 36.
16 Vgl. Frantz Funck-Brentano, L'affaire du collier, Paris 1902.
17 Kaiserin Elisabeth (1905), S. 57 ff.
18 Heine (1973 ff), Bd.13/1, Lutezia, S. 13-154, S. 145.
19 Vgl. Roland Barthes, Die Lust am Text. Übersetzt von Traugott König, Frankfurt am Main 1974, S. 16.
20 Wallersee (1913), S. 106. Zum Thema der geköpften Monarchen des 19. Jahrhunderts und insbesondere bei Heinrich Heine vgl. Leslie Bodi, Kopflos – ein Leitmotiv in Heines Werk. In: Internationaler Heine-Kongress 1972. Hamburg 1973, S. 227-244 (= Heine-Studien im Hoffmann und Campe Verlag). Bodi verfolgt u. a. die Assozia-

tion von »Kopfabschlagen« und abgelebten politischen Institutionen auch an der Gestalt Marie Antoinettes. Die melodramatischen Schauerstücke Eugénies sind in den satirischen Enthauptungsmythen Heinrich Heines vorweggenommen.

21 Elisabeths Schönheitsgalerie enthielt auch ein Bild Marie Antoinettes sowie ein Bild von deren Freundin Madame Lamballe, die von den Revolutionären zerstückelt wurde. Vgl. Hamann, Brigitte, in: Sisis Schönheitsalbum (1980), S. 22.
22 Ludwig Tieck, Karl von Berneck. Schriften 1789-1794. Hrsg. v. Achim Höller. Schriften in zwölf Bänden, Band 1, Frankfurt am Main 1991, S. 449-541, S. 454. Vgl. auch Herbert Kraft, Das Schicksalsdrama. Interpretation und Kritik einer literarischen Reihe. Tübingen 1974, S. 53.
23 Tschudi (1906), S. 8.
24 La Faye (1914), S. 1.
25 Samarow (1900), Bd. 1, S. 2.
26 Ebd., S. 5.
27 Vgl. Mauget (1913), S. 9. Weissagende Zigeunerinnen treten ebenfalls auf. In: Cuncliffe-Owen (1903), S. 39, 40 und 145.
28 Vgl. Walter Benjamin, Schicksal und Charakter. Gesammelte Schriften II. 1. Aufsätze, Essays, Vorträge. Hrsg. v. Rolf Tiedemann und Hermann Schweppenhäuser. Frankfurt am Main 1977, S. 176.
29 Wurzbach (1854), S. 8.
30 La Faye (1914), S. 26.
31 Tschudi (1906), S. 165.
32 Daudet (1912), S. 1.
33 Vgl. Wallersee (1913), S. 30 ff.
34 Lou Andreas-Salomé, Die in sich ruhende Frau, in: Zur Psychologie der Frau. Hrsg. v. Gisela Brinker-Gabler, Frankfurt am Main 1979, S. 305.
35 Vgl. dazu: Peroux (o. J.). Zur Geschichte der Lebenden Bilder allgemein: Holmström (1967).
36 La Faye (1914), S. 168. Auch Cuncliffe-Owen (1903) spricht auf S. 155 von »poor Niobe, hunted by the restlessness of a pain too great to be explained in words«.
37 Martin (1981), S. 48.
38 Alborough (1899), S. 167.
39 Tschudi (1903), S. 109. Sie mag es von Margaret Cuncliffe-Owen übernommen haben, die dieselbe Szene noch üppiger ausgestaltet: »Opposite the narrow white lacquered bed stands a matchless alabaster statue [!] representing a weeping Niobe. The pedestal of this exquisite masterpiece is smothered in banks of delicately foliaged green plants, and was lighted all night, whether the Empress was there or not, by tiny opalescent globes containing perfumed candles. During her long attacks of insomnia the poor bereft mother found a sort of comfort in contemplating this, her counterpart, and used to lie with her lovely eyes fixed on the white form so pathetically pure and beautiful. The bed stood in the middle of the room, protected at the upper end by a huge screen, the central leaf of which consisted of an admirably painted picture of the Blessed Virgin.« In: Cuncliffe-Owen (1903), S. 157.
40 Hofmannsthal (1979), Reden und Aufsätze I 1891-1913, S. 490.
41 Paulton (1894).
42 Hegel zit. in: Oskar Bätschmann, Pygmalion als Betrachter. Die Rezeption von Plastik und Malerei in der zweiten Hälfte des 18. Jahrhunderts. In: Wolfgang Kemp (Hrsg.), Der Betrachter im Bild. Kunstwissenschaft und Rezeptionsästhetik, Köln 1985, S. 183-224, S. 186.
43 Baudelaire (1989), Bd. 3, Les Fleurs du Mal, S. 90.

44 Christomanos (1983), S. 43.
45 Ebd., S. 93 f.
46 Ebd., S. 96.
47 Ebd., S. 109.
48 Vgl. Nietzsche (1980), Bd. 1. Die Geburt der Tragödie oder Griechentum und Pessimismus, S. 7-135, S. 23.
49 Ebd., S. 21.
50 Ebd., S. 24.
51 Christomanos (1983), S. 37.
52 Ebd., S. 116, auch S. 38.
53 Ebd., S. 44.
54 Ebd., S. 100.
55 Ebd., S. 118.
56 Nietzsche (1980), Bd. 1. Die Geburt der Tragödie oder Griechentum und Pessimismus, S. 7-135, S. 42.
57 Ebd., S. 28.
58 Christomanos (1983), S. 114.
59 Ebd., S. 158.
60 Ebd., S. 167. Gabriele D'Annunzio wird diese Deutung mit z.T. wörtlichen Wiederholungen in seinen Nachruf übernehmen.
61 Ebd., S. 173.
62 Ebd., S. 160.
63 Ebd., S. 118.
64 Ebd., S. 89.
65 Ebd., S. 144.
66 Ebd., S. 171.
67 Ebd., S. 172.
68 Arthur Schopenhauer, Die Welt als Wille und Vorstellung. Bd. 1, Wiesbaden 1949, S. 304 und 305.
69 Nietzsche (1980), S. 121 Nietzsche zitiert hier die erste Fassung des Wagnerschen Dramas.

Kapitel Verschwinden

1 Zit. in: Kurtz (1964), S. 409.
2 Zitat Maurice Paléologue in: Stadtlaender (1995), S. 57 f.
3 Kurtz (1964), S. 408.
4 Garets (1928), S. 126.
5 Vgl. zum Altersbild Eugénies: Daudet (1913), S. 10-23.
6 Vgl. Welcome (1975), S. 129. Welcome berichtet von straffenden Bädern der Kaiserin in stark erhitztem Spezialöl.
7 Wallersee (1913), S. 54.
8 Albon (1890) berichtet in seiner Huldigungsschrift dennoch von einem Photo, das die Kaiserin im Jahr 1884 von sich habe machen lassen, ein Photo indessen, das der Nachwelt nicht überliefert ist und das auch sonst in einem wenig zeremoniösen Zusammenhang entstand: Am 23. September 1884 habe sie sich zusammen mit einigen Mitgliedern ihrer Familie auf dem Kahlenberg bei der Zahnradbahnstation von dem amerikanischen Schnellphotographen Karl Pretscher photographieren lassen – »ein Gruppenbild, wie es wohl noch nicht in der anspruchslosen Bude aufge-

nommen worden ist« – und habe das gelungene Bild gleich mit sich fort genommen. Auch hier die Entmachtung des Hofmalers und Hofphotographen, die Persiflage überkommener »Repräsentation« in der Jahrmarktbude. Ein Juxbild, nicht ein *portrait d'apparat*, wird hier angefertigt und sogleich entführt. Wenn es nicht wahr ist, so ist es gut erfunden, verweist es doch gleichzeitig auf die Vorliebe der Kaiserin für »abseitige« Vergnügungen, für den Jahrmarkt und den Zirkus.

9 Bei der ungarischen Krönung tritt andererseits die chimärische Unwirklichkeit zeremonieller Großveranstaltungen im 19. Jahrhundert deutlich zutage. Bereits die Augenzeugen empfanden, daß das Operettenhafte überwiege. Der ungeheure Glanz der Kostüme, der folkloristische Aufwand vermochte über die Hohlheit des Geschehens und über seine mangelhafte und später dann verhängnisvolle Begründung nicht hinwegzutäuschen.
10 Vgl. Hamann (1982), S. 322.
11 Christomanos (1983), S. 74.
12 Renata Kassal-Mikula, Begräbnis und letzte Ruhestätte. In: Katalog Elisabeth von Österreich (1987), S. 82-83, S. 82.
13 Vgl. Kurtz (1964), S. 423.
14 Baltasar Gracián, Hand-Orakel und Kunst der Weltklugheit. Übersetzt von Arthur Schopenhauer. Stuttgart 1986, S. 54.
15 Vgl. Mario Perniola, Die Erotik des Schleiers und Erotik der Bekleidung. In: Der Schein des Schönen. Hrsg. v. Dietmar Kamper und Christoph Wulf. Göttingen 1989, S. 427-452.
16 Vgl. Claudia Öhlschläger, Die unsägliche Lust des Schauens. Die Konstruktion der Geschlechter im voyeuristischen Text. Freiburg 1996 (=Rombach Wissenschaften Reihe Litterae 41).
17 Vgl. Jean Starobinski, Das Leben der Augen. Übers. v. Henriette Beese. Frankfurt am Main 1984, S. 5.
18 Starobinski spielt auf Poppäa, die zweite Frau des römischen Kaisers Nero, an, die er an derselben Stelle folgendermaßen charakterisiert: »Erfand Poppäa die Verschleierung der Schönheit ihres Gesichts denn zu einem anderen Zweck als dem, sie ihren Liebhabern zu einem um so höheren Preis anzubieten?« (Ebd.).
19 Ebd.
20 Vgl. Christomanos (1983), S. 72.
21 Hofmannsthal (1979), Reden und Aufsätze I. 1891-1913, Das Tagebuch eines Willenskranken, S. 106-118, S. 111.
22 La Faye (1914), S. 91.
23 Guido Ceronetti, Das Schweigen des Körpers. Frankfurt am Main 1991, S. 232.
24 Tschudi (1906), S. 126 ff.
25 Ebd., S. 20. Ihre Schilderung der Szene ist nahezu identisch mit der Schilderung in: Kaiserin Elisabeth (1905), S. 22: »Auf der nahen Landstraße rollte ein eleganter Reisewagen, in dem der jugendliche Herrscher von Österreich-Ungarn, Kaiser Franz Joseph, mit seinem Adjutanten fuhr. Letzterer brach plötzlich in den bewundernden Ruf aus: Sehen Sie dort, Majestät! Franz Joseph zog sein Fernglas hervor und erblickte auf der Ziegenweide das wunderbare, idyllische Bild.« Constantin Christomanos, der hier als jugendlicher Verehrer der Kaiserin in den Roman aufgenommen ist, nähert sich dem geliebten Objekt in derselben Weise: »ein junger, elegant gekleideter Mann, der sein Fernglas fleißig an die Augen führte, um es auf die Holde zu richten.« (Tschudi (1906), S. 19).
26 Ebd.

27 Vgl. Elisabeth an ihre Mutter, 1.5.1866. Dort heißt es: »angegafft von hunderten Menschen«. Zit. in: Corti (1975), S. 132.
28 Zitat Michelet in: Roland Barthes, Michelet, übers. v. Peter Geble, Frankfurt am Main 1980, S. 189.
29 Daudet (1912), S. 131.
30 Christomanos (1983), S. 102. Ebenfalls bei Tschudi (1906), S. 153.
31 Tissot (1896), S. 193.
32 Vgl. Virilio (1989), S. 77.
33 Vgl. Tissot (1896), S. 193. Tissots Überlegungen werden wortwörtlich in das »Journal de Santé« vom 9.10.1898 (also einen Monat nach Elisabeths Tod) übernommen, wo das Eisenbahnereignis unter dem Stichwort »Hygiene« diskutiert wird. Im selben Zusammenhang werden »gesunde Lebenshaltungen« empfohlen. – Die Auswirkungen technologischer Entwicklung auf »weibliche Schönheit« werden von Paul Virilio untersucht und im Laufe der Untersuchung noch zu Wort kommen.
34 Haggard (1951), S. 69.
35 vgl. Huysmans (1995), S. 214.
36 Haggard (1951), S. 97.
37 Ebd., S. 83.
38 Ebd., S. 108.
39 Vgl. ebd., S. 117.
40 Ebd.
41 Vgl. Hilmes (1990), S. 28.
42 Hamann (1982), S. 408.
43 Christomanos (1983), S. 74.
44 Haggard (1951), S. 96.
45 Virilio (1986), S. 103.
46 Ebd., S. 90.
47 Ebd., S. 60.
48 Charles Baudelaire, Les Paradis artificiels. Die künstlichen Paradiese. In: Baudelaire (1989). Bd. 6, S. 55-189, S. 55.

Kapitel Christen, Bildnisse der Kaiserin Elisabeth

1 Vgl. Schoch (1975), S. 18-22.
2 Toussaint-Bernard Eméric-David, Tableaux d'apparat. In: Revue Universelle des Arts, II 1856, S. 296.
3 Zitat A. Stevens in: Franz Xaver Winterhalter et les cours d'Europe. Musée du Petit Palais, Paris 1988, S. 36.
4 Ebd., S. 191.
5 Egon Cäsar Conte Corti, Winterhalter. Ein deutsch-französischer Maler. In: Velhagen & Klasings Monatshefte, 53. Jg., 2. Bd. Berlin 1938/39, S. 138.
6 Ebd.
7 Franz Wild, Nekrologe und Verzeichnisse der Gemälde von Franz & Hermann Winterhalter. Zürich 1894.
8 Brigitte Hamann (Hrsg.), Elisabeth. Bilder einer Kaiserin. Portraits of an Empress. München 1986, Abb. S. 52.
10 Edmond und Jules de Goncourt, Tagebücher. Aufzeichnungen aus den Jahren 1851-1870. Frankfurt am Main 1983, S. 251.
11 Corti (1975), S. 116.

12 Zit. Hans Wilczek in: Hamann (1982), S. 284-285.
13 Annette von Droste-Hülshoff, Sämtliche Werke. München 1973, Bd. 1, S. 68/69.
14 Christomanos (1983), S. 153/154.
15 Vgl. Kurt Pahlen, Oper der Welt. Zürich 1963, Nr. 53.
16 Christomanos (1983), S. 70.
17 Kaiserin Elisabeth, Titanias Klage. In: Poetisches Tagebuch (1984), S. 56.
18 Corti, Winterhalter, S. 138.
19 Zit. Plinius in: Arthur Henkel/ Albrecht Schöne (Hrsg.), Emblemata. Handbuch zur Sinnbildkunst des XVI. und XVII. Jahrhunderts. Stuttgart 1967, S. 341.
20 Ebd.
21 Schoch (1975), S. 142.
22 Kaiserin Elisabeth, Sehnsucht nach Corfu. In: Poetisches Tagebuch (1984), S. 308.
23 Winterhalter, Musée de Petit Palais, S. 217.
24 Rudolph von Eitelberger von Edelberg, Gesammelte kunsthistorische Schriften. Wien 1884, Bd. 3, S. 213.
25 Ebd., S. 218.
26 Vgl. Eméric-David, Tableaux d'apparat.
27 Walter Obermaier, »Auf Flügeln meiner Lieder« - Kaiserin Elisabeth und die Literatur. In: Katalog Elisabeth von Österreich (1987), S. 37-42, S. 37.
28 Christomanos (1983), S. 69.
29 Johann Wolfgang von Goethe, Italienische Reise. München 1988, S. 209.
30 Zit. Hirt. In: Holmström (1967), S. 116.
31 Wilhelm Tischbein, Aus meinem Leben. Berlin 1922, S. 245/246.
32 Holmström (1967), S. 144. Hier und im folgenden Übersetzung der englischen Quelle von der Verfasserin.
33 Vgl. Norbert Miller, Mutmaßungen über lebende Bilder. Attitüde und »tableau vivant« als Anschauungsform des 19. Jahrhunderts. In: Helga de la Motte-Haber (Hrsg.), Das Triviale in Literatur, Musik und Bildender Kunst. Frankfurt am Main 1972, S. 115.
34 Holmström (1967), S. 175.
35 Vgl. Vienne 1880-1938. L'apocalypse joyeuse. Centre Pompidou, Paris 1986.
36 Neues Wiener Abendblatt, 4. Juni 1907, S. 1.
37 Friedrich Ohmann, Entwurf für ein Denkmal der Kaiserin Elisabeth. In: Der Architekt, IX. Jg., Jänner 1904.
38 Christomanos (1983), S. 84.

Auswahlbibliographie

Albon (1890): Eugen d'Albon, Unsere Kaiserin. Wien 1890
Aus dem Leben (1898): Aus dem Leben unserer Kaiserin und Königin Elisabeth. Eine Gedächtnisschrift von M. J. Tuwora. Linz 1898
Bahr (1898): Hermann Bahr, Unsere Kaiserin. In: »Die Zeit«, 17. September 1898
Barrès (1921): Maurice Barrès, Une Impératrice de la solitude. In: Ders., Amori et Dolori Sacrum. Paris 1921
Baudelaire (1989): Charles Baudelaire, Sämtliche Werke / Briefe in acht Bänden. Hrsg. v. Friedhelm Kemp u.a. München (2. Auflage) 1989
Benda (1879): Perlen vom Silbernen Myrthenkranz. Biographische Bilder in Prosa und Dichtung aus dem Leben Ihrer kaiserlich-königlichen Majestäten Franz Joseph I. und Elisabeth. Entworfen und Zusammengestellt von Joseph Ferdinand Benda. Erste Gabe des österreichisch-schlesischen Preßvereins. Troppau 1879
Bovenschen (1979): Silvia Bovenschen, Die imaginierte Weiblichkeit. Exemplarische Untersuchungen zu kulturgeschichtlichen und literarischen Präsentationen des Weiblichen. Frankfurt am Main 1979
Brandstetter (1995): Gabriele Brandstetter, Tanz-Lektüren. Frankfurt am Main 1995
Braungart (1988): Georg Braungart, Hofberedsamkeit. Studien zur Praxis höfischpolitischer Rede im deutschen Territorialabsolutismus. Tübingen 1988 (= Studien zur deutschen Literatur. Hrsg. v. Wilfried Barner, Richard Brinkmann und Conrad Wiedemann. Bd. 96)
Bronfen (1987): Elisabeth Bronfen, Die schöne Leiche. Weiblicher Tod als motivische Konstante von der Mitte des 18. Jahrhunderts bis in die Moderne. In: Berger, Renate / Stephan, Inge (Hrsg.), Weiblichkeit und Tod in der Literatur. Wien 1987
Bronfen (1994): Elisabeth Bronfen, Nur über ihre Leiche. Tod, Weiblichkeit und Ästhetik. Übers. v. Thomas Lindquist. München 1994 (2. Auflage)
Burke (1996): Peter Burke, Ludwig XIV. Die Inszenierung des Sonnenkönigs. Übers. v. Matthias Fienbork. Frankfurt am Main 1996
Carmen Sylva, Die Kaiserin Elisabeth in Sinaia. Neue Freie Presse vom 25.12.1906
Corti (1975): Egon Cäsar Conte Corti, Elisabeth von Österreich. Tragik einer Unpolitischen. München 1975
Christomanos (1983): Elisabeth von Österreich. Tagebuchblätter von Constantin Christomanos. Hrsg. v. Verena von der Heyden-Rynsch nebst Beiträgen von E. M. Cioran und anderen. München 1983
Cuncliffe-Owen (1903): Margaret Cuncliffe-Owen, The Martyrdom of an Empress. London[10] 1903
D'Annunzio (1979): Gabriele D'Annunzio, Kaiserin Elisabeth. Übersetzt von Hugo v. Hofmannsthal. In: Hofmannsthal, Hugo v., Reden und Aufsätze I. Gesammelte Werke. Hrsg. v. Bernd Schoeller. Frankfurt am Main 1979, S. 602-607
Daudet (1912): Ernest Daudet, La chronique de nos jours. Paris^2 1912
Daudet (1913): Lucien Daudet, Kaiserin Eugénie. Übers. v. Adele Müller. Frauenfeld 1913
De Burgh (1899): A. De Burgh (= Alborough), Elizabeth. Empress of Austria. A Memoir. London 1899

Dorfmeister (1898): Kaiserin Elisabeth von Österreich. Eine Schilderung des Lebens, Wirkens und Sterbens unserer unvergesslichen Kaiserin. Nach authentischen Quellen bearbeitet von F. A. Dorfmeister. Wien 1898

Elias (1983): Norbert Elias, Die höfische Gesellschaft. Untersuchungen zur Soziologie des Königtums und der höfischen Aristokratie. Frankfurt am Main 1983

Die Ermordung der Kaiserin Elisabeth von Österreich am 10. September 1898. Wien 1898

Faucon (1891): Charles Faucon, Trois malheureuses Impératrices de notre siècle. Paris 1891

Flüchtiger Zug (1887): Ein flüchtiger Zug nach dem Orient. Reise der allerdurchlauchtigsten Gräfin Hohenembs im Herbste des Jahres 1885 an Bord der kaiserlichen Yacht »Miramar« von August von Almstein. Wien 1887

Frank (1955): Manfred Frank, Die unendliche Fahrt. Die Geschichte des Fliegenden Holländers und verwandter Motive. Leipzig 1955

Franz Joseph und seine Zeit (1898): Franz Joseph und seine Zeit. Cultur-Historischer Rückblick auf die Francisco-Josephinische Epoche. Gedenkbuch zur Jubelfeier 1898. Hrsg. v. Ignaz Schnitzer. 2 Bde. Wien-München o. J. (1898)

Garets (1928): Comtesse de Garets, Souvenirs d'une Demoiselle d'honneur. Auprès de l'lmpératrice Eugénie publiée par Marie Louyse de Garets. Paris 1928

Goncourt (1956): E. und J. Goncourt, Journal, Mémoires de la vie litteraire. 2. Teil, Paris 1956

Grillparzer (1986): Franz Grillparzer, Werke in sechs Bänden. Hrsg. v. Helmut Bachmeier. Frankfurt am Main 1986 (=Bibliothek deutscher Klassiker)

Haggard (1951): Henry Rider Haggard, SHE. In: Ders., Three Adventure Novels. New York 1951, S. 1-240

Hamann (1982): Brigitte Hamann, Kaiserin wider Willen. München 1982

Heine (1973-1997): Heinrich Heine, Historisch-kritische Gesamtausgabe der Werke. In Verbindung mit dem Heinrich-Heine-Institut. Hrsg. von Manfred Windfuhr. Düsseldorfer Ausgabe. 24 Bände. Hamburg 1973-1997

Hilmes (1990): Carola Hilmes, Die Femme Fatale. Ein Weiblichkeitstypus in der nachromantischen Literatur. Stuttgart 1990

Hofmannsthal (1979): Hugo v. Hofmannsthal, Gesammelte Werke. Hrsg. v. Bernd Schoeller. 16 Bände. Frankfurt am Main 1979-1993

Holmström (1967): Kristen Gram Holmström, Monodrama. Attitudes. Tableaux vivants. Studies on some trends of theatrical fashion 1770-1815. Uppsala 1967

Huysmans (1995): Joris-Karl Huysmans, Gegen den Strich. Aus dem Frz. v. Brigitta Restorff. München 1995

Die illustrirte Festwoche Wiens. Hrsg. von Johann Schmickl. Wien o. J.

Kaiserin Elisabeth (1905): Kaiserin Elisabeth im ungarischen Zigeunerlager. Anon. Leipzig o. J. (1905)

Katalog Elisabeth von Österreich (1987): Elisabeth von Österreich. Einsamkeit, Macht und Freiheit. Katalog der 99. Sonderausstellung des Historischen Museums der Stadt Wien, 2. und erweiterte Auflage. Wien 1987

Koppen (1973): Erwin Koppen, Dekadenter Wagnerismus. Studien zur europäischen Literatur des Fin de Siècle. Berlin 1973 (= Komparatistische Studien. Bd. 2)

Kurtz (1964): Harold Kurtz, Eugénie. Kaiserin der Franzosen, 1926-1920. Übers. v. E. M. Krauss. Tübingen 1964

La Faye (1914): Jacques de La Faye, Elisabeth von Bayern. Kaiserin von Österreich und Königin von Ungarn. Bearbeitet v. E. v. Kraatz. Halle 1914

Lippe (1988): Rudolf zur Lippe, Vom Leib zum Körper. Naturbeherrschung am Menschen in der Renaissance. Reinbek bei Hamburg 1988

Martin (1981): Gunther Martin, Kaiserin Elisabeth und die Hermesvilla. In: Hermesvilla. Lainzer Tiergarten. Zusammengestellt von Susanne Walther. Führer der Museen der Stadt Wien. Wien 1981, S. 47-50

Mattenklott: Gert Mattenklott, Der übersinnliche Leib. Beiträge zur Metaphysik des Körpers. Hamburg 1982

Mauget (1913): Irénée Mauget, Kaiserin Eugénie und ihr Hof. Übers. v. Emma Brugmann. Halle 1913

Montez (1849): Lola Montez, Memoiren in Begleitung vertrauter Briefe Sr. Majestät des Königs Ludwig v. Bayern und der Lola Montez. Hrsg. v. August Papon. Aus dem Französischen. In 5 Bändchen. Stuttgart 1849

Nietzsche: Friedrich Nietzsche, Werke in drei Bänden. Hrsg. v. Karl Schlechta. Frankfurt am Main, 1979f.

Nostiz-Rieneck (1966): G. Nostiz-Rieneck (Hrsg.), Briefe Kaiser Franz Josephs an Kaiserin Elisabeth 1859-1898. 2 Bde. Wien/München 1966

Peroux (o.J.): Joseph Nicolaus Peroux, Pantomimische Stellungen von Henriette Hendel-Schütz. Mit historischen Erläuterungen versehen vom Geh. Legationsrathe Vogt. Frankfurt am Main o. J.

Perquer (1897): Alb. Perquer, Une Villégiature impériale en pays de Caux. Paris 1897

Paulton (1894): Harry Paulton, Niobe. Schwank in 3 Akten. In freier Bearbeitung von Oskar Blumenthal. Wien 1894

Poetisches Tagebuch (1984): Kaiserin Elisabeth. Das poetische Tagebuch. Hrsg. v. Brigitte Hamann. Wien 1984 (=Österreichische Akademie der Wissenschaften. Philosophisch-Historische Klasse)

Reise A. H. Ihrer k. k. Apostolischen Majestäten Franz Joseph und Elisabeth durch Kärnthen im September 1856. Wien 1859

Roebling (1989): Irmgard Roebling (Hrsg.), Lulu, Lilith, Mona Lisa ... Frauenbilder der Jahrhundertwende. Pfaffenweiler 1989

Samarow (1900): Gregor Samarow, Der Krone Dornen. Historisch-romantische Bilder aus dem Leben und Leiden der Kaiserin Elisabeth von Österreich. 2 Bde. Heilbronn/Leipzig 1900

Schoch (1975): Rainer Schoch, Das Herrscherbild in der Malerei des 19. Jahrhunderts. München 1975, S. 179 (= Studien zur Kunst des 19. Jahrhunderts. Bd. 23)

Schönthan: Franz v. Schönthan, Die Kaiserin. Wien 1903

Sisis Schönheitenalbum (1980): Sisis Schönheitenalbum. Private Photographien aus dem Besitz der Kaiserin Elisabeth. Hrsg. von Werner Bokelberg. Erläutert und mit einer Einleitung von Brigitte Hamann. Dortmund 1980

Sisis Künstleralbum (1981): Sisis Künstleralbum. Private Photographien aus dem Besitz der Kaiserin Elisabeth. Hrsg. v. Werner Bokelberg. Erläutert und mit einer Einleitung versehen von Brigitte Hamann. Dortmund 1981, S. 12

Smolle (1904): Leo Smolle, Elisabeth. Kaiserin von Österreich und Königin von Ungarn. Ein Lebensbild. Wien 1904

Stadtlaender (1995): Chris Stadtlaender, Die geheimen Schönheitsrezepte der Kaiserin und des Hofes. Wien 1995

Sternberger (1977): Dolf Sternberger, Über Jugendstil. Frankfurt am Main 1977
Sztáray (1909): Irma Sztáray, Aus den letzten Jahren der Kaiserin. Wien 1909
Tissot (1896): Ernest Tissot, Le Livre des Reines. Paris 1896
Tschudi (1906): Clara Tschudi, Elisabeth. Kaiserin von Österreich und Königin von Ungarn. Übers. von Carl Küchler. Leipzig o. J. (1906)
Vehse (1853): Eduard Vehse, Geschichte des österreichischen Hofs und Adels und der österreichischen Diplomatie. Geschichte der deutschen Höfe seit der Reformation. 17 Bde. Zweite Abteilung: Österreich. Elfter Teil. Hamburg 1853
Villers (o. J.): Alexander v. Villers, Briefe eines Unbekannten. Hrsg. v. Margarete Gideon. Zürich o. J.
Virilio (1986): Paul Virilio, Ästhetik des Verschwindens. Übers. v. Marianne Karbe und Gustav Roßler. Berlin 1986
Virilio (1989): Paul Virilio, Die Sehmaschine. Übers. v. Gabriele Ricke und Ronald Voullié. Berlin 1989
Wagner (1971): Richard Wagner, Der Fliegende Holländer. In: Ders., Die Musikdramen. Mit einem Vorwort von Joachim Kaiser. Hamburg 1971
Wallersee (1913): Marie Freiin v. Larisch Wallersee, Meine Vergangenheit. Wahrheit über Franz Joseph / Schratt / Kaiserin Elisabeth / Andrassy / Kronprinz Rudolf / Vetschera. Berlin 1913
Welcome (1975): John Welcome, Die Kaiserin hinter der Meute. Elisabeth von Österreich und Bay Middleton. Übersetzt von Hans Erik Hausner. Wien 1975
Wurzbach (1854): Constantin v. Wurzbach, Das Elisabethen=Buch. Festalbum denkwürdiger Fürstinnen. Wien 1854
Das Zeitalter (1986): Das Zeitalter Kaiser Franz Josephs 2. Teil 1880-1916. Glanz und Elend. Katalog des Niederösterreichischen Landesmuseums. Neue Folge Nr. 186. Wien 1986